Alfons Schulz

Drei Jahre in der Nachrichtenzentrale des Führerhauptquartiers

"Und nie mehr schweigen,
wenn wir reden müssen."
Erich Kästner (1899-1974)

"Wo ist das Volk,
das dies schadlos an seiner Seele ertrüge,
Jahre und Jahre war unsre tägliche Nahrung die Lüge."
Werner Bergengruen (1892-1964)

VIA·VERITAS·VITA

Der Autor Alfons Schulz als Nachrichtensoldat im März 1941 in Bielefeld

Alfons Schulz

Drei Jahre in der Nachrichtenzentrale des Führerhauptquartiers

Mit einem Anhang von Gerhard Boldt:

Vom Untergang Hitlers und seiner Komplizen

CHRISTIANA-VERLAG
STEIN AM RHEIN

Einen besonderen Dank schulde ich meinem Sohn, der als Geschichtslehrer die Entstehung des Manuskriptes kritisch begleitete. Alfons Schulz

Fotonachweis:
Sämtliche Fotos stammen vom Verfasser.
Alle Bildrechte liegen beim Christiana-Bildarchiv, CH-8260 Stein am Rhein. Weiterverwendung nur nach vorheriger schriftlicher Genehmigung.

Bildlegende:
Erste Umschlagseite:
Hermann Göring, Heinrich Himmler, Adolf Hitler
Vierte Umschlagseite: Besucher im Führerhauptquartier: Feldmarschall Keitel, Jagdflieger Oberst Werner Mölders, General der Flieger Karl Heinrich Bodenschatz, Hitler, Major Nikolaus von Below, Adjutant der Luftwaffe, Reichsmarschall Göring.

2. erweiterte Auflage 1997: 11. - 20. Tsd.

Satz und Layout: Christiana-Verlag
Druck: Bargezzi AG, CH-3000 Bern
Printed in Switzerland

Die Deutsche Bibliothek - CIP-Einheitsaufnahme

Schulz, Alfons:
Drei Jahre in der Nachrichtenzentrale des Führerhauptquartiers / Alfons Schulz.
-2. Aufl. - Stein am Rhein : Christiana-Verl., 1997

ISBN 3-7171-1028-4

Inhaltsverzeichnis

Ein (not)wendiger Kriegsfreiwilliger

Mit Beginn der Sommerferien 1939 wurde ich mit einem guten Zeugnis in die vorletzte Klasse des "Staatlich-Katholischen Apostel-Gymnasiums" in Köln versetzt. Durch einen Erlass löste der Reichskultusminister auch unsere Schule mit Ende des Schuljahres auf.

Die Unter-, Mittel- und Oberstufe wurden auf verschiedene Kölner Schulen verteilt. Die Oberstufe kam mit einem großen Teil unserer bisherigen Lehrer an das Kölner Schillergymnasium.

Ein Jahr später, nach meiner Versetzung in die Abschlussklasse, ließ mich der Direktor der neuen Schule rufen. Er teilte mir unerwartet und ohne Vorwarnung mit, ich sei der einzige Schüler der Schule, der nicht Mitglied der Hitlerjugend sei. Das beweise eine solche politische Unreife, dass eine Zulassung zum Abitur ausgeschlossen sei. Darauf versuchte ich mit allen Mitteln, aber vergeblich, dort Mitglied zu werden. Der zuständige Bannführer teilte mir nicht ganz zu Unrecht mit, dass ich nur um des "Abis" willen dort eintreten wolle.

Da hatte ich die Bescherung! Ich brauchte das Abitur, weil ich Medizin studieren wollte. Vierzehn Tage später meldete ich mich als Kriegsoffiziersbewerber (KOB) zur Luftwaffe und somit wurde ich "abiturwürdig". Wahrscheinlich spielten der damalige Siegestaumel nach dem Frankreichfeldzug und altersbedingte Abenteuerlust mit eine Rolle.

Nach meiner Musterung am 18. Juli 1940, meinem 18. Geburtstag, erhielt ich am 18. September meine Einberufung für den 3. Oktober, aber nicht, wie ich annahm, zur Luftwaffe, sondern zum Reichsarbeitsdienst nach Winkhausen im Sauerland. Doch schon am 30. November wurde unser Zug vorzeitig entlassen, weil wir dringend bei der Luftwaffe benötigt wurden.

Wieder zu Hause wartete ich nun jeden Tag auf meine Einberufung zur Luftwaffe. Da ich aber Taschengeld benötigte, nahm ich eine Aushilfsstelle als Paketzusteller beim Frechener Postamt an. Das brachte in der beginnenden Weihnachtszeit zusätzlich eine Menge an Trinkgeld.

So verging auch die Jahreswende 1940/41, die ich zum letzten Mal in diesem unseligen Krieg zu Hause mit der Familie feiern durfte.

Schon mit Beginn des neuen Jahres 1941 verstärkten sich die nächtlichen Luftangriffe auf westdeutsche Städte. Trotzdem hatte der "Führer" mich noch immer nicht einberufen, obwohl er doch deswegen meine Arbeitsdienstzeit verkürzt hatte. Das passte mir nun gar nicht, auch wegen des Abiturs. Ich fuhr also zum Wehrkreiskommando Köln III, das sich damals am Salierring befand. Dort sagte man mir, die Luftwaffen-Ausbildungsstellen seien zur Zeit überbelegt, aber die Nachrichtentruppe benötige dringend Nachwuchs. So meldete ich mich also als KOB freiwillig für die Nachrichtentruppe. Schon 14 Tage später erhielt ich meine Einberufung zur 6. Nachrichtenersatzabteilung nach Bielefeld-Brackwede mit beiliegendem Freifahrtschein für die Reichsbahn am 7. Februar 1941. Ich packte also wieder meinen Persilkarton mit den im Einberufungsbescheid aufgeführten Utensilien. Zum festgelegten Termin brachten mich meine Mutter und Schwester zum Kölner Hauptbahnhof. Ich stieg in den Zug, und wir winkten uns nach dessen Abfahrt nochmals gegenseitig zu, ich voller Zukunftspläne, meine Mutter und Schwester mit Tränen in den Augen.

Der Marschallstab im Tornister

"Jeder Soldat", so lernte ich bald im "Reiber", dem Ausbildungsbuch für die Wehrmacht, "trägt seinen Marschallstab im Tornister". Dort blieb meiner auch bis zum Kriegsende gut verpackt. Das ahnte ich natürlich noch nicht, als ich im Zug nach Bielefeld von einer großen, ruhmreichen Karriere träumte.

Im Bielefelder Hauptbahnhof erwartete uns ein ähnliches Komitee wie bei meinem Arbeitsdienstbeginn. Da standen mehrere Unteroffiziere, die uns mit Persilkartons und Koffern bewaffneten Neuankömmlinge in lautem, aber nicht gebrülltem Ton die Anweisung gaben, uns in einer Reihe aufzustellen. Da die Größe diesmal dabei keine Rolle spielte, ging das ziemlich schnell. Dann las einer von ihnen die Namensliste vor und hakte auf unser "Hier" den sich Meldenden ab. Anschließend wurden wir aufgefordert, unser Gepäck aufzunehmen. Wir wurden, von Unteroffizieren eingerahmt, zum Bahnhofsausgang geführt, wo mehrere Lastkraftwagen parkend auf uns warteten. Ihre Ladefläche war mit Seitenbänken ausgestattet und durch eine Plane geschützt. Wir luden unser Gepäck auf und stiegen ein. Dann fuhren die Wagen zur Kaserne nach Brackwede. Die Unteroffiziere folgten in PKWs.

In der Kaserne begann dann dieselbe Prozedur wie beim Arbeitsdienst. Nur lief alles etwas gemächlicher ab als dort. Statt des Spatens erhielten wir hier natürlich ein Gewehr, den Karabiner 98k, dazu Koppel und Seitengewehr. Als Kopfbedeckung erhielten wir ein "Schiffchen" und für den Ausgang eine Schirmmütze. Beide waren, genau wie die Uniformen, an Schulterpatten und Kragenspiegeln, gelb paspeliert; gelb war die Farbe der Nachrichtentruppe. Wir wurden in Gruppen zu Zwölfen eingeteilt und bekamen einen Oberfunker (durch einen am linken Ärmel aufgenähten Stern erkenntlich) zugewiesen. Dieser führte uns zu unserer Stube, wies uns die Betten (dreistöckig!) sowie die Schränke zu, die von uns stets mit einem mitzubringenden Schloss abgeschlossen zu halten waren, andernfalls konnte man wegen Verleitung zum Kameradendiebstahl belangt werden. Er unterrichtete uns in der Kunst des "korrekten Bettenbaus" und war dabei so nett, uns einige nicht offizielle Hilfsmittel und Kniffe zu zeigen. Die Gewehre gehörten in die Gewehrständer auf dem Flur vor unserer Stube. Nachdem uns unter der Fülle der Instruktionen der Kopf nur so rauchte, Essenholer, Stuben- und Flurdienst eingeteilt waren, durften die Essenholer, unter Führung des Stubenältesten, endlich unsere Portionen für das Abendessen beschaffen. Dieses wurde, genau wie das Frühstück, auf der Stube eingenommen. Danach hatte der Stubendienst unter Anleitung unseres Oberfunkers den Tisch und die Stube vorschriftsmäßig zu säubern. Da durfte kein Staubkorn mehr nachzuweisen sein! Ja, gründlich, exakt und sauber wurde in Hitlers Armee von Anfang an gearbeitet! Endlich, um 22.00 Uhr, war "Zapfenstreich".

Geburtswehen bei der "Menschwerdung"

Am nächsten Tag begann um 6.00 Uhr mit dem Wecken der Versuch, innerhalb einer begrenzten Zeit (acht Wochen) aus Zivilisten Menschen, das heisst für jeden nur denkbaren militärischen Fall brauchbare Soldaten, zu schaffen.

Das geht natürlich nur, wenn der Umzuformende einsieht, dass er zur Zeit ein Nichts, auf jeden Fall kein Mensch im militärisch definierten Sinn ist. Als Mittel zum Zweck dienten da ausgeklügelte, anscheinend in allen Armeen der Welt bekannte Drill- und Schikanemethoden: Exerzieren in verschiedenen Formationen, Marschieren mit und ohne Gepäck, Fortbewegungsmöglichkeiten in gerader und gebückter Haltung, im Hocken und Liegen (Robben), alles blitzschnell oder auch im Zeitlupentempo, mit und ohne aufgesetzter Gasmaske, alles das sollte uns möglichst rasch zu Zweckautomaten machen. Der Schliff war zuweilen mörderisch. Man wusste nicht, ob man überhaupt noch ein Mensch war. Meine Uniform kannte allmählich alle Pfützen des Exerzierplatzes. In den ersten acht Wochen sorgten die Ausbilder anscheinend planmäßig dafür, jeden in dieser Zeit wenigstens zweimal, gewöhnlich öfter, am Samstag zwei Stunden lang nachexerzieren zu lassen. Das lief unter dem Titel "lustiger Samstagnachmittag". Eine halbe Stunde danach folgte ein Kleider- und Waffenappell, bei dem nur wenige ungeschoren davonkamen. Appelle, "Maskenbälle", das war: In drei Minuten stehen alle im Ausgehanzug, drei Minuten später im Drillich, drei Minuten später im Kampfanzug mit Waffen und Gepäck auf dem Platz, und zum Schluss fand fünf Minuten später ein Stuben- und Spindappell statt. Viele "Scherze" dieser Art hielten uns in Atem und ließen keinem Zeit zur Besinnung. Mit solchen Methoden beschaffte man ständig Nachwuchs für die notwendigen abendliche und nächtlichen Feuerwachen, "lustigen Samstagnachmittage" oder andere unangenehme Sonderarbeiten.

Nur der Sonntag fiel von Anfang an, wenigstens in unserer Kompanie, aus diesem Rahmen. Das Wecken erfolgte eine Stunde später. Um 9.30 Uhr, beim Morgenappell, mussten alle Rekruten, die einen Gottesdienst besuchen wollten, nach Konfessionen getrennt rechts 'raustreten. Sie wurden gemeinsam von einem Feldwebel zu einer Kirche geführt, in der ein ihrer Konfession entsprechender Gottesdienst stattfand; natürlich mussten die "Rekruten" auch gemeinsam zurückgeführt werden, sie waren ja noch keine vollwertigen Menschen. Nach der Ausbildungszeit wurde sonntags grundsätzlich jedem, der wollte, Urlaub zum Gottesdienstbesuch erteilt. Dabei wurde sogar weitgehend auf die normalerweise stattfindende Überprüfung auf saubere Fingernägel, reines Taschentuch, korrekte Uniform und ähnliches verzichtet.

Unbedingten Gehorsam leisten...

Zwei Ereignisse unterbrachen unseren "Menschwerdungs"-Prozess. Am 18. Februar 1941 musste ich in einer Verpflichtungsverhandlung meine Belehrung über Geheimhaltung nachrichtlichen Wissens und Könnens unterzeichnen. So wurde ich militärischer "Geheimnisträger". Am 19. Februar, also gut zwei Wochen nach Ausbildungsbeginn, vereidigte man uns neue Rekruten feierlich auf den Führer. Vielleicht auch deshalb so schnell, weil nach dieser Zeremonie ein unerlaubtes Entfernen von der Truppe als Desertion mit der Todesstrafe geahndet werden konnte. Der Eid lautete:

*"Ich schwöre bei Gott diesen heiligen Eid,
dass ich dem Führer des Deutschen Reiches und
Volkes, Adolf Hitler, dem obersten Befehlshaber
der Wehrmacht, unbedingten Gehorsam leisten und
als tapferer Soldat bereit sein will, jederzeit
für diesen Eid mein Leben einzusetzen!"*

Damit war ich ein zwar noch unvollkommenes, doch schon verantwortliches und gebundenes Mitglied der deutschen Wehrmacht. Im April war meine Ausbildungszeit beendet. Von diesem Zeitpunkt an konnte ich werktags nach Dienstschluss und für den Sonntag, zuweilen allerdings aus dienstlichen Gründen nur für den Gottesdienstbesuch, Urlaub beantragen. Der letztere wurde immer, der erstere meistens gewährt. Nach einem meiner Gottesdienstbesuche nahm ich Kontakt zum Pfarrer der Kirche in Brackwede auf.

Genutzte Freizeit

Zu meinem Erstaunen erkannte ich in ihm meinen früheren Religionslehrer aus der Volksschule in Bochum, die ich dort von 1930 bis 1932 besucht hatte. Meiner Schwester hatte der damalige Kaplan Lohmann auch den Kommunionunterricht erteilt. Dabei wurden seine beiden Gruppen in "Nazis" und "Kozis" eingeteilt. Das war wohl ein typischer Hinweis auf das damalige Wahlverhalten der dort lebenden Arbeiterbevölkerung.

Ich nahm so bald wie möglich persönlichen Kontakt zu ihm auf, und schon einen Monat später trafen wir uns, von da an normalerweise einmal wöchentlich, bei ihm in einem gleichgesinnten Kreis von etwa 12 bis 15 Personen, von denen zwei Drittel Soldaten waren. Dort erfuhr ich auch zum ersten Mal von der durch die Nazis durchgeführten planmäßigen Vernichtung von "lebensunwertem Leben". Damit meinte die "Parteiführung" alle körperlich und geistig Schwerbehinderten, die fast alle in Anstalten untergebracht waren. Durch das scharfe Veto der Kirchen, wobei die 1943, also zwei Jahre später, auch von der Kanzel und im Untergrund verbreitete Rede des Bischofs von Münster, Graf von Galen, eine besondere Rolle spielte, wurde die Aktion wenigstens zeitweise eingestellt, oder doch so getarnt, dass die Öffentlichkeit kaum mehr etwas davon erfahren konnte. Einige Teilnehmer hörten privat (darauf stand die Todesstrafe!), einer sogar "dienstlich" ausländische Sender ab. So blieb uns die zunehmende Bombardierung, insbesondere der westdeutschen Städte, die neben zerstörten Gebäuden auch eine wachsende Anzahl von Todesopfern und Schwerverwundeten mit sich brachte, nicht verborgen.

Sehr viel beschäftigten wir uns in diesem Kreis mit der christlichen Existenzphilosophie von Peter Wust und der von Sören Kierkegaard. Beide nehmen, trotz aller Gegensätzlichkeiten, die stets bestehende Existenzangst des Menschen, wenn auch von anderen Gesichtspunkten her, sehr ernst. Sie versuchen diese in den Glauben einzubinden und durch ihn eine Deutung und Linderung zu ermöglichen. Im Gegensatz zu ihnen stellte unser Kreis die Auffassung von Friedrich Nietzsche heraus, der in seinen philosophischen Werken die Metaphysik genauso wie Religion und Moral als reine Trugbilder zu erklären versucht. Das war sicher mit einer der Gründe, warum er von den Nazis, besonders auch mit den im "Übermenschen" vertretenen Ideen, bewusst als Beleg für das von ihnen gelehrte rassistische Bild des "deutschen Herrenmenschen" herangezogen und missbraucht wurde. In diesem Kreis habe ich besser zu philosophieren gelernt, als bei meinen Nachkriegsstudien an unseren Universitäten.

Natürlich kam in dieser Zeit auch mein privates Leben in Hinsicht auf Unterhaltung und Vergnügen nicht zu kurz. Den Beginn dieser für mich so schönen Zeit setzte eine mir etwas peinliche Episode. Ich unternahm nach Dienstschluss gern noch kleine, manchmal auch längere Spaziergänge durch die sich am Stadtrand Bielefelds erstreckenden bewaldeten Höhen des Teutoburger Waldes.

Zum Schluss kehrte ich gewöhnlich in einer Waldwirtschaft ein, von der aus der Rückweg zur Kaserne nicht weit war. Wie fast in allen deutschen Gaststätten hing draussen ein unübersehbares Schild mit der Aufschrift: *"Juden unerwünscht!"* und im Innern sah man einen ins Auge springenden Spruch hängen:

"Genieße froh, was Dir beschieden,
entbehre gern, was Du nicht hast.
Du lebst im Krieg und nicht im Frieden.
Bedenke das, mein lieber Gast!"

Wer in einem Gasthaus damals essen wollte, benötigte Lebensmittelmarken, die man bei Bedarf bei den örtlichen Behörden gegen Reisemarken eintauschen konnte. Soldaten besaßen natürlich keine, da sie beim Militär vollverpflegt wurden – es sei denn, sie befanden sich auf Dienstreise oder im Urlaub. Jedoch musste in allen Lokalen wenigstens *ein* Stammgericht ohne Markenabgabe angeboten werden. Dazu gehörten in dieser Waldgaststätte normalerweise Gerichte vom Wild, insbesondere von Wildschweinen. Auch dänische Seemuscheln standen meist auf der Karte für markenfreie Stammgerichte. Eines Abends, es war in den ersten Maitagen, war ich wieder einmal nach einer Waldwanderung hier eingekehrt und hatte einen saftigen Wildschweinbraten mit Knödeln und dazu ein kühles Bier bestellt. Ich genoss die Mahlzeit so richtig und wollte anschließend in beschwingter Hochstimmung zahlen. Aber, o Schreck! Nervös suchte ich nach dem ersten gewohnten Griff in die Geldbeuteltasche auch in den übrigen Taschen meiner Uniform vergebens nach meiner Geldbörse. Selbst der Brustbeutel enthielt keine Reserve. Was tun? Ich überlegte, ob ich dem Wirt nicht bis zur Begleichung der Rechnung meine Uhr als Pfand anbieten sollte. Am Nebentisch saßen zwei reizende junge Damen, die mein nervöses Suchen anscheinend belustigt beobachtet hatten. Plötzlich stand eine von ihnen, schlank, schwarzhaarig und mit wunderschönen braunen Augen, schelmisch lächelnd neben mir und fragte, ob sie mir aushelfen könne, da ich offensichtlich meinen Geldbeutel vergessen hätte. Ich bejahte, stotternd vor Überraschung und Freude. Beide Damen nahmen nun an meinem Tisch Platz. Wir stellten uns gegenseitig vor und saßen noch eine halbe Stunde zusammen. Dabei plauderten wir und tranken ein Bier miteinander. Dann brachte ich Ruth, so hieß meine reizende Retterin aus der Not, nach Hause.

Vor ihrer Haustür bat ich um einen Verabredungstermin, natürlich nicht nur in der Absicht, ihr das ausgelegte Geld zurückzugeben. Sie meinte, ob ich nicht Lust hätte, sie am kommenden Sonntag in die Operette zu begleiten, sie könne durch "Beziehungen" gute Karten für Nico Dostals "Clivia" besorgen. Mit Freuden nahm ich dieses Angebot an, und so begann meine wunderschöne Zeit mit Ruth. Wir verbrachten zusammen den größten Teil meiner Freizeit. Wir unternahmen weite Spaziergänge, in denen sie mir die Sehenswürdigkeiten der Stadt und der Landschaft zeigte. Ich erhielt sogar Sonderurlaub, um mit ihr zusammen an der Weihe des neuen Bischofs von Paderborn teilzunehmen. Auf dem Rückweg übernachteten wir auf Einladung der jüngsten Tochter des Besitzers von Schloss Holte, einer engen Freundin von Ruth, im Schloss; natürlich in getrennten Zimmern, ein gemeinsames wäre in der damaligen Zeit in diesen Kreisen undenkbar gewesen, übrigens auch für mich.

Meine Freundin war ausserordentlich gebildet und interessiert. Ich begleitete sie immer wieder und mit wachsender Freude und Verständnis bei ihren Besuchen von Konzerten, Ausstellungen und Theateraufführungen. Dabei führte sie mich unaufdringlich, wie es nur ein liebender Mensch tun kann, trotzdem aber sachkundig und umfassend in diese mir etwas fremdere musische Welt ein. Ich lernte auch ihren Vater kennen, einen älteren Postrat, einen hochgebildeten Mann. Wir verstanden uns von Anfang an gut, obwohl seine liberaleren Auffassungen zu vielen ethischen und religiösen Fragen oft meinen Widerspruch herausforderten. Das lag wahrscheinlich vor allem an meiner Jugend. Erst die leider nicht bei allen wachsende Weisheit des Alters macht tolerant. Ihm schien aber meine "radikale Auffassung" durchaus Freude zu machen. So bot er mir dadurch Gelegenheit, meine rhetorischen Fähigkeiten in Diskussionen zu schulen.

Ende Mai wurde ich zu einem Unterführerlehrgang in eine andere Kaserne Bielefelds abkommandiert. Während dieser Zeit schmolz meine Freizeit auf ein Minimum. Doch in meinem damaligen Alter war ich noch unverwüstlich. So verminderte sich zwar die Anzahl unserer Rendezvous kaum, stark dagegen die Stunden des nächtlichen Schlafes.

Doch dann trat ein Ereignis ein, das mich für mehr als zwei Wochen ins Lazarett brachte. Nach einem Bombenangriff auf eine benachbarte Stadt wurde unser Kursus zu Hilfs- und Räumarbeiten herangezogen. Dabei erlitt ich beträchtliche Kampfstoffverätzungen, besonders im Gesicht, durch den bei Brandbomben verwendeten Phosphor. In den darauffolgenden vierzehn Tagen, in denen die Abschlussprüfungen für die Unterführeranwärter stattfanden, wurde ich in Bethel, wo ein Teil der Gebäude als Lazarett eingerichtet war, behandelt.

Auch ohne Prüfung erhielt ich eine gute Abschlussbeurteilung, und mir wurde die Eignung zum Hilfsausbilder zuerkannt. Ruth hatte mich natürlich fast täglich besucht.

Nach meiner Entlassung aus dem Lazarett gab mir der Kompaniechef zehn Tage Urlaub. Stolz zeigte ich mich nicht nur zu Hause, sondern vor allem bei meinen noch nicht eingezogenen Freunden in meiner "Ausgehuniform". Ich musste unzählige Fragen beantworten und war für sie nun ein Experte für "militärische Probleme". Nach meiner Rückkehr nach Bielefeld wurde ich bei den neuen Rekruten als Stubenältester und Hilfsausbilder eingesetzt. Als solcher hatte ich an Stelle vieler in dieser Zeit zur Front versetzten Unteroffiziere die Grundausbildung der mir zugewiesenen Gruppe zu übernehmen. Am 22. Juni 1941 hatte ja, trotz Freundschafts- und Nichtangriffspakt, unser für die Russen völlig unerwarteter Angriff auf die Sowjetunion begonnen. Diesmal ertönte zum ersten Mal schon bei Bekanntmachung dieses Überfalls das noch in der Nacht vorher erstellte Lied:

"Nun brausen nach Osten die Heere
ins russische Land hinein."

Trotz der riesigen Anfangserfolge in den Kesselschlachten, die Millionen Gefangene brachten, und dem zügigen, unglaublich schnellen Vorstoß in die Weite des russischen Raumes, verursachte dieser Feldzug auch zunehmende Verluste an Toten und Verwundeten auf deutscher Seite.

In seinem Buch "Mein Kampf" hatte Hitler den Zweifrontenkrieg im Ersten Weltkrieg als einen Kardinalfehler gegeisselt. Nun hatte er das deutsche Volk selbst und mit Absicht in einen solchen gebracht. Die zunehmende Bombardierung deutscher Städte durch die britische Luftwaffe war nur eine erste Quittung. Zuerst spielte sich dieser Zweifrontenkrieg nur in den im Westen durch ständiges Bombardement betroffenen Städten, dann aber auch, vor allem ab 1943, ermöglicht durch die Verstärkung der britischen durch die amerikanische Luftwaffe, zunehmend im gesamten Reichsgebiet ab. In der Endphase des Krieges äusserte sich diese zermürbende Strategie durch ununterbrochene Tages- und Nachtangriffe fast im gesamten Reichsgebiet. Als Folge davon erwuchs in der immer stärker betroffenen Zivilbevölkerung ein makabrer Humor.

Nach aussen konnte es sich niemand erlauben, seine schwindende Siegeszuversicht anzudeuten, ohne sein Leben, vor allem im letzten Kriegsjahr, zu gefährden. Schon eine unvorsichtige Bemerkung konnte den Tod durch das Handbeil, ab Ende 1944 sogar durch unmittelbares Aufknüpfen an den nächsten Baum durch SS-Sonderstreifen, bedeuten. So trat das sonderbare Phänomen auf, dass mit schwindender Siegesmöglichkeit die äussere Siegeszuversicht in Spruchbändern und Inschriften immer stärker hervorgehoben wurde.

Überall wuchs mit den Jahren in den Straßen der zerstörten Städte die Anzahl der Spruchbänder, auf denen man lesen konnte: *"Führer befiehl! Wir folgen!"* Im vertrauten Kreis las man diesen Spruch allerdings etwas anders: *"Führer befiehl! Wir tragen die Folgen!"* Das taten wir am Ende schließlich auch. Auf den Aussenwänden der durch Bomben zerstörten Häuser erschienen, von wem auch immer, aber sicher nicht von den betroffenen Bewohnern angebracht, Aufschriften wie: *"Unsre Wände mögen brechen, unsre Herzen nie!"* Darunter hatten allerdings oft in der Nacht unbekannte "Täter", die man selten erwischte, mit meist nur schwer entfernbarer Farbe geschrieben: *"Sie sind längst gebrochen!"*

Doch zurück in das Jahr 1941. Nach meinem Heimaturlaub wurde ich umgehend auf Tropentauglichkeit getestet. Unter anderem musste ich über einen längeren Zeitraum hinweg täglich Chinintabletten schlucken. Ich erhielt meine Tropentauglichkeit zusammen mit mehreren anderen Testpersonen bestätigt und erwartete nunmehr meinen Marschbefehl zu Rommels Afrikakorps. Doch der kam nicht für mich. Zu dieser Zeit war ich, vielleicht zu sehr aus der Bahn geworfen durch den jähen Tod meiner Freundin Ruth bei einem Bombenangriff, wohl nicht ganz zurechnungsfähig. Denn ich meldete mich, wohl noch unter dem Schock stehend, freiwillig zu einer Flammenwerfergruppe, die für Sondereinsätze ausgebildet wurde. Das war ein sogenanntes "Himmelfahrtskommando". Gott sei Dank lehnte der Abteilungskommandeur mein Gesuch mit der Begründung ab, dass wegen meiner speziellen technischen Ausbildung eine Versetzung zu einem anderen Truppenteil nicht stattfinden dürfe.

Einer nach dem anderen meiner Bielefelder Kameraden erhielt in dieser Zeit seinen Marschbefehl zum Einsatz an der Ostfront. Ich jedoch verblieb, auch nach meiner Beförderung zum Oberfunker am 1. Oktober, weiterhin als Ausbilder in Bielefeld. Seltsamerweise kommandierte man mich auch nicht zu einem Offizierslehrgang ab, obwohl ich KOB war. In meinen Militärakten findet sich keine Andeutung oder Bemerkung über die Gründe. Eigentlich hätte die ausserordentlich positive, das heisst überdurchschnittlich gute Beurteilung meiner militärischen und fachspezifischen Leistungen und Verwendungsmöglichkeiten eher das Gegenteil erwarten lassen.

Wer auch immer da heimlich mitgemischt hat – es ist ihm gelungen, keine Spuren zu hinterlassen. Noch heute bin ich diesem Unbekannten sehr dankbar, denn dadurch wurde mir viel erspart.

Mit meiner Beförderung wuchs auch meine Freizeit. Ich verbrachte sie weitgehend im Kreis der sich um Pfarrer Lohmann treffenden Gleichgesinnten, die es verstanden, mir dabei behilflich zu sein, wenigstens in etwa mein gestörtes seelisches Gleichgewicht zurückzugewinnen. Mit der Zeit ging ich wieder öfter ins Theater, zuweilen in Begleitung von Ruths Freundin, mit der ich aber nie eine tiefere Beziehung aufbauen konnte. Das lag sicher nicht an ihr, die nicht nur äusserlich eine sehr attraktive junge Dame war, sondern auch einen liebenswerten Charakter besaß. Oft allerdings konnte ich nur durch einsame ausgedehnte Wanderungen durch den spätherbstlichen Wald meiner inneren Unruhe, oder genauer formuliert, Zerrissenheit, Herr werden.

Schon Mitte Oktober kam, spürbar vor allem im Osten, ein unerwartet früher Wintereinbruch. Einem Appell an das deutsche Volk, warme Unterwäsche, Wollsocken und Handschuhe, ausserdem gefütterte Schuhe oder sogar Stiefel für die Soldaten der Ostfront zu spenden, folgte die Bevölkerung spontan in überaus großem Maß. Wie ich später erfuhr, erreichten diese Spenden unsere Soldaten an der Ostfront viel zu spät.

Vielleicht hatte Hitler sich hier, zum ersten Mal augenfällig, vor allem verblendet durch seine unglaublichen Anfangserfolge, in seinem Gegner verschätzt und die grenzenlose Weite des russischen Raumes sowie die Härte des dort herrschenden Winters nicht genügend in seinen strategischen Plänen berücksichtigt. Jedenfalls fiel in diesem Winter an der Ostfront ein unerwartet großer Teil der dort eingesetzten Truppen weniger im Kampf mit dem Gegner, als in erster Linie durch die sibirische Kälte von bis zu 30 Grad minus aus. Aus demselben Grund konnte selbst der nötigste Nachschub an Material- und Truppenersatz nicht einmal annähernd ausreichend erfolgen.

Würde es Hitler genauso ergehen wie damals in den Jahren 1812/13 Napoleon? Niemand wagte es natürlich, solche Gedanken laut zu äussern. Sondermeldungen über Siege blieben weitgehend aus. Statt dessen sprachen die kärglicher werdenden Nachrichten, soweit sie die Ostfront betrafen, meist vom heldenhaften, standhaften Halten der Front, deren Mittelabschnitt kurz vor Moskau verlief. Zuweilen tauchte, erstmalig in den deutschen Nachrichten, der Ausdruck von einer erfolgreichen Frontbegradigung auf. Das war, wie ich später erfuhr, die offizielle "Sprachregelung" für einen Geländeverlust, der beim Gegner sonst als planloser Rückzug bezeichnet wurde.

Nur Feldmarschall Rommel in Nordafrika konnte noch als Garant der "unbesiegbaren deutschen Wehrmacht" exemplarisch in Siegesmeldungen propagandistisch genannt werden.

Ich bildete währendessen weiter Rekruten aus, und mein Alltag verlief eingefahren gleichtönig. Das belastete mich kaum, da mir verhältnismäßig viel freie Zeit zur Verfügung stand, die ich sinnvoll nutzen konnte. Es bot sich mir genügend Gelegenheit, mich in unserem Gesprächskreis weiterzubilden und mich durch Auswerten von Auslandsnachrichten umfassender zu informieren. Nicht nur durch sie, sondern auch durch eigenes

Erleben erfuhr ich die zunehmende nächtliche Bombardierung, vor allem westdeutscher Städte, durch dic britische Luftwaffe mit ihren ständig wachsenden unheilvollen Folgen. Nicht nur die Trümmerwüsten dehnten sich aus, auch die zunehmende Zahl der oft durch Brandbombenwirkung bis zur Unkenntlichkeit entstellten Überreste von Leichen wirkten auf die Bevölkerung deprimierend und demoralisierend. Dem musste entgegengesteuert werden. Deswegen sollten auf Anweisung des Reichspropagandaministeriums die musischen Möglichkeiten, Theater, Konzerte, Opern und Operetten, vor allem aber das Kino, dazu verstärkt ein Gegengewicht bilden, eine heile Welt vorgaukeln und für angenehme Abwechslung sorgen.

Anfang Dezember erklärte der "Führer" nach dem Überfall der Japaner auf Pearl Harbour den USA den Krieg. Wenn er glaubte, damit die Japaner zu einer entsprechenden Kriegserklärung gegen die Sowjetunion zu veranlassen, hatte er sich erneut verspekuliert. Die einzige Folge war der schnell wachsende Einsatz der US-Luftwaffe, die nunmehr die britischen Verbündeten bei den Luftangriffen auf Deutschland unterstützten. Auch mit der Sowjetunion schloss Amerika ein Bündnis und schickte schwere und leichte Waffen als willkommene Hilfe. Schnell spürte die deutsche Bevölkerung die veränderte Lage in der Verstärkung und Ausdehnung der nächtlichen, und ab 1942 auch am Tage stattfindenden Angriffe auf unsere Industrieanlagen und Städte. Schon im Januar erfolgte ein erster verheerender Großangriff auf Berlin. Wie sollte das alles noch enden?

Zum ersten Mal in meinem Leben feierte ich in diesem Jahr Weihnachten nicht daheim, sondern im Kreis unserer

Kompanie. Dort befanden sich kaum noch alte, mir bekannte Gesichter. Die meisten meiner Kameraden, die zusammen mit mir in Bielefeld ihren Dienst in der Kaserne aufgenommen hatten, waren im Einsatz bei verschiedenen Armeen, Divisionen und Stäben an allen Fronten und in allen besetzten Gebieten. Mich aber schien der Krieg vergessen zu haben.

Bevor diese Feier in ein allgemeines Besäufnis ausartete, machte ich, zusammen mit ungefähr zwanzig gleichgesinnten Kameraden, von dem uns erteilten Nachturlaub Gebrauch. Wir besuchten die Christmette. Anschließend verbanden wir unseren Rückweg zur Kaserne mit einer einstündigen Wanderung durch den verschneiten winterlichen Wald.

Auch bei der Silvesterfeier erlebte ich den Übergang ins Jahr 1942 nicht in der Kompaniegemeinschaft. Um 11.00 Uhr nachts verabschiedete ich mich heimlich. Ich hatte "Urlaub bis zum Wecken" genehmigt bekommen. Es zog mich zu meinen Freunden, die sich bei Pfarrer Lohmann zusammengefunden hatten. Ich konnte beim mitternächtlichen Toast auf das Neue Jahr nicht ahnen, dass dies mein letztes Treffen und Feiern in diesem Kreis in Bielefeld sein würde.

Drei Tage später musste ich mich bei meinem Kompaniechef melden. Innerlich etwas unsicher, begab ich mich zu ihm. Hatte ich etwas "ausgefressen"? War ich angezeigt worden? Ich verkehrte ja in einem für die damalige Zeit durchaus verdächtigen und anrüchigen Kreis.

Aber nichts dergleichen blühte mir. Mein Kompaniechef, Hauptmann Bender, teilte mir in freundlichem Ton mit, dass ich mit Wirkung vom 13. Januar nach Rastenburg in Ostpreussen versetzt sei. Am 9. sollte ich meine

Marschpapiere abholen und mich auf den Weg machen. Spätestens am 12. hätte ich in Berlin zu sein und dort am selben Tag den Zug um 16.11 Uhr vom Schlesischen Bahnhof, der in Richtung Königsberg fuhr, zu benutzen. Dort müsste ich in den Zug nach Rastenburg umsteigen. Vom Rastenburger Bahnhof aus sollte ich die Telefonnummer 851 wählen. Alles weitere würde ich von der Dienststelle, die sich unter dieser Nummer meldete, erfahren. Dass sich unter dieser Geheimnummer der einzige Zugang vom öffentlichen in das militärische Netz des Führerhauptquartiers verbarg, ahnte ich nicht. Das erfuhr ich erst, nachdem ich mich dort befand. Bis dahin hatte ich angenommen, ich würde von einer Rastenburger Kaserne aus weiter nach Russland in Marsch gesetzt werden.

Wie ich aus den Kopien meiner Akten ersehe, die mir auf meinen Antrag hin vom Bundesarchiv in Aachen-Kornelimünster zugesandt wurden, sind auch dort keine näheren Hinweise vorhanden. In der Militärstammrolle steht allerdings unter der Spalte "Versetzung": "OKW (Oberkommando der Wehrmacht) Rastenburg".

Man gab mir, wie ich nunmehr nachlesen kann, eine sehr positive Abschlussbeurteilung mit auf den Weg. Danach war ich körperlich gut entwickelt, muskulös und widerstandsfähig. Charakterlich zeigte ich ein freies, ungezwungenes Auftreten, war strebsam und zielbewusst. Ich verhielt mich kameradschaftlich und ordnete mich gut in die Gemeinschaft ein. Meine Führung war mit dem Gesamtprädikat "sehr gut", meine dienstlichen militärischen und nachrichtentechnischen Kenntnisse und Leistungen waren mit "gut" beurteilt. Ausserdem wurde ich in diesem Papier zur Beförderung zum nächsthöheren Dienstgrad vorgeschlagen.

Wie ich weiter aus dieser Akte entnahm, war ich insgesamt 339 Tage in Bielefeld gewesen. Als letzte Eintragung in der Schlussseite meines noch vollständig vorhandenen "Wehrstammbuchs" findet sich ein gesondertes, dick umrandetes Feld mit der Überschrift: "Bestimmung für Verwendung". Dort steht als einzige Eintragung unter dem Datum vom 2. Juli 1942, also offensichtlich auf eine Anweisung vom Führerhauptquartier aus, die Eintragung: *"Unabkömmlich für F. P. (Feldpostnummer) 06574."*

Um mir gegebenenfalls weitere, vielleicht noch vorhandene Geheimakten zugänglich zu machen, wurde mein Antrag zuständigkeitshalber an die deutsche Dienststelle, Eichborndamm, in Berlin weitergeleitet. Von dort sollte ich einen abschließenden Bescheid erhalten. Auch er enthielt keine weiteren Informationen.

Marschbefehl ins Führerhauptquartier
Auf dem Weg nach Rastenburg

So holte ich also, wie angeordnet, am 9. Januar 1942 meine Marschpapiere nebst Reisemarken von der Schreibstube ab. Ich verabschiedete mich von den wenigen verbliebenen "Kameraden" und fand als "alter Hase" natürlich eine Möglichkeit, mich zum Bahnhof fahren zu lassen. Zuerst nahm ich einen Zug nach Köln und von dort die Straßenbahn nach Frechen. Hier, zu Hause, blieb ich nur einen Tag, um von den restlichen, noch nicht eingezogenen Freunden, vor allem aber von meiner Familie, Abschied zu nehmen. Besonders meine Mutter war todunglücklich, weil mein Marschbefehl mich nach Osten schickte. Und das in diesem extrem kalten Winter, in dem die Temperaturen bei Moskau nunmehr fast vierzig Grad unter Null betrugen! Sie packte mir deswegen noch warme Unterwäsche, Wollsocken und Handschuhe ein. Wo mochte sie diese zur Zeit kaum noch beschaffbaren Sachen nur aufgetrieben haben? Beim Abschied legte sie mir besonders ans Herz, so oft wie möglich zu schreiben, sei es auch nur ganz kurz. Täglich, so versicherte sie mir, würde sie besonders für mich beten; dies Versprechen hat sie sicherlich getreulich gehalten. Vielleicht haben diese Gebete meiner Mutter mit ihrem unerschütterlichen Vertrauen auf Gott und auf die Fürbitte Mariens bei ihm dazu beigetragen, dass alle Mitglieder meiner Familie den Krieg ohne erhebliche Dauerschäden überstanden. Ich jedenfalls bin davon überzeugt.

Am nächsten Tag fuhr ich weiter nach Berlin. Dort übernachtete ich bei meinen Verwandten in der Wollankstraße. Tagsüber zeigten meine Cousinen mir bisher noch unbekannte Sehenswürdigkeiten in der Stadt und Umgebung, und abends ging ich groß mit ihnen aus. Das war damals, vor allem in Berlin, noch möglich.

Am 12. Januar begleiteten sie mich nach dem Mittagessen zum Schlesischen Bahnhof. Dort nahm ich herzlichen Abschied und bestieg, wie im Marschbefehl angeordnet, den Zug in Richtung Königsberg. Dort stieg ich um und kam am anderen Mittag, gegen 13.00 Uhr, in Rastenburg an. Ich rief die Nummer 851 an und nannte auf Anforderung meinen Namen und Dienstgrad. Nach einer längeren Pause wurde mir mitgeteilt, ich hätte am Bahnhof zu warten, bis ich in etwa einer halben Stunde abgeholt würde. Und wirklich, die angegebene Zeit war noch nicht verstrichen, da hielt ein kleiner Laster vor dem Bahnhof. Ein Obergefreiter fragte mich, ob ich der Schulz wäre, und überprüfte mein Soldbuch. Dann ließ er mich mein Gepäck aufladen und auf dem Beifahrersitz Platz nehmen. Wir fuhren zuerst durch nur unzulänglich schneegeräumte Nebenstraßen Rastenburgs, vorbei an zwei Kirchen, dann auf eine gut ausgebaute, ziemlich schneefreie Hauptstraße, und verließen auf ihr bald die Stadt. Der Weg führte anfangs leicht ansteigend, bald aber auf ziemlich gleicher Ebene bleibend, durch eine kleine Ortschaft. Dahinter sah ich, wie diese Straße, vormals die Hauptverbindung zwischen Rastenburg und Angerburg, uns schnell einem in der Schneelandschaft zunehmend sich düster abhebenden Wald näherbrachte. Am Rand dieses "Görlitzer Forstes" war sie durch einen Schlagbaum blockiert.

Hier erfolgte die erste Kontrolle. Der Fahrer besaß neben seinem Soldbuch einen besonderen Ausweis, der mit einem dicken, roten Diagonalstreifen gekennzeichnet war. Seine Papiere wurden ihm umgehend zurückgegeben. Ich musste mein Soldbuch und die Marschpapiere abgeben. Der Posten verschwand mit ihnen im Wachhaus. Von dort, so bemerkte ich, telefonierte er einige Zeit. Dann kam der Wachhabende wieder und gab mir meine Papiere zurück. Der Schlagbaum hob sich, und wir konnten weiterfahren. Etwa 300 Meter weiter mussten wir ein zweites Mal halten. Dieselbe Kontrollprozedur wiederholte sich. Vor uns erblickte ich in einer Entfernung von vielleicht 400 Metern eine weitere Straßensperre durch einen Schlagbaum. Aber soweit gelangten wir diesmal nicht. Nach der Freigabe der Weiterfahrt durch den Posten trat dieser etwas zurück, und wir bogen unmittelbar vor ihm rechts in eine Nebenstraße ein und kurz darauf bogen wir nochmals rechts ab. Dann hielt der Laster auf einem von Baracken umgebenen Platz. Wir waren am Ziel. Ich stieg aus, nahm mein Gepäck, und der Fahrer wies mir den Weg zur Schreibstube.

“Festlicher Empfang”

Dort meldete ich mich, und der “Schreibstubenbulle”, ebenfalls ein Obergefreiter, nahm meine Papiere entgegen und bedeutete mir, hier zu warten, bis der “Spieß” erscheine. Also wartete ich. Plötzlich wurde die Tür aufgerissen, und der Hauptwachtmeister betrat forschen Schrittes den Raum. Ich meldete laut und deutlich, wie gelernt: “Oberfunker Schulz, von der 6.N.E.A.6 zum Oberkommando der Wehrmacht (OKW) Rastenburg versetzt, meldet sich zur Stelle.” “Das nennen Sie Meldung”, brüllte der “Spieß”, riss die Tür auf und schrie weiter “Raus! – Hinlegen – auf, marsch marsch, – hinlegen – auf, marsch marsch”, und so jagte er mich mit diesen Kommandos etliche Male durch den Schnee. Dann folgte sein Kommando: “Kehrt, marsch marsch”, und dann erneut: “Hinlegen – auf, marsch marsch, – hinlegen – auf, marsch marsch,” bis ich ungefähr zwanzig Meter vor ihm stand. Nun verlangte er erneut eine, diesmal aber vernehmbare, Meldung. Ich brüllte also aus vollem Halse. Trotzdem ließ er mich die “Schneegymnastik” noch mindestens dreimal wiederholen, bis ihn meine Lautstärke, die stets dieselbe geblieben war, befriedigte. Da hatte ich mir ja einen richtigen Schinder zugelegt, oder war dieser Empfang durch einen Hinweis in meinen Papieren ausgelöst?

Der Stubenälteste von Stube sechs wurde gerufen. Er sollte mich auf seiner Stube unterbringen und in alles Notwendige einweisen. Ich bekam “zur Übung” von ihm sofort prophylaktisch eine Woche Stubendienst aufgebrummt. Dieser Stubenälteste, ebenfalls ein Obergefreiter, schien auf Weisung zu handeln, das allerdings mit sichtlichem Vergnügen und vorerst leider auf meine Kosten. Unsere Stube war mit 18 Mann belegt, deren Dienstgrade zwischen Oberfunker und Stabsgefreiter lagen. Fünfzehn von ihnen trugen die Uniform des Heeres und drei die der Luftwaffe. Alle waren im Nachrichtenbunker im Sperrkreis A als Betriebsfernsprecher, Fernschreiber oder als Funker tätig.

Der mit Dampf betriebene Sonderzug Hitlers in der Nähe des Führerhauptquartiers Tannenberg im Schwarzwald, in der Zeit vom 27. Juni bis 5. Juli 1940

Trotzdem nicht allein

Zwei der Kameraden kannte ich aus Bielefeld – Willi Ülhof, einen katholischen Theologiestudenten und künftigen Priester und späteren Theologie-Professor, und Walter Meiendresch, einen Musikstudenten, der nach dem Krieg Organist in der Nähe von Neuss wurde. Beide waren auch ständige Gäste im Kreis von Pfarrer Lohmann in Bielefeld gewesen. Wir lagen also auf derselben "Wellenlänge". Diese beiden halfen mir, die Bettwäsche zu besorgen und meine "Kiste" vorschriftsmäßig zu "bauen". Sie gaben mir auch wertvolle Hinweise bei der Einrichtung des Spindes; ich war natürlich erfahren genug, um zu wissen, wie wichtig es war, für alle Hygieneartikel (Zahnbürste, Kamm, Seifendose) eine zweite Garnitur zu besitzen. Die erste diente zum Gebrauch, die Duplikate waren ausschließlich für Spindappelle reserviert. Anschließend zeigten sie mir, wo man die Essportionen holte und machten mich mit den anderen Funktionsstellen der Kompanie vertraut. Ich gehörte ab sofort, wie ich erfuhr, zur Stabsnachrichtenkompanie im Führerhauptquartier. Die beiden machten mich nun mit weiteren Kameraden, besser gesagt Freunden, bekannt, die sich hier zu einem Kreis bekennender Christen zusammengefunden hatten. Diese Gruppe versuchte hier, inmitten des Führerhauptquartiers, bewusst durch ihre Lebensführung vorbildlich christliche Werte darzustellen und dadurch die völlig anders denkende und handelnde Mehrzahl der hier eingesetzten Soldaten zu beeinflussen. Auf jeden Fall wurden sie von den meisten, die je nach ihrer Verweildauer im Führerhauptquartier (FHQ) und vor allem durch ihre Tätigkeit im Nachrichtendienst, nur noch mehr oder weniger gläubige Nationalsozialisten waren, respektiert. Die Aufnahme in diesen Kreis half mir sehr, die mir zum Teil bewusst aufgebürdeten Anfangsschwierigkeiten zu bestehen.

Zu dieser Gruppe gehörten Dr. Fliegner, ein älterer ehemaliger Leiter eines privaten katholischen Gymnasiums; Dr. Seliger, ein Amtsrichter aus Breslau, ein praktizierender evangelischer Christ der bekennenden Kirche von Pfarrer Niemöller; Hans Reber, ein begnadeter Sänger, der nach dem Krieg Benediktiner wurde und Paul Hanisch, ein katholischer Theologe, den ich nach dem Krieg als Caritasdirektor einer großen deutschen Erzdiözese wiedertraf.

Hervorheben möchte ich noch Julius Steinkaul, der sich zur "Schönstattbewegung", einer marianisch ausgerichteten streng katholischen Richtung bekannte und sein Leben bewusst Gott als Sühne für die Verbrechen der damaligen Zeit anbot. Er weilte erstaunlicherweise nur kurze Zeit im FHQ. Äusserlich war er das Idealbild eines "nordischen Helden". Deshalb und wegen seiner aussergewöhnlichen Intelligenz versuchten seine Vorgesetzten, hier genauso wie die bei seiner Ausbildungszeit, vergebens, ihn zum Verzicht wenigstens der Eintragung seiner Religionszugehörigkeit und des Theologiestudiums zu bewegen, um ihm die Offizierslaufbahn zu ermöglichen. Ihn wollten sie auf alle Fälle dafür gewinnen. Vergebens.

Er blieb standhaft und fiel am 3. August 1943 südlich von Orel. Im Jahre 1953 erschien unter dem Titel "Gelebtes Schönstatt – Julius Steinkaul – Saatkorn eines heiligen Frühlings" ein Sonderheft der Schönstattbewegung anlässlich der Einleitung des Seligsprechungsprozesses für diesen "Heiligen im FHQ".

Diese Gruppe, zu der ich von nun an auch gehörte, traf sich meist wöchentlich und je nach persönlicher Dienstzeit in kleinerer oder größerer Zahl mit dem damaligen Kaplan Ernst Notger Beckmann in Rastenburg. Ihn traf ich nach dem Krieg, nunmehr als Religionslehrer an den Berufsbildenden Schulen der Stadt Köln wirkend, zum Gedankenaustausch wieder. Wir informierten ihn damals, besonders über Geheimnachrichten, die geplante Repressionen gegen die Kirchen betrafen, und er revanchierte sich mit der Weitergabe interner kirchlicher Nachrichten, die wir natürlich für uns behielten.

Stundenlang diskutierten wir in diesem Kreis über Zeitfragen und geschichtliche und philosophische Deutungsmöglichkeiten, die uns vielleicht in dieser Zeit weiterhelfen konnten. Zwei Werke standen im Mittelpunkt der damaligen Erörterungen: "Über das Wesen geschichtlicher Krisen" von Ortega y Gasset und "Vergil, Vater des Abendlandes", von dem Religions- und Kulturphilosophen Theodor Haecker. Ortega versuchte, Phänomene, die er in dem Jahrhundert des Übergangs vom Mittelalter zur Neuzeit als typisch für eine Zeitenwende herausstellte, auch beim Übergang von der Antike zum Mittelalter nachzuweisen. Parallele Phänomene stellte er dann wieder seit Beginn unseres Jahrhunderts fest. Er glaubte, wir befänden uns seit dieser Zeit wiederum inmitten eines sich verändernden Weltbildes, das von der Neuzeit in eine noch nicht eindeutig zu benennende Epoche überleitete.

Kaplan Beckmann hatte mir damals sein Exemplar geliehen. Ich konnte es ihm erst nach dem Krieg zurückgeben.

Haecker dagegen versuchte aufzuzeigen, welche Werte nach dem sichtlichen Untergang dessen, was einmal als

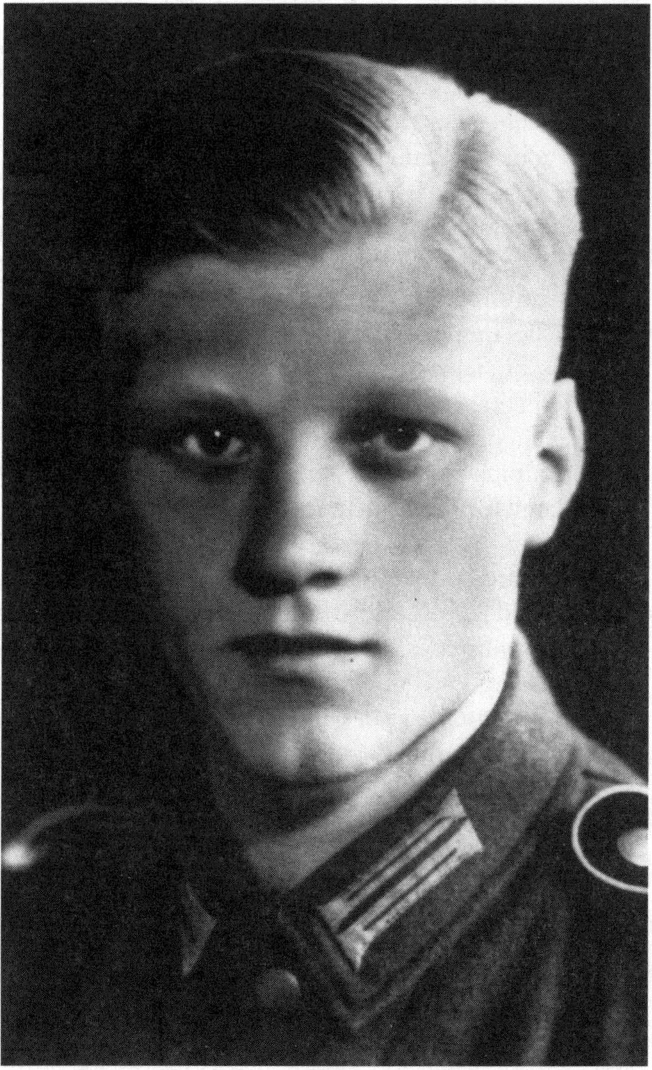

Julius Steinkaul † 1943

Abendland bezeichnet wurde, bei der Schaffung eines neuen Weltbildes rettenswert wären. Er meinte, soweit ich mich erinnere, "dass es noch immer besser wäre, ein Kreuz zu schlagen, ehe es uns schlägt". Zu den Sachen, die man beim Zusammenbruch mitnehmen sollte, nannte er neben der Bibel "den Vergil, der in eine Rocktasche geht". Er glaubte also, auch in einer nach dem Untergang sich neu entwickelnden abendländischen Welt sollten die griechisch-römischen Wurzeln neben dem Christentum wesentliche Pfeiler der neuen, besseren Wertordnung bilden. In den siebziger Jahren haben wir diese Grundwerte allerdings tief angesägt. Ich weiss nicht, ob sie heute noch tragen, die Zukunft wird es zeigen.

Doch zurück zu meiner persönlichen Geschichte. Bevor ich damit fortfahre, möchte ich in zwei vorangestellten Kapiteln die Wolfsschanze und die übrigen Führerhauptquartiere beschreiben, sowie eine Schilderung der Gliederung, des Aufgaben- und Kompetenzbereiches und der Arbeitsweise des hier untergebrachten Wehrmachtführungsstabes (WFStab) und der gleichfalls ins Hauptquartier verlegten Partei- und Regierungsdienststellen geben. Die Erkenntnisse gewann ich natürlich erst allmählich während meines über dreijährigen Aufenthaltes beim OKW, der faktisch erst fast vier Wochen nach der bedingungslosen Kapitulation endete. Ich halte diese beiden Kapitel für eine wesentliche Voraussetzung zum Verständnis der weiteren Ereignisse in meiner Lebensgeschichte und der Geschichte des FHQs.

Die Wolfsschanze

Zwei Tage nach Beginn des Feldzuges gegen die Sowjetunion, also am 22. Juni 1941, bezog Hitler zum ersten Mal ein schon vorher von der Organisation Todt (OT) beinahe fertig ausgebautes "Feldhauptquartier", das diesen Namen kaum zu Recht führte.

Der normale Bürger musste sich nach Schilderungen der Propaganda darunter ein der kämpfenden Front nahes, provisorisches und den harten Gegebenheiten der Frontnähe angepasstes Feldquartier vorstellen, wo der oberste Befehlshaber zusammen mit seinem Stab ganz in der Nähe alle Nöte und Leiden der Soldaten miterlebte und deshalb auch alles Erdenkliche tun konnte, um diese, wo immer möglich, zu beheben oder wenigstens auf ein notwendiges Mindestmaß zu beschränken. Die meisten Soldaten an der Front glaubten, genauso wie die "Volksgenossen" in der Heimat, an diese verlogene Propagandaversion. Die Wirklichkeit sah anders aus.

Hitler hatte sein Hauptquartier so ausbauen lassen, dass es von Anfang an ihm und seinen Mitarbeitern durch bombensichere, verhältnismäßig komfortable Bunker und durch die ständig wachsende Entfernung von der Front völligen Schutz und mehr als nur provisorische Arbeitsmöglichkeiten bot. Von hier aus führte er nicht nur den Krieg, sondern auch den Staat und die Partei.

Etwa acht Kilometer östlich der ostpreussischen Stadt Rastenburg hatte Hitler schon ab 1940 im Görlitzer Forst, dem ehemaligen "Stadtwald" und beliebten Ausflugsziel der Rastenburger Bürger, unter Leitung seines militärischen Chefadjutanten Schmundt und des Reichsministers für Rüstung, Dr. Todt, ein bezugsfertiges Hauptquartier errichten lassen. Es erhielt von Hitler persönlich den Decknamen Wolfsschanze. Wie wir später sehen werden, hatte Hitler eine Vorliebe für Decknamen, die das Wort "Wolf" enthielten. Dabei denkt man unwillkürlich an das Sprichwort: "Homo homini lupus est – Der Mensch ist des Menschen Wolf", das sich ja dann im Laufe dieses unseligen Krieges grausam bestätigen sollte.

In Rastenburg selbst verblieb ein Barackenlager der Organisation Todt, deren Bewohner für Reparaturarbeiten und, je nach Bedarf, auch für Ausbauarbeiten, herangezogen wurden.

Von der Stadt führte eine gut ausgebaute Straße neben einer in kurzer Entfernung parallel verlaufenden Eisenbahnstrecke zum Görlitzer Forst und weiter nach Angerburg. Hier war das Oberkommando des Heeres (OKH) untergebracht. Täglich kamen dessen oberste Vertreter, normalerweise in einem alten Eisenbahnwagen, auf dieser eingleisigen Strecke zur Haltestelle "Bahnhof Görlitz" im Sperrbezirk des FHQ, um an den mittags und abends stattfindenden Besprechungen über die tägliche militärische Lage, die unter der Bezeichnung "Führerlage" abliefen, teilzunehmen. Wenn man sich mit dem Wagen oder auch zu Fuß von Rastenburg auf den Weg machte, gelangte man in etwa zwei Kilometern Entfernung zu einer Kreuzung, an der man links abbiegen musste. Knapp 300 Meter entfernt verlief eine kurze, schmale, parallel verlaufende Sackgasse, an deren Ende man einen großen roten Gebäudekomplex erblickte, auf dessen Dach das Zeichen des Roten Kreuzes weithin sichtbar war. Hier befand sich das von katholischen Ordensschwestern geleitete Kreiskrankenhaus, das nun vorrangig als Lazarett diente. Nach weiteren drei Kilometern führte die Straße durch ein kleines Dorf, Schwarzstein, und endete nach weiteren drei Kilometern für jeden Unbefugten schon etwa 300 Meter vor der Anlage Wolfsschanze. Hier patrouillierten ständig Streifen des Führerbegleitbataillons, das seit 1943 den Ärmelstreifen "Großdeutschland", trug. Ihre Aufgabe war es, das FHQ zu sichern. Ein Teil dieser Einheit, das "Führerbegleitkommando", wurde zusätzlich als Wachbataillon bei Staatsbesuchen eingesetzt und war insbesondere für die persönliche Sicherheit Hitlers verantwortlich. Eine unerwünschte Annäherung Unbefugter wurde rechtzeitig unterbunden. Ohne die täglich wechselnde Tagesparole zu kennen, konnte sich niemand der Anlage nähern.

Jeder, der die Wolfsschanze betreten wollte, musste zudem einen Sonderausweis besitzen. Dieser war oder wurde als Tages-, Wochen-, Monats- oder Dauerausweis ausgestellt. Auch letzterer wurde eingezogen, wenn sein Besitzer für längere Zeit von der Anlage abkommandiert oder versetzt wurde.

Je nach der Farbe des Diagonalstreifens berechtigte dieser Ausweis, natürlich nur in Verbindung mit dem Soldbuch oder dem Personaldienstausweis, zum Passieren der Durchgangsstraße oder Bahnstrecke nach Angerburg oder zusätzlich zum Betreten des Sperrkreises II. Die höchste Stufe, der Ausweis mit dem roten Diagonalstreifen, erlaubte auch das Betreten des Sperrkreises A, des "Führersperrkreises".

Etwa 150 Meter weiter östlich, schon im Wald versteckt, sicherte ein Schlagbaum die Straße. Hier befand sich die Wache West. Sie gab erst nach einer genauen Kontrolle, wie ich sie bereits bei meinem ersten Betreten der Wolfsschanze beschrieben habe, den Weg frei. Die

Kronen der Bäume deckten nicht nur die Straße, sondern die gesamte Anlage samt Bunkern und Gebäuden. Tarnnetze vervollständigten die Unmöglichkeit des Einblicks und der Identifikation aus der Luft weitgehend. Hatte man die erste Wache passiert und setzte seinen Weg fort, lag etwa 200 Meter weiter auf der linken Straßenseite eine große Tankstelle. Etwa fünfzig Meter weiter bog auf derselben Seite ein Weg in nordwestlicher Richtung ab. Er konnte von "Insidern" als Zugang zum Moysee benutzt werden. Kurz dahinter lag, ebenfalls auf der linken Straßenseite, der Bahnhof Görlitz. Er war gleichfalls durch einen Schlagbaum mit Wachhaus gesichert. So konnten alle, die ein- oder aussteigen wollten, überprüft werden. Der Bahnsteig war weiträumig ausgebaut, weil hier auch Staatsbesuche offiziell empfangen wurden. Zudem benutzte Hitler seinen hier abgestellten Sonderzug mit dem Tarnnamen "Brandenburg", um zuweilen Gästen entgegenzufahren oder auch zu einer Fahrt nach Berlin. Dann wurde in allen Ortschaften, durch die der "Führerzug" fahren musste, vorher Fliegeralarm gegeben. So wollte Hitler sich wohl vor der ihn erdrückenden Liebe seines Volkes sichern.

Kurz hinter dem Bahnhof lag an der rechten Seite der Sperrkreis II. Er hatte die Form eines Trapezes und war mit mehrfachen Stacheldrahtzäunen gesichert. Den einzigen Zugangsweg versperrte mit einem Schlagbaum die Wachstation II. Innerhalb der Umzäunung lagen auf der rechten Seite das ehemalige Stadtwaldrestaurant, das jetzt unter dem Namen "Kurhaus" als Offizierskasino des stellvertretenden Wehrmachtführungsstabes diente. Hier waren neben der Unterkunft des Leiters dieses Stabes L (Landesverteidigung), des Generals Warlimont, auch seine Stabsoffiziere untergebracht. Als Namen sind mir dabei die der Herren Reinhard Gehlen (fremde Heere Ost), Warlimonts persönlicher Hilfsoffizier von Perponcher, Oberst Momm, Oberst von Buttlar und ein Rittmeister von Harbou in Erinnerung. Die zu dieser "Feldstaffel" (Namen für den im jeweiligen Hauptquartier weilenden Teil des WFStab) gehörenden Unteroffiziere und Mannschaftsdienstgrade hatten ihre Barackenunterkünfte ausserhalb, aber in unmittelbare Nähe der westlichen Stacheldrahtbegrenzung.

Auch eine gut ausgestattete Sauna lag hier. Rechts neben der Straße im Sperrkreis II standen Gästehäuser, ein Gästebunker und einige weitere Stabsunterkünfte.

Weitere Versorgungsstellen wie Post, Bad usw. waren an der östlichen Aussenseite untergebracht. Im Sperrkreis selbst standen, südlich vom Kurhaus, die Unterkünfte der Nachrichtenkompanie und des Führerbegleitbataillons mit ihrem Kommandeur, der zusätzlich als Kommandant des FHQs für die Sicherheit des jeweils bezogenen FHQs verantwortlich war.

Als erster fungierte in diesem Amt als Kommandant des FHQs der spätere Feldmarschall Rommel. Ihn löste Major Thomas ab, der bald durch Oberst Streve, dem letzten Kommandanten des FHQ, ersetzt wurde.

Der Führersperrkreis

Wenn man der Hauptstraße in Richtung Angerburg weiter folgte, gelangte man nach ungefähr 300 Metern erneut an eine Schlagbaumsperre. Hier kontrollierte eine ausschließlich mit Offizieren besetzte Wachstation besonders eingehend.

Gegenüber lagen nämlich die beiden einzigen Eingänge, Tor I A und Tor II A, des Sperrkreises A, des "Führersperrkreises". Dieser erinnerte in seiner Gesamtform, besonders erkenntlich, wenn man den inneren, etwa 300 Meter von der Aussengrenze angelegten Rundweg betrachtete, an einen Halbkreis. Seine Stacheldrahtabgrenzung war verstärkt und galt als unüberwindlich. Wenn man den äusseren Ring durch das Tor I A betrat, gelangte man zuerst zum Bunker, den der Reichspressechef Dr. Otto Dietrich mit seinem Stab bewohnte. Es schloss sich ein Haus der Führung des Reichssicherheitsdienstes an. Ihn leitete im FHQ der SS-Standartenführer Rattenhuber unter Mitarbeit des Kriminalrats Högl. Danach folgte, nach einem größeren Gästebunker, der Bunker und das Haus des nach Hitler wohl einflussreichsten Mannes im Reich, des Reichsleiters Martin Bormann. Er war Leiter der Parteikanzlei und faktisch der Chef aller Gauleiter und ihrer Unterführer bis zum Ortsgruppenleiter und weiter. Als sein Adjutant fungierte der SS-Standartenführer W. Zander. Als nächste Gebäude standen genau im Norden, an der Neunzig-Grad-Skala des Halbkreises, der Führerbunker mit dem Haus seiner Adjutanten und Sekretärinnen. In Erinnerung sind mir bei den Adjutanten die Namen Obersturmbannführer Schaub und Darges sowie Sturmbannführer Günsche, alle drei, wie an den

Hitler hatte wenige Verbündete, umsomehr war er darauf angewiesen, mit diesen enge Kontakte zu pflegen. Die Wolfsschanze diente ihm dabei als bevorzugtes Begegnungszentrum. Hier begrüßt Feldmarschall Wilhelm Keitel den Marschall von Finnland, Carl-Gustav von Mannerheim

Dienstgraden erkenntlich, Offiziere der SS, ferner ein Bruder des Reichsleiters Bormann, Albert, der den Rang eines Gruppenführers des Nationalsozialistischen Kraftfahrkorps (NSKK) besaß. Als Diener betreuten die Herren Junge und Linge den Führer, und als Sekretärinnen arbeiteten bis zu seinem Tod Frau Junge und Frau Wolf, zeitweilig auch Frau Daranowski, die spätere Frau Christian, für ihn. Hitlers Schlafzimmerfenster lag an der Nordseite, denn er stand erst spät auf und scheute die Sonne. An der Ostseite des Sperrkreises lag das Kartenhaus, in dem normalerweise die am Mittag und spätabends stattfindenden Lagebesprechungen mit Hitler abgehalten wurden. Der südliche Teil dieses Gebäudes diente als Kasino für die Teilnehmer an der "Führerlage". Es folgte nach Süden das Haus für den Reichsmarschall Göring, in dem der sich nur selten blicken ließ. Er blieb lieber auf seinem Landsitz Karinhall in der Schorfheide. Dort genoss er mit ständig wechselnden Gästen die Freuden der Jagd. An der Straßenseite, im Süden, lagen mehrere Häuser der hohen Stabsoffiziere, die den Leitern des Wehrmachtführungsstabes Keitel und Jodl direkt zuarbeiten mussten, und die Unterkünfte der beiden Leibärzte Hitlers, Dr. Morell und Dr. Brandt.

Im inneren Ring, durch einen Weg vom äusseren abgetrennt, lagen an der linken Seite, von Süden nach Norden gehend, das in einem Bunker untergebrachte zentrale Heizwerk mit anschließenden Garagen für den Fuhrpark Hitlers. Dieser stand unter Leitung des SS-Gruppenführers Erich Kempka, der schon seit vielen Jahren als persönlicher Fahrer Hitlers fungierte. Es folgte der Bunker der Nachrichtenzentrale für das gesamte FHQ. Von ihm aus konnten Fernsprech-, Fernschreib-

Wachstation am Bahnhof Görlitz im Führerhaupt-quartier Wolfsschanze

Chefkoch Günther mit Belegschaft und dem Chef des Führerkasinos (rechts aussen) im Sperrkreis IA

und Funkverbindungen zu allen Wehrmachtteilen bis zum letzten Posten an allen Fronten, einschließlich Nordafrika, hergestellt werden. Auch alle Dienststellen der Wehrmacht, der Partei und der Botschaften und der Agenten im Inland genauso wie im neutralen Ausland (dort sogar Privatteilnehmer) konnten in kurzer Zeit erreicht werden. Im Norden folgte etwas entfernter ein Parkplatz für Besucher, die an der "Führerlage" teilnehmen sollten und die Küche mit Kasino. Dieses stand insgesamt unter der Leitung eines höheren SS-Offiziers.

In der Küche selbst führte der vom renommierten Hotel Kaiserhof hierher berufene Chefkoch Günther das Regiment. Er war für die Bewirtung der Teilnehmer der "Führerlage", der ausländischen Staatsbesucher sowie aller höheren Ränge der im Sperrkreis A wohnenden Vertreter von Partei und Regierung zuständig. Für Hitler persönlich hatte man eine Diätköchin, Frau Manziary, berufen. An der Südseite befanden sich die Bunker für die ständigen Adjutanten der drei Wehrmachtteile Heer, Luftwaffe und Marine. Das waren damals Oberst Engel und sein Nachfolger ab 1943, Oberst Borgmann (H), Admiral von Puttkamer (M) und Oberst von Below (L). Dazu kamen ständige oder zeitweise direkte Vertreter der Oberbefehlshaber von Marine und Luftwaffe wie die Admirale Voss und Krancke und der General der Luftwaffe, Christian. Im anschließenden "Keitelbunker" waren neben dem Chef des Stabes, Keitel, mit seinem Adjutanten Waizenegger, der Chef des Wehrmachtführungsstabes Jodl sowie der Chefadjutant und Leiter des Personalamtes Schmundt untergebracht. Das sind die wichtigsten Personen, an deren Namen und Funktionen ich mich noch erinnere.

Weitere Führerhauptquartiere

Die "Wolfsschanze" war wohl das Hauptquartier, in dem Hitler, insgesamt gesehen, die längste Zeit des Krieges verweilte.

Während des Polenfeldzuges bezog Hitler ein mobiles Hauptquartier in seinem Sonderzug. Dieser hatte den Decknamen *"Amerika"*. Er wurde während des Russlandfeldzuges endgültig gegen den Tarnnamen *"Brandenburg"* ausgewechselt. Er bestand, soweit ich mich erinnere, aus zwei Lokomotiven und zwei Flakwagen (Flak = Fliegerabwehr). Weiter gehörten dazu ein "Befehlswagen", je ein Arbeits- und Wohnwagen für Hitler, ein Nachrichtenwagen, sowie Wagen für das Begleitkommando und für die Presse, ein Speisewagen und mehrere Gäste- und Schlafwagen.

Der Zug des Chefs OKW hieß *"Braunschweig"*, und die Züge des Wehrmachtführungsstabes rollten ab 1943 unter den Namen *"Franken I"* und *"Franken II"*.

Vor Beginn des Westfeldzugs hatte Hitler in der Nähe von Schloss und Gut Ziegenberg an den östlichen Ausläufern des Taunus, etwa zehn Kilometer von Bad Nauheim entfernt, einige Bunker und Baracken sowie Felsstollen als Feldquartier herrichten lassen. Er gab ihm den Namen *"Adlerhorst"*.

Als der Frankreichfeldzug begann, lehnte er aber diese Anlage mit Gutshof und Schloss doch als für ihn, der seinen Soldaten ein Vorbild beim Leben in Einfachheit und Unbequemlichkeiten während eines Feldzuges sein wollte, als zu komfortabel für ein Feldquartier ab.

Er wählte ein anderes, provisorisch errichtetes Bunker- und Barackenlager auf einer Bergkuppe im Walde, oberhalb des Dorfes Rodert bei Münstereifel, mit dem Decknamen *"Felsennest"*. Hier zog er mit dem im nächsten Kapitel beschriebenen kleinen Arbeitsstab der Feldstaffeln I und II ein. Bei dem unerwartet schnellen Vormarsch in diesem Feldzug wollte er noch der Front nahe sein. Deshalb wechselte er im Juni 1940 in ein schnell errichtetes "Feldlager" über, bestehend aus einem Führerbunker und mehreren Baracken, im Wald des von Einwohnern geräumten Dorfes Bruly de Pêche, etwa sechs Kilometer von Couvin entfernt an der belgisch-französischen Grenze.

Diese Anlage nannte Hitler *"Wolfsschlucht"*. Nach dem Waffenstillstand mit Frankreich verweilte Hitler noch kurze Zeit in einem auf sehr beengtem Raum mit Bunkern und Baracken hergerichteten Gefechtsstand mit dem Decknamen *"Tannenberg"*. Diese sehr beengte Anlage lag am Kniebis im Schwarzwald, nahe der Schwarzwaldhochstraße.

Ausserdem hatte Hitler 1943 vorsorglich, für den Fall einer Invasion über den Kanal von England aus, durch die OT (Organisation Todt) ein weiteres Quartier mit Bunkern und Baracken ausbauen lassen. Es lag in Margival, einem kleinen Dorf bei Soissons in Frankreich, und erhielt den Namen *"W II"*.

Vom Zeitpunkt des Feldzuges gegen die Sowjetunion an waren "Felsennest", "Wolfsschlucht" und die Anlage in Margival ständig mit einem Restkommando besetzt und unter den Tarnnamen *"W 0"*, *"W I"* und *"W II"* von den Nachrichtenzentralen aller Hauptquartiere ständig zu erreichen. Im den eroberten Gebieten der Sowjetunion waren zusätzlich drei Anlagen als Hauptquartiere, mehr oder weniger provisorisch, ausgebaut.

Die größte von ihnen, *"Werwolf"*, lag an der Straße, die von Shitomir in der Ukraine zu der Stadt Winniza am Bug führte. Von dort ging es etwa fünfzehn Kilometer weiter über das Dorf Kalinowka zu einem großen, durch massive Stacheldrahtsperren umzäumten, aber verhältnismäßig lichten Waldgelände, in dem die zahlreichen Birkenbäume mit ihren hellen Stämmen als landschaftsprägend ins Auge fielen. In dieser Anlage befanden sich zwei Bunker und eine größere Anzahl von Blockhäusern und Baracken. Sie war die einzige Anlage, in der Hitler während seines Feldzuges im Osten Quartier nahm.

Die zweite Anlage lag bei Pleskau. Sie hatte den Decknamen *"Bärenhöhle"*, und die letzte, an deren Namen ich mich nicht mehr erinnern kann, lag bei Poltawa. Die beiden letzten Anlagen waren zwar mit einem kleinen Kommando besetzt, sie wurden aber nie als Hauptquartier benutzt.

Im Reichsgebiet selbst war ein weiteres Hauptquartier in Berchtesgaden. Hitler bewohnte dort sein Haus, den *Berghof*. Auf dem Obersalzberg befanden sich ausserdem die *"Bormannsiedlung"* mit der Villa des Reichsleiters, die Fahrbereitschaft des Führers, eine SS-Kaserne, der SS-Sicherheitsdienst und ein unterirdisch ausgebautes Bunkersystem, das in seiner Grundkonzeption jenem unter der Reichskanzlei in Berlin ähnlich war.

Der Wehrmachtführungsstab des *"Sperrkreises I"* war in der sogenannten *"Neuen Reichskanzlei"* in Berchtesgaden und ab 1945 im *Hotel Schiffmeister* am Königssee untergebracht. Der Stab des *"Sperrkreises II"* nahm in der ehemaligen *Gebirgsjägerkaserne Strub* etwas ausserhalb und oberhalb der Stadt Quartier. Hier lag auch die *Nachrichtenzentrale*. Dieses Hautquartier bekam, in

Anlehnung der Tarnnamen der Sonderzüge des Wehrmachtführungsstabes, den Tarnnamen *"Franken-Strub"*.

Meiner Meinung nach war der Reichsleiter Bormann in erster Linie dafür verantwortlich, dass 1943 in Pullach bei München, in unmittelbarer Nähe der dort gebauten "Bormannsiedlung", eine weitere Anlage mit Bunkern, einem davon für die Nachrichtenzentrale, sowie Blockhäuser und Baracken errichtet wurde. Sie bekam den Namen *"Siegfried"* und sollte wahrscheinlich im Rahmen des Ausbaus einer unüberwindlichen "Alpenfestung" in erster Linie die Fortsetzung des Kampfes nach der Besetzung "Restdeutschlands" sichern und so das Überleben der höchsten Staats-, Partei- und zu einem geringeren Teil auch Wehrmachtführer ermöglichen. Hitler war, soweit ich unterrichtet bin, seit 1945 mit Sicherheit gegen diesen Plan. Er wollte das Ende, so oder so, in Berlin herbeiführen. Vielleicht ist der Vollständigkeit halber noch die Anlage *"Wiesental"* anzuführen. Sie lag gut zwei Kilometer vom *"Adlerhorst"* entfernt und bestand aus mehreren Häusern mit zu Bunkern ausgebauten Kellern. Durch künstliche Bäume und Tarnnetze wurde sie vor einer Entdeckung durch Flugzeuge vorzüglich gesichert.

Lediglich einmal, vom 10.12.1944 bis 15.1.1945, kurz vor und nach Beginn der Ardennenoffensive im Dezember 1944 benutzte sie Hitler als Quartier, während die Anlage *"Adlerhorst"* in dieser Zeit vom *Stab des Oberbefehlshabers West* bezogen wurde. Die vorwiegend von KZ-Häftlingen erbaute Anlage *"Olga"* bei Ohrdruf in Thüringen sollte Mitte April 1945 statt Berlin neues Hauptquartier werden. Zwei Tage nach Erlass dieses Befehls war sie bereits von den Amerikanern eingenommen.

Aufgaben der Feldstaffeln des Wehrmachtführungsstabes

Seit Beginn des Feldzuges gegen die Sowjetunion entwickelte sich aus einem während des Frankreichfeldzuges nur aus wenigen Personen bestehenden Arbeitsstab des OKWs mitsamt des Stabes L (Landesverteidigung) ein aufgeblähter Apparat, wie ich ihn in der Wolfsschanze vorfand. Dort nahm er von Jahr zu Jahr ständig und gewaltig an Umfang zu.

Von Anfang an legte Hitler Wert darauf, das Quartier des OKHs in unmittelbarer Nähe zu haben, während Luftwaffe und Marine ihre jeweiligen Standorte weitgehend selbst bestimmen konnten.

Nur auf eine ständige Anwesenheit von Adjutanten und persönlichen Vertretern dieser Wehrmachtteile in seinen Hauptquartieren und bei den "Führerlagebesprechungen" legte Hitler großen Wert.

Hitler war der oberste Befehlshaber der Wehrmacht. Der von ihm eingesetzte oberste Führungsstab der Wehrmacht (OKW) bestand aus dem Chef OKW Keitel, dem Chef WFStab (Wehrmachtführungsstab) Jodl und dem Chef L (Landesverteidigung) Warlimont. In der Wolfsschanze lief letzterer unter dem neuen Namen "Stellvertretender Chef WFStab.

Nachgeordnet folgten das Oberkommando des Heeres (OKH) mit dem Oberbefehlshaber (OB) von Brauchitsch und Chef des Stabes Halder. Bei der Marine hatten diese Posten Raeder, später Dönitz und als Stabschef Schniewind inne.

Die Luftkriegsführung leiteten als OB der Reichsmarschall Göring und sein Stabschef Jeschonnek. Ab 1942 übernahm Hitler persönlich auch den Oberbefehl über das Heer.

Keitel und Jodl waren die Hauptverantwortlichen für die Vorbereitung der von Hitler angeordneten und geleiteten täglichen Lagebesprechungen. Dort ging es überwiegend um Operationen des Heeres, obwohl ein Vertreter des OKHs nicht immer hinzugezogen wurde.

Die Abteilung L, nunmehr unter dem Namen stellvertretender Chef WFStab, hatte die Aufgabe, die täglich von allen Kriegsschauplätzen eingehenden Meldungen und Nachrichten als Unterlagen für die täglichen Lagevorträge bereitzustellen und "vorzubearbeiten".

Nur Hitler entschied bei der "Führerlage", was er von dem Vorbereiteten hören wollte. Er gab anschließend die gültigen Weisungen ans OKH, in seltenen Fällen auch allgemein gehaltene Direktiven an Luftwaffe und Marine. Diese Anweisungen konnten sich zuweilen auch innerhalb von 24 Stunden wieder ändern. Ab Ende 1942 griff er zunehmend mehr und mehr in die Operationen von Armeen, Divisionen und Regimentern durch direkte Weisungen ein. Dadurch gefährdete er in wachsendem Maße seine eigene Grundstrategie und die darauf angelegten taktischen Operationen des OKHs sowie die der darauf basierenden der Armeen und Divisionen. Statt auf Strategie und Taktik beruhend, wurde der Krieg, vor allem in seiner Endphase, nur noch taktisch geführt.

Zusammengefasst: Der Stab im Sperrkreis II, mit dem Namen Feldstaffel II oder stellvertretender Chef WF-Stab, lieferte die vorbearbeiteten täglichen Nachrichten und Meldungen von allen Kriegsschauplätzen, der Chef und Stabschef OKW, die zusammen mit den Vertretern der drei Wehrmachtteile als Feldstaffel I sowie mit höchsten Partei- und Regierungsvertretern im Sperrkreis A, dem "Führersperrkreis" wohnten und arbeiteten, bereiteten dieses "aktuelle Material" dem "Führer" vor. Hitler nun entschied aufgrund dieser meist unzulänglichen Unterlagen, da sie ja ausschließlich Tagesmeldungen, also Augenblickssituationen, boten, was als wichtig vorzutragen sei und gab anschließend – nach zuweilen gestatteten, meist aber abgeschmetterten Einwänden mit unmittelbar darauffolgender beifälliger Zustimmung von Keitel und Jodl – seine Operationsanweisungen. Diese Anweisungen wurden vorerst fernmündlich ans OKH weitergegeben. Die schriftliche Fassung wurde Hitler bei der nächsten Lagebesprechung wieder vorgelegt und dann, aufgrund neuerer Meldungen meist nochmals geändert, durch Kurier dem Stabschef OKH, Halder, zugestellt.

Nach diesen zum besseren Verständnis eingeschobenen Kapiteln möchte ich zu meiner eigenen Geschichte zurückkehren.

Die Eingewöhnungszeit

Der zweite Tag begann mit dem Wecken um 6.00 Uhr. Während der dafür kommandierte Mann versuchte, in dem am Abend sorgfältig gelöschten und gesäuberten Kanonenofen ein neues Feuer zu entfachen, unternahm ein anderer, dafür abwechselnd abgestellter Soldat, dasselbe im Waschraum. Die Bunker, Häuser und Blockhäuser des Sperrkreises A sowie einige des Sperrkreises II wurden von einer anderen, ebenfalls in einem Bunker untergebrachten Heiz- und Stromzentrale warmgehalten.

In den Baracken, in denen die Kanonenöfen tagsüber bullerten, und, trotz der draussen herrschenden lausigen Kälte, wohlige Wärme ausstrahlten, musste wegen Brandgefahr abends bis um 22.00 Uhr das Feuer in den Öfen gelöscht und der Rost sowie der Aschenkasten gesäubert werden. Das war eine durchaus einsichtige Vorsichtsmaßnahme.

Natürlich gab es in allen Stuben der Baracken jeden Morgen denselben Streit zwischen den "Frische-Luft-Fanatikern" und den "Wärmemuffeln". Die einen wiesen auf die Bedeutung der kalten frischen Luft für das Wohlbefinden des Menschen hin, und die anderen konterten mit der Erfahrungsbilanz, dass in diesem Winter schon Tausende erfroren, aber noch keiner "ermieft" sei.

Trotzdem wurden natürlich am Ende immer die Fenster aufgerissen, schon wegen der Kontrolle der Vorgesetzten.

Zum Waschen rannte man, wenigstens im Winter, im "Affentempo" zu dem ca. fünfzig Meter entfernten Waschraum. Die Essenholer schafften aus der Küche die Frühstücksrationen herbei, und nach dem hastigen Frühstücken in der noch ziemlich kalten Unterkunft machte

Mannschafts-Unterkunft in der Wolfsschanze

Kameraden in der Wolfsschanze

sich die Morgenablösung für die Besetzung der Nachrichtenzentrale auf den Weg zum Sperrkreis A. Ihr Dienst begann um 8.00 Uhr.

Der Rest konnte sich etwas mehr Zeit lassen, vor allem beim "Bettenbauen". Nur der Stubendienst hatte bis 8.15 Uhr die Stube vorbildlich, und jeden Kontrollappell überstehend, gesäubert zu haben.

Diese Aufgaben wurden stets von der "Nachmittagsschicht" übernommen. Deren Dienst begann um 14.00 Uhr und endete um 20.00 Uhr. Dann kam die Nachtschicht, die erst am anderen Morgen um 8.00 Uhr abgelöst wurde.

Ich hatte den Auftrag, mit Ausnahme des Tages, an dem ich vom Nachtdienst zurückkehrte oder Frühschicht hatte, zusätzlich das Frühstück für meinen "Freund", den Hauptwachtmeister, die "Mutter der Kompanie", zu beschaffen und seine Unterkunft auf Hochglanz zu bringen.

Um halb neun, wenn die Nachtschicht zurückkam und sich nach dem Frühstück niederlegte oder auch in die Stadt ging, fanden für den Rest der Kompanie der Morgenappell, dann Sport oder Exerzieren statt.

Einmal in jeder Woche wurden diese Veranstaltungen um eine Stunde verkürzt und dafür eine "Putz- und Flickstunde" eingeschoben. Für die abgelöste Morgenschicht fanden ab 15.30 Uhr Appelle, Sport und Exerzieren statt. "Privilegierte" dieser Schicht durften in dieser Zeit, zusammen mit denen der Nachtschicht, Kohlen, Lebensmittel und "Privates" für den "Spieß" oder die Offiziere in Rastenburg besorgen. Die dazu benötigte Zeit konnte dabei aber von den Vorgesetzten nicht kontrolliert werden, und es erfolgte auch niemals der Versuch einer Überprüfung.

«Empfangshalle» auf dem Bahnsteig im Führerhauptquartier Wolfsschanze

Fernsprechzentrale im Nachrichtenbunker der Wolfsschanze

Der Rest aber wurde zum Schluss gewöhnlich für das Säubern der Aussenanlagen, oder wie wir wegen der dabei gezeigten "Pingeligkeit" sagten, zum "Blätterentstauben" herangezogen.

Jeden Samstag fand ein "Großsaubermachen" der Stuben statt. Dabei verbrauchten wir beim Schrubben der Böden, Tische, Schemel und Schränke eine Unmenge Wasser, das wir mit Eimern heranschleppen mussten.

Für das schnelle und problemlose Abfließen dieser Wassermassen sorgte ein gelöstes und anschließend wieder befestigtes Fußbodenbrett. Normalerweise fand bis Ende 1943 jeden Samstag gegen 17.00 Uhr ein scharfer Stuben-, Spind-, Kleider- und Waffenappell statt.

Jede Schicht bestand aus sechs Mann für die Fernsprechzentrale und je drei Spezialisten für den Funk- und Fernschreibdienst. Die letzteren waren von der Luftwaffe zum Heer abgeordert; die Betriebsfernsprecher gehörten insgesamt zum Heer. Alle drei Einrichtungen waren im Nachrichtenbunker im Sperrkreis A untergebracht.

Überwacht wurde die Tätigkeit dieser Spezialisten, die alle dem Mannschafts- und Unteroffizierskorps angehörten, von einem Offizier unserer Kompanie, dem jeweiligen Leiter des Nachrichtendienstes (LDN).

Für die technische Anlage, Erweiterung und Instandhaltung des Nachrichtennetzes waren von der Post abgestellte, technische Spezialisten verantwortlich. Diese waren als "Sonderführer" den Offizieren im Leutnantsrang gleichgestellt; sie wurden nach dem Attentat vom 20. Juli 1944, wahrscheinlich der besseren Überwachung halber, als Leutnants offiziell übernommen.

Unser Kompaniechef, Hauptmann Gottwald, später für eine kurze Zeit Oberleutnant Sommer, waren, soweit es sich um Belange der Nachrichtenzentrale und ihre Arbeit handelte, direkt dem im Sperrkreis A wohnenden Nachrichtenoffizier, Hauptmann Kleckel, unterstellt. Ich sehe ihn noch heute vor mir, wie er fast täglich, stets in seiner "Bilderbuchuniform" wie aus dem Ei gepellt, gefolgt von seinem braunen Langhaardackel, unseren Bunker inspizierte.

Die Fernsprechzentrale bestand aus sechs Doppelschrankplätzen, bei denen sich auf der linken Seite etwa 200 Teilnehmer-, bzw. Fernleitungsanschlüsse befanden. Auf der rechten Hälfte waren Wählerscheiben angebracht, wie man sie noch heute auf älteren Telefonen findet. Sie dienten zur Direktanwahl einiger in der Nähe und über Fernleitungen auch etwas entfernt wohnender Prominenter, unter Umgehung der "Stöpselvermittlung".

In dieser Zentrale nahm ich am zweiten Tag nach meiner Ankunft im FHQ in der Nachtschicht meinen Dienst auf oder, genauer formuliert, ich wurde in mein Tätigkeitsfeld eingeführt.

Als erstes musste ich von der Schreibstube einen für die Zeit von 19.30 Uhr bis morgens 8.15 Uhr begrenzten und nur für diese Nacht gültigen Sonderausweis zum Betreten des Sperrkreises abholen. Beim Verlassen des Bezirkes am anderen Morgen wurde dieser von der Wache am Tor A I wieder eingezogen.

Den fensterlosen Nachrichtenbunker betraten wir durch zwei, etwa drei Meter voneinander entfernte Eisentüren, die als Luftschleusen dienten. Der Bunker wurde nämlich künstlich belüftet. In der Fernsprechzentrale selbst herrschte, wie in allen Diensträumen dieses Gebäudes, ständiger Überdruck. Das Personal, das bereits längere Zeit hier arbeitete, litt zum großen Teil unter zunehmenden Kreislaufbeschwerden. Dazu trug sicher auch der übermäßige Gebrauch von Zigaretten und Bohnenkaffee bei. Letzteren holte jeden Abend gegen 22.00 Uhr ständig abwechselnd ein Mitglied der "Nachtschicht", zusammen mit einem ausgezeichneten Essen aus der Führerküche. Dafür vermittelten wir als Gegenleistung die *grundsätzlich verbotenen* Privatgespräche für die Bediensteten und Leiter der Küche und des Kasinos. Nach längerer Bekanntschaft und nach besonders schwierig herzustellenden Verbindungen oder nach zeitlich sehr ausgedehnten Gesprächen bot der betreffende Teilnehmer oft dem Verbindungshersteller an, er könne sich am anderen Morgen eine Flasche erstklassigen Wein oder französischen Cognac abholen. Wer konnte da schon "nein" sagen?

Wenn man nach geraumer Zeit dort gut bekannt war, wurde einem auch auf eine Bitte hin so ein Präsent für ein "Rendezvous" ohne vorherige Gegenleistung ausgehändigt. "Manus manum lavat – Eine Hand wäscht die andere", das galt hier für alle Personen, die auf unsere private Gesprächsvermittlung angewiesen waren, und ausser den wenigen in Spitzenposition zählten die meisten Bewohner der Anlage zu diesem Personenkreis.

Auch die "Prominenz" zeigte sich uns gegenüber äusserst freundlich und entgegenkommend. Wenn einer von uns sich zu Fuß auf dem Weg nach Rastenburg befand, kam es so gut wie nie vor, dass ein uns überholendes "Prominentenfahrzeug" vorüber fuhr, ohne uns mitzunehmen.

Wahrscheinlich spielte bei dieser Großzügigkeit auch die nicht zu Unrecht festverbreitete Meinung eine Rolle, dass unsere Zentrale zuviel wusste.

Denn, obwohl das Mithören mit den höchsten Strafen belegt und technisch sehr erschwert war, konnte es nie ganz unterbunden werden.

Dies alles musste ich erst allmählich lernen. In die Arbeit selbst wuchs ich innerhalb von vierzehn Tagen hinein, so dass ich von dieser Zeit an selbständig und eigenverantwortlich meinen Platz bedienen konnte. Im Februar erhielt ich einen auf einen Monat befristeten Dauerausweis für den Sperrkreis A. Dies wiederholte sich bis zum 1. Juli 1942. Von diesem Zeitpunkt an wurde mir ein unbefristeter Dauerausweis für alle Sperrkreise ausgehändigt.

Seit Februar schon versah ich meinen Dienst als vollwertiges Mitglied im Schichtdienst der Fernsprechzentrale.

Nach zwei Monaten saß ich zum ersten Mal an dem Schrank, an dem neben den höchsten Vertretern von Partei und Wehrmacht auch der Führerbunker angeschlossen war.

Aber zurück zu meinem ersten Nachtdienst. Auf der an jedem Platz befindlichen Tischplatte waren zehn Kipphebel und dahinter zwanzig Stöpsel mit versenkbaren Verbindungskabeln montiert, ausserdem ein normaler Fernsprechhörer. Dieser besaß am Griff eine Sprechtaste; nur wenn man diese drückte, konnte man selbst gehört werden. Am Ende dieses Tisches stand der "Klappenschrank". Unter jeder Klappe befand sich der Name des Teilnehmers. Darunter folgten die Fernleitungen zum OKH, den Sonderzügen des Reichsführers SS und Görings sowie je drei Direktleitungen zum OKW und Sonderamt in Berlin. Über die beiden letzteren Ämter konnten Verbindungen zu allen Fronten sowie allen Stellen im

Inland und befreundeten und neutralen Ausland hergestellt werden. Verschlüsselte Funkverbindungen gab es natürlich auch direkt und über das neutrale Ausland zu Hitlers Agenten im neutralen und feindlichen Ausland.

Führergespräche wurden über einen "Inverter" geleitet. Das war ein Apparat, der die Sprache verzerrte, so dass ein Abhören auf den Zubringerleitungen nicht möglich erschien. An der Endleitung lief das Gespräch zunächst wieder über einen Inverter, von dort dann "entzerrt" zum Teilnehmer. Die verstellbare Skaleneinstellung auf allen Inverterapparaten wurde täglich als "Geheime Kommandosache" neu festgelegt und über Kuriere zugestellt. Dadurch sollte das Abhören unmöglich gemacht werden. Die Schwachstellen lagen, auf beiden Seiten der Verbindung, auf dem Weg vom Teilnehmer zum Inverter, bzw. vom Inverter zum Teilnehmer, also beim jeweils letzten Vermittler des Gespräches in den Zentralen.

Die OKW-Nachrichtenzentrale in Berlin war vorwiegend mit Wehrmachthelferinnen, den sogenannten "Blitzmädeln", besetzt, und im Sonderamt Berlin arbeiteten ausschließlich dienstverpflichtete Beamtinnen der Reichspost.

Betriebsablauf

Wenn ein Teilnehmer ein Gespräch wünschte, kurbelte er an seinem Fernsprechapparat. Darauf fiel die Klappe dieses Teilnehmers mit einem Summgeräusch am Klappenschrank. Der für diesem Schrank Zuständige steckte den mit der Kabelschnur verbundenen Stöpsel in die durch die umgekippte Klappe freigewordene Öffnung. Dann kippte er den dazugehörenden Hebel um, drückte die Sprechtaste seines Hörers und meldete sich mit: "Wolfsschanze".

Der Teilnehmer nannte den gewünschten Sprechpartner. Mit dem zweiten Verbindungsstöpsel holte der Diensthabende dann diesen an den Apparat. Durch Kippen des Hebels nach vorne ging ein Ruf zum gewünschten Teilnehmer ab. Meldete der sich nun, sagte der "Vermittler": "Hier Wolfsschanze, Oberst X wünscht Sie zu sprechen". Je nach Rang des Angerufenen hatte man gegebenenfalls zu fragen: "Darf ich verbinden?" Dann kippte man den Kipphebel wieder zurück und meldete z. B.: "Hauptmann Y ist am Apparat, bitte sprechen!" Man kontrollierte noch einen Augenblick, bei zurückgekipptem Hebel, ob die Verbindung auch wirklich zustande gekommen war. Während dieser Zeit des Mithörens tickte ein eingebauter Geräuschmacher. Erst wenn das Ticken durch Geradestellen des Hebels verschwand, wussten die Gesprächspartner, dass die Vermittlung nicht mithörte. Sie nahmen es wenigstens an.

Willi zeigte mir, wie man mit Hilfe eines Streichholzes oder eines Radiergummis den Ticker blockieren konnte. Das war zwar nicht ohne Risiko, weil ja der zurückgekippte Hebel, der das Mithören ermöglichte, mitsamt dem fehlenden Ticken von der öfter auf und ab gehenden

Aufsicht, die den korrekten Ablauf zu kontrollieren hatte, bemerkt werden konnte. Meines Wissens wurde aber nie einer erwischt.

Jeder Betriebsvermittler konnte von seinem Schrank aus auch die Teilnehmer der beiden benachbarten Schränke bedienen.

In einem Raum neben dem LDN-Zimmer wurden, von Amts wegen, durch "Sicherheitsbeauftragte" Gespräche zu jeder Tages- und Nachtzeit überwacht und auf Magnetbänder gespeichert. Bei den meisten erfolgte diese Überwachung als Stichprobe, bei einigen wenigen waren sie als fortdauernd angeordnet. Nur "Führer- und Reichsleitergespräche" durften bei Todesstrafe nicht überwacht werden. Sie waren "tabu".

Für "Führer-", "Reichsleiter-" und "Blitzgespräche" musste, in dieser Rangfolge, jede bestehende Verbindung, welche die schnellste Herstellung des Gesprächs zum gewünschten Teilnehmer blockierte, unabhängig vom Rang der Gesprächsteilnehmer, getrennt werden. Die Vermittlung schaltete sich dann in das Gespräch mit den Worten ein: "Ich trenne für ein "Führergespräch" oder auch "Reichsleiter-" oder "Blitzgespräch". Allerdings waren nur wenige, etwa fünf Personen im FHQ, berechtigt, ein "Blitzgespräch" zu führen. Eine Ausnahme bestand während der "Führerlage", wenn irgendein Teilnehmer für Hitler eine unerwartet geforderte Meldung zu irgendeinem Vorgang schnellstens herbeischaffen musste. Auch ein solches Gespräch wurde als "Führergespräch" angemeldet.

Um zu kontrollieren, ob ein Gespräch beendet war, kippte der Vermittelnde von Zeit zu Zeit den Hebel kurz zurück, um festzustellen, ob das Gespräch noch bestand oder die Leitung erneut zur Verfügung stand. Nur bei "Führer-" und "Reichsleitergesprächen" durfte die Beendigung nicht kontrolliert werden. Diese wurde der Zentrale von einem zweiten Apparat der betreffenden Bunker mitgeteilt.

In der ersten Woche hatte ich jeden zweiten Tag Nachtdienst. Ab 2.00 Uhr, wenn der Betrieb normalerweise fast stillstand, legte sich die Hälfte des Teams in einem Nebenraum zum "Kurzschlaf auf Abruf" auf die Erde nieder. Als Unterlage dienten die neuesten Nachtausgaben aller deutschen Abendzeitungen, die uns der Reichspressechef Dr. Dietrich jeden Abend zustellen ließ. In ihnen konnten wir die nach der "endgültigen Sprachregelung im Führerhauptquartier" für die Öffentlichkeit bestimmten Meldungen von den Fronten sowie politisch relevanten Ereignissen im In- und Ausland nachlesen.

Verbotenes geheimes Wissen

In dieser Woche wurde ich aber auch eingehend über "durch unbefugtes Mithören" erfahrene, aber niemals in die Öffentlichkeit gelangte Tatsachen und Gerüchte informiert; dafür sorgte nicht nur der "Freundeskreis". Ich weiss nicht warum, aber irgendwie vertrauten mir die meisten.

So erzählte mir Willi von einem aufregenden Führergespräch aus der Zeit, als unsere Front vor Moskau wegen schlechter Winterausrüstung und unzulänglichem Nachschub dem Druck der von den Russen unerwartet herbeigeführten Elitetruppen aus Sibirien nicht standhalten konnte, zumal diese aufs beste ausgerüstet waren.

Mitten in der Nacht rief der zuständige Oberbefehlshaber der dort operierenden Armee den "Führer" an und meldete, feindliche Truppen seien in die Stadt Kaluga, nahe bei Moskau, eingedrungen. Sie wären den dort liegenden erschöpften und unzulänglich mit Waffen, Essen und Kleidung ausgerüsteten deutschen Truppen an Anzahl, Waffen und Kampfkraft soweit überlegen, dass seiner Meinung nach Kaluga nicht zu halten sei. Es müsse aufgegeben werden.

Er schlage vor, die Truppen in eine zwischen fünfzig und hundert Kilometer rückwärts gelegene "Auffangstellung" rechtzeitig zurückzunehmen, da sonst die Gefahr einer ungeordneten Flucht nicht auszuschließen sei. Diese Stellung müsse unverzüglich ausgebaut und verstärkt werden. Brüllend hätte ihn Hitler unterbrochen mit den Worten: "Ich lasse Sie standrechtlich erschießen, wenn Sie auch nur einen Meter zurückweichen. In einer Stunde erwarte ich Ihre Meldung, dass der Feind aus

Jagdflieger Oberst Werner Mölders empfängt die zweithöchste Stufe des «Ritterkreuzes vom Eisernen Kreuz»

Feldmarschall Rommel wird von Hitler für seine Erfolge in Afrika beglückwünscht

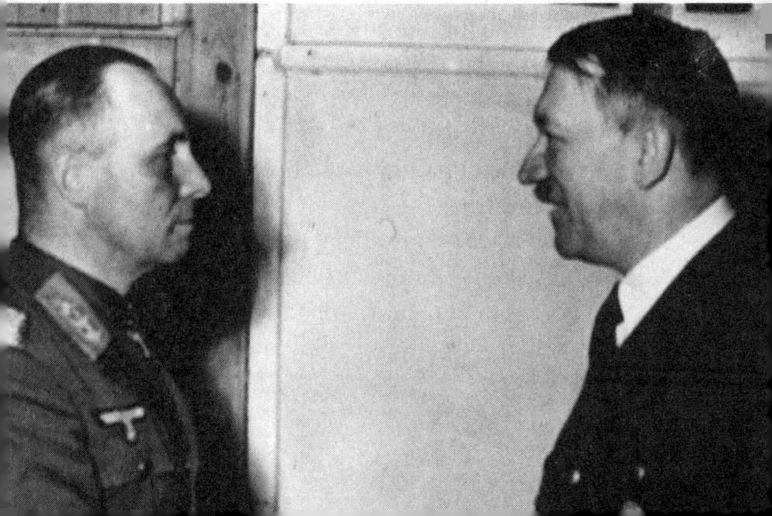

Kaluga hinausgeworfen wurde und vernichtet ist." Damit beendete Hitler das Gespräch. Eine halbe Stunde später rief Feldmarschall von Bock Hitler erneut an und meldete: "Mein Führer, ich melde, Kaluga ist gefallen. Unsere Truppe zieht sich in planloser, ungeordneter Flucht zurück."

"Sie werden die Folgen tragen", schrie ihn Hitler an. Nach kurzer Pause fuhr er plötzlich mit unerwartet ruhiger, aber schneidender Stimme fort: "Lassen Sie die vorgeschlagene Auffangstellung ausbauen und sorgen Sie dafür, dass die Truppe diese in einem geordneten Rückzug erreicht. Die neue Stellung wird unter einem neuen fähigen Befehlshaber auf jeden Fall gehalten."

Diese Rückzüge, offiziell "Frontbegradigungen" genannt, begannen mit der Räumung Rostows schon im November 1941. Sie wiederholten sich auf ähnliche Art dann im Dezember bis Anfang Januar 1942 an fast allen Fronten in der Sowjetunion. Dadurch wurde die gesamte Frontlinie erheblich verkürzt und entlastet.

Die zuständigen Heeresgruppen-, Armee- und Divisionsbefehlshaber, die Marschälle und Generale wie von Bock, Guderian, von Reichenau und von Leb, wurden mitsamt dem Oberbefehlshaber des Heeres, von Brauchitsch, abgelöst. Generaloberst Hoeppner wurde bei dieser Gelegenheit "wegen Ungehorsams und Feigheit" aus der Wehrmacht ausgestoßen.

Hitler übernahm nunmehr zusätzlich selbst das Amt als Oberbefehlshaber des Heeres.

Zu aller Erstaunen konnte die neue Frontlinie durch die brutale Härte Hitlers im wesentlichen, wenn auch unter unverantwortlichen und nie wieder ausreichend zu ersetzenden Verlusten, vor allem an Soldaten, gehalten werden. Was dies menschlich bedeutete, können uns nur jene erzählen, die es erleben und durchleiden mussten.

Einzig Rommel konnte, nach vorübergehendem Rückzug im November 1941, bereits Ende Januar im folgenden Jahr mit einer erfolgreichen Offensive in Nordafrika für neue Siegesfanfaren und Sondermeldungen im Rundfunk sorgen.

Erfreut bestellte Hitler den Sieger in sein Hauptquartier. Dort beglückwünschte er ihn und stellte ihn als Vorbild eines nationalsozialistischen und deshalb erfolgreichen Feldherrn und als leuchtendes Beispiel heraus. Natürlich durfte das ganze Volk diese Zeremonie in der Wochenschau, im Kino sowie im Radio miterleben. Endlich mal wieder Nachrichten, die geeignet waren, die Bevölkerung, vor allem im Westen und allmählich auch in der Mitte des Reiches, von der wachsenden Not durch zunehmend ausgedehntere und verheerendere Luftangriffe Großbritanniens und jetzt auch der USA abzulenken. Im Frühjahr, so versprach Hitler, werde sich alles wieder zum Guten wenden.

Staatsbesuche in der Wolfsschanze

Während meines Aufenthaltes erlebte ich, wie ständig Staatschefs der befreundeten und in den Krieg verwickelten Nationen Hitler in seinen jeweiligen Hauptquartieren besuchten. Dazu gehörten vor allem Mussolini aus Italien, König Boris III. von Bulgarien, Marschall Antonescu von Rumänien, Marschall Mannerheim von Finnland und, wenn auch seltener, der Reichsverweser von Ungarn, Admiral Horthy und der Prälat Tiso, der Staatschef der von Hitler als selbständigen Staat geschaffenen Slowakei.

Fotos von diesen Begegnungen erwarben die Teilnehmer der Nachrichtenzentrale im Tausch gegen Privatgespräche vom Fotografen Schultz-Gaik aus dem Büro des "Hoffotografen" Hoffmann, daneben auch über die Dienststelle des Reichspressechefs, nur wenige durch eigene gelegentliche "Schnappschüsse". Auch die Fotos in diesem Buch stammen aus diesen Quellen.

Der "background" für Kommentare und Bewertungen dieser Besuche sowie der Beurteilung der jeweiligen militärischen und politischen wirklichen Lage erwuchs aus dem Mithören von nächtlichen Gesprächen der Generalstabsoffiziere der Sperrkreise A und II, die sich zu dieser Zeit oft Stunden, und auch – wie sie annahmen, da keine Fernleitungen in Anspruch genommen wurden – ungestört und unbelauscht, über die jeweiligen neuesten Ereignisse und ihre persönliche Bewertung unterhielten.

Auf diese Weise war ein, wenn auch nur beschränkter, Kreis aus der Nachrichtenzentrale mit der Zeit besser über die jeweilige Lage unterrichtet als die meisten Offiziere des Generalstabs. Die Armee- und Divisionskom-

Gedankenaustausch mit Mussolini (nur Hitler spricht) unter vier Augen im Führerbunker (Wohnraum)

mandeure und ihre Stäbe wurden, meiner Meinung nach auf Führerbefehl hin, bewusst über die Gesamtlage im Unklaren gelassen. Sie waren, dem Wunsch Hitlers entsprechend, ausschließlich über die Lage ihres begrenzten Frontabschnittes informiert. Unser Mitwisserkreis wurde allerdings begrenzt, weil eine Reihe der Mitarbeiter in der Zentrale das durch Mithören nicht zu unterschätzende hohe Risiko scheute und sich auch nicht durch "zu Unrecht erworbenes Wissen" zu "Mittätern" machen wollte.

Häufigster Gast in den Führerhauptquartieren war Mussolini, der Faschistenführer und Staatschef Italiens. Er war der einzige, dem Hitler bis zuletzt die Treue hielt, selbst nach seinem Sturz und seiner Entmachtung in Italien, obwohl er dadurch mehr eine Belastung als eine Hilfe war. Nur in diesem Fall hatte und wollte Hitler nicht vergessen, dass durch Mussolinis Stillhalten und Duldung 1938 die Vereinigung Österreichs mit dem Deutschen Reich erst ermöglicht wurde.

So holte er ihn oft persönlich mit seinem Zug an der Grenze ab oder fuhr ihm sogar entgegen. Meist allerdings empfing er ihn, wie die meisten "Staatsgäste", auf dem Bahnhof in der Wolfsschanze. Der "Duce" war der erste, mit dem er bereits 1941 den ersten Frontbesuch nach Terespol durchführte, um ihm Gelegenheit zu geben, die an der Ostfront kämpfenden italienischen Truppen persönlich zu begrüßen und zu ermuntern.

Die Pläne der Weiterführung dieses Feldzuges bei der von Hitler persönlich geplanten Sommeroffensive an der Ostfront durfte aber auch er nur in den stundenlangen, ermüdenden Führermonologen zur Kenntnis nehmen. Nur bei dem Feldzug in Nordafrika ließ er ihn bei der Fiktion eines italienischen Oberkommandos, das gemeinsam mit

Hitler erwartet Mussolini auf dem Bahnsteig der Wolfsschanze

Benito Mussolini, der «Duce», Staats- und Parteichef der Faschistischen Partei Italiens, war öfter Gast in der Wolfsschanze

dem deutschen Führungsstab den Feldzug plante und durchführte.

Der Duce durfte hierzu seine eigenen Pläne und Vorstellungen entwickeln. In Wirklichkeit bestimmte später die deutsche Seite, zum Teil unter Brüskierung des Chefs der italienischen Truppen, die Kesselring und Rommel gleichgestellt sein sollten, die Strategie und das Vorgehen auch an dieser Front.

Persönlich erlebte ich als ersten Staatsbesuch in der Wolfsschanze im März 1942 den Empfang des Königs Boris III. von Bulgarien mit seinem engsten militärischen Stab.

Er besuchte Hitler auf dessen Einladung hin in seinem Hauptquartier. Hitler wollte ihm bei dieser Gelegenheit seine Pläne für die Sommeroffensive vorlegen, die in diesem Jahr den Endsieg im Osten bringen sollte. Dabei wollte er vor allem den Einsatz und die Verstärkung der bulgarischen Truppen an der Südfront besprechen und abstimmen. Letzteres bedeutete, Bulgarien dazu zu bewegen, sein Truppenkontingent zu erhöhen und den "genialen, unfehlbaren Plänen und Visionen" Hitlers zuzustimmen.

An der deutschen Grenze wurde König Boris III. vom Gesandten von Dörnberg mit seinem von Hitler für diesen Zweck zusammengestellten Stab begrüßt und von dort im Sonderzug Hitlers zum Bahnhof des Hauptquartiers geleitet.

Von Dörnberg wurde fast immer mit dieser Empfangsaufgabe betraut, denn er stellte mit seiner Größe von beinahe zwei Metern und seinem dichten roten Vollbart das "ideale Urbild eines germanischen Recken" dar. Sicher sollte das ein Hinweis dafür sein, von welcher Art

Im März 1942 folgte König Boris III. von Bulgarien der Einladung Hitlers in sein Hauptquartier in der Wolfsschanze

Hitler begrüßt Marschall Antonescu am Bahnhof in der Wolfsschanze

die “unbesiegbaren Helden” waren, die diesen Kampf gegen die Sowjetunion führten.

Am Bahnhof der Wolfsschanze wartete Hitler persönlich mit seinem “Gefolge” auf das Eintreffen des Gastes. Nach einer herzlichen Begrüßung machte er sich zu Fuß mit ihm auf den Weg zu seinem Bunker, wobei ihm sein Stab in gebührender Entfernung folgte. Das dort stattfindende “Unter-vier-Augen-Gespräch” sollte dem König ein besonderes Gefühl der Wertschätzung seiner Person vermitteln.

Ausser dem Duce kam, soweit ich mich erinnern kann, nur noch Marschall Antonescu, der Staatschef Rumäniens, regelmäßig bei seinen Besuchen in den Genuss solcher Bevorzugung. Der Besuch verlief zu Hitlers Zufriedenheit. Das musste jedenfalls aus der herzlichen Verabschiedung geschlossen werden.

Beim Reichsverweser von Ungarn, Admiral Horthy, schien mir das Verhältnis zwischen Horthy und Hitler distanzierter zu sein. Ungarn hatte dem Reich bei der Aufteilung der Tschechoslowakei einen Gebietszuwachs zu verdanken und grenzte nun unmittelbar an das neue “Großdeutsche Reich”.

Vielleicht bestanden Ängste vor einer Wiedervereinigung des bis 1918 bestehenden Österreich-Ungarn, oder Horthy beurteilte die Gesamtkriegslage realistischer und pessimistischer. Wie dem auch sei, er war auf die Freundschaft des Großdeutschen Reiches angewiesen und musste schon deshalb einer Verstärkung der ungarischen Truppen zustimmen.

Ein gern gesehener Gast in Hitlers Hauptquartieren war Marschall Antonescu, Rumäniens Staatschef. Hitler achtete sorgfältig darauf, dass dabei eine gleichzeitige

Hitler begleitet König Boris III. durch den Wald zum Führerbunker der Wolfsschanze

Begegnung mit Horthy unmöglich war. Zwischen Ungarn und Rumänien bestanden nämlich erhebliche Differenzen wegen gegenseitiger Gebietsansprüche. Vorsorglich ließ Hitler auch die Truppenkontingente beider Länder beim Einsatz in der Heeresgruppe Süd am Südabschnitt der Ostfront, durch dazwischengeschobene italienische Divisionen trennen.

Besonders freundlich und mit sichtlichem Respekt wurde Marschall Antonescu stets von Hitler empfangen. Er war anscheinend der einzige ausländische Staatsbesuch, der sogar in der "Führerlage" offen vor allen Teilnehmern dem "Führer" bei der Lagebeurteilung widersprechen durfte. Stolz stellte er heraus, er habe die französische Kriegsakademie St. Cyr absolviert. Hitler schloss sich zum allgemeinen Erstaunen oft sogar seiner Lageanalyse an und änderte seine Operationspläne. Dass er diese dann nach Abreise des Gastes meist erneut änderte, steht auf einem anderen Blatt.

Als letzten Staatsbesuch, den ich in der Wolfsschanze miterlebte, möchte ich noch den Besuch des Marschalls Mannerheim von Finnland erwähnen. Ihm war schon im Vorjahr von Hitler, wegen des erfolgreichen Einsatzes der finnischen Truppen beim Kampf gegen die Sowjetunion, das Ritterkreuz verliehen worden, und Hitler hatte sich persönlich ins finnische Hauptquartier begeben, um ihm dort, anlässlich seines 75. Geburtstages, zu gratulieren.

Im Juni machte Mannerheim nun den Gegenbesuch. Er flog bis zum Flugplatz der Wolfsschanze und wurde dort gebührend von Hitler persönlich empfangen und in sein Hauptquartier geleitet. Sein Besuch dauerte zwei oder drei Tage. Bei dieser Gelegenheit wurde auch ein Gefreiter namens Kleinwiese unserer Nachrichtenzentrale vom

Hitler begrüßt Marschall Carl-Gustav von Mannerheim (Finnland) und seinen Stab (Juni 1942)

finnischen Staatsoberhaupt mit einem Orden bedacht. Er habe bei Hitlers Staatsbesuch in Finnland alle gewünschten Verbindungen in unglaublich kurzer Zeit hergestellt. Als der so Geehrte den anwesenden Nachrichtenoffizier darauf hinwies, er wäre damals gar nicht dabeigewesen, sondern es handle sich um den Gefreiten X, wies dieser ihn an zu schweigen: Ein Marschall könne sich nicht irren.

Da war nichts zu machen, so etwas kam, wie ich mit der Zeit lernte, öfter vor. Es wirft ein Licht auf die unangreifbare militärische Hierarchie.

Hitler begrüßt Walter Warlimont, General der Artillerie, den stellvertretenden Chef des Wehrmachtführungsstabes (WFStab)

Im Juni 1942 besuchte Marschall Carl-Gustav von Mannerheim, Finnland, anlässlich seines 75. Geburtstages Hitler in der Wolfsschanze. Hier Begrüßung durch Feldmarschall Keitel, den Chef des Oberkommandos der Wehrmacht (OKW)

So drehte ich den "Spieß" um

Doch zurück zu meiner persönlichen Geschichte. Die gute fachliche Beurteilung durch den Nachrichtenoffizier des Sperrkreises A und der in der Zentrale dienstüberwachenden Offiziere der Kompanie hatten natürlich auch ihre Auswirkungen auf die Art, wie unser "Spieß" mit mir umging.

Zwar musste ich noch immer seine Stube zusätzlich säubern, doch er vermied dabei offensichtlich jede Maßnahme, die als Schikane ausgelegt werden konnte.

Damit änderte sich automatisch auch das Verhältnis des Stubenältesten und des Unteroffizierskorps zu mir zum Positiven.

Die "große Wende" aber trat Anfang März ein, und zwar durch ein fast unglaubliches Ereignis.

Als ich eines Morgens die Unterkunft meiner "Kompaniemutter" betrat, fand ich diesen Mann vor Schmerzen stöhnend auf einem Stuhl am Tisch sitzend vor. Er hockte dort wie ein Elendsbündel, mit auf die Tischplatte gestützten Ellenbogen, den Kopf in die Hände vergraben.

Auf meine Frage deutete er auf ein dickes, reifes Furunkelgeschwür in seinem Genick und klagte über "unerträgliche, höllische Schmerzen".

Ich sah mir das Geschwür an und meinte: "Das ist reif, das braucht man nur auszudrücken und den Pfropf zu entfernen. Dann kommt Ichthiolsalbe drauf oder besser 'Dr. Sprangers Heilsalbe', die benutzte meine Mutter schon immer mit Erfolg.

Na ja, dann ein Pflaster, und in einer Woche ist alles vergessen. Der Schmerz ist auf jeden Fall sofort nach der Öffnung beinahe vollständig verschwunden. Vielleicht

Stellvertretender Kompaniechef Oberleutnant Donner

Der «Spieß» Hauptwachtmeister Schorn

Die gefürchtete «graue Eminenz» im Führerhauptquartier, Martin Bormann

Gesandter von Dörnberg galt als «ideale Verkörperung der germanischen Rasse»; normalerweise holte er eingeladene Gäste bereits an der Landesgrenze ab

sollten Sie zur Vorbeugung vor erneuten Geschwüren einige Wochen hindurch Hefetabletten nehmen."

Der "Spieß" sah mich erstaunt und bewundernd an und entgegnete: "Sie scheinen ja viel davon zu verstehen, könnten Sie das denn auch machen?" "Warum nicht", antwortete ich, "gelernt ist gelernt, schließlich will ich ja später Arzt werden. Ich müsste nur eben die nötigen Sachen besorgen". – "Und das würden Sie für mich tun", fragte der Hauptwachtmeister. "Selbstverständlich", war meine Antwort. Ich rief unverzüglich den Obergefreiten Freitag an. Der war Ordonnanz bei Professor Dr. Morell, dem Leibarzt des Führers.

Er versorgte mich schon seit Wochen, aufgrund meiner freundlichen, prompten Bedienung bei der Herstellung seiner Privatgespräche, mit Vitamultintäfelchen, die aus Morells eigener Fabrikation stammten und neben aus Leber gewonnenen B-Vitaminen, auch Anregungsmittel enthielten. Professor Morell hatte in der eroberten Ukraine, in der Nähe von Winniza, eine eigene Fabrik für seine Arzneien bauen lassen. Die für seine Medikamente benötigten Rinderlebern hatte die ukrainische Landwirtschaft zu liefern.

Er beschaffte innerhalb kürzester Zeit für alle Vermittlungsteilnehmer jede gewünschte Arznei, auch für deren Angehörige, denn in der Heimat gab es manches nicht mehr.

Die von mir gewünschten Mittel brachte ein vom "Spieß" dafür abgeordneter Kamerad innerhalb von zehn Minuten.

Dann ging ich ans Werk. Ich setzte mich auf den Stuhl und ließ den "Patienten" vor mir knien. Dann presste ich seinen Kopf zwischen meine Knie und drückte das Geschwür aus. Der “Spieß” brüllte vor Schmerz, als ob er lebend “am Spieß” gebraten würde. Das verschaffte mir, ich muss es zugeben, eine gewisse Befriedigung in Anbetracht all der Schikanen, mit denen er mich gequält hatte. Das war gewiss nicht christlich, aber doch verständlich, denke ich. Auf jeden Fall entfernte ich sachgemäß, wie ich es bei meiner Mutter gesehen hatte, den Pfropf, versorgte die Wunde mit Salbe und klebte ein Pflaster darauf.

Als der “Spieß” sich erhob, meinte er erleichtert: “Tatsächlich, die Schmerzen sind weg, Sie sind ein Genie auf diesem Gebiet.” Ich antwortete mit der mir eigenen, fast sprichwörtlichen Bescheidenheit: “Gelernt ist gelernt.” Gott sei Dank erkundigte er sich auch später nie eingehender nach meinen Lehrmeistern. Von nun an stand ich als “Sachverständiger Mediziner” nicht nur in seiner besonderen Gunst. Vor allem, nachdem seine Wunde tatsächlich nach einer Woche komplikationslos verheilt war, galt ich in Gesundheitsfragen in der gesamten Kompanie als Fachmann.

Die Bibel hätte vielleicht dazu bemerkt: “Dein Glaube hat dich gesund gemacht”. Die Folgen dieser für mich so positiven Wende erlebte ich bereits am nächsten Tag.

Nach dem Säubern seiner Stube durfte ich dem “Spieß” erst einmal die korrekte Aussprache der täglich wechselnden Parole, die von ihm persönlich beim Morgenappell verkündet wurde – an diesem Tag “Margival” – beibringen. Als Parolen dienten öfter, ich weiss nicht warum, französische Wörter.

Dann bemerkte er so nebenbei: “Sie verstehen doch was von Büchern, könnten Sie nicht während der Exerzier- und Appellzeit eine Kompaniebücherei einrichten und betreiben?”

Ich wies darauf hin, dass ich bereits einschlägige Erfahrung auf diesem Gebiete hätte, aber für den Anfang zwei Helfer benötigte. Sie wurden mir umgehend genehmigt. Darauf entschied ich mich für Willi Ülhof, den Jesuiten, und Dr. Fliegner.

Willi wollte ich aus der “Schusslinie” ziehen. Er hatte nämlich gerade eine Auseinandersetzung mit unserem Kompaniechef, Hauptmann Gottwald hinter sich. Dieser hatte ihn zu sich zitiert, um ihn zu bewegen, an einem Offizierslehrgang teilzunehmen. Als Vorbedingung sollte er allerdings seine Religionsangabe und die Berufsangabe “katholischer Theologe” in seinem Soldbuch streichen lassen.

Willi wies beides entschieden zurück und bemerkte, er lege keinerlei Wert darauf, Offizier zu werden und habe auch zu keiner Zeit dieses Ziel als für ihn erstrebenswert angesehen. Nach längerer Debatte über die Stellung eines nationalsozialistischen Offiziers in einer vom “größten Genie aller Zeiten” geleiteten Armee, erwies sich Willi als der dialektisch und rhetorisch Überlegene. Schließlich fauchte der Hauptmann ihn an: “Ülhof, Sie haben keinen Ehrgeiz, Sie gehören nicht hierher!” Willi antwortete darauf gelassen, aber zutreffend: “Der Führer war auch kein Offizier; wollen Sie behaupten, er besäße keinen Ehrgeiz?”

“Verschwinden Sie”, brüllte darauf der Chef, “mit Ihnen kann man ja nicht diskutieren!”

So machten wir drei uns also in der Zeit, den der Rest der Kompanie mit Exerzieren und Sport verbringen musste, an den Aufbau einer Kompaniebücherei, geeignet für

Mein guter Freund Willi Ülhof

Offiziere, Unteroffiziere und Mannschaften. Zuerst führten wir eine intensive Befragung nach gewünschtem Lesestoff, Interessenrichtung und, soweit gewünscht, auch nach speziellen Buchtiteln oder Verfassern durch. Dann machte Dr. Fliegner uns mit der Leiterin der Rastenburger Stadtbücherei, Frau Endoleit, bekannt. Sie unterstützte uns mit fachfraulichem Rat, und mit ihrer Hilfe stand die Bibliothek mit fast 300 Büchern Anfangsbestand innerhalb von einem Monat. Natürlich waren Werke von Dwinger und Bunk vertreten, aber stärker Carossa, Bergengruen, Wiechert, Rachmanowa und natürlich jede Menge Krimis in der Art von Edgar Wallace – also spannend und kurzweilig.

In der Fernsprechzentrale ließ ich mich während meines Nachtdienstes in wachsendem Maß auf das Wagnis ein, auch Führer- und Reichsleitergespräche, meist gezwungenermaßen nur kurzfristig, mitzuhören.

So schaltete ich mich zwei- oder dreimal auch in ein Gespräch Hitlers mit seiner Geliebten Eva Braun ein. Diese wurde bei der Anmeldung des Gespräches nie persönlich verlangt, sondern es wurden entweder der Führerbau (auch das "Braune Haus" genannt) in München oder der Berghof in Berchtesgaden gewünscht. Offiziell fungierte diese Dame, von der ich später einmal bei einer kurzen Begegnung, während einer Abordnung nach München, den Eindruck einer charmanten freundlichen jungen Frau hatte, dort als Hausdame.

Bei Hitlers Besuchen behandelte er sie in Gegenwart seines Gefolges auch so, wenigstens in der Öffentlichkeit. Bei beiden Gesprächen bedankte sich Eva Braun bei Hitler für Geschenke, einmal für neue Vorhänge in ihren Räumen, das andere Mal für Schmuck. Anscheinend hatte Bormann, der solche Arrangements, die Wünsche Hitlers meist schon vorausahnend, stets zur vollsten Zufriedenheit seines "Chefs" erledigte, auch hier wieder vorbildlich gearbeitet. Während Evas Stimme echte Freude, Wärme und Zuneigung erahnen ließ, klang des Führers Stimme eher abwehrend und geschäftsmäßig.

Wer nur ihn bei solchen Gesprächen mit seinem "Fein", "Das freut mich" und zum Schluss "Bis bald mal wieder" hörte, wäre nie auf den Gedanken gekommen, dass Eva mehr für Hitler war als nur eine anerkannte Hausdame, die er wegen ihres freundlichen Wesens und ihrer vorbildlichen Pflichterfüllung zu Recht mit Geschenken bedachte.

So blieb er nicht nur für das Volk, sondern auch fast bis zuletzt für die meisten seiner näheren Umgebung der Mann, der auf alles verzichtete, um sich ganz der Arbeit für das Wohl des Volkes und des Reiches widmen zu können.

Bis Ende März fand das sechste Staatsbegräbnis in diesem Jahr statt. Diesmal war die H 111, das Flugzeug, das Dr. Todt, den Leiter der "OT" (Organisation Todt), der für Wehrwirtschaft und Rüstung zuständig war, von der Wolfsschanze nach Berlin zurückbringen sollte, in der Luft explodiert.

Die meisten vorhergehenden Opfer waren ebenfalls kurz oder unmittelbar zuvor in der Wolfsschanze gewesen. Alle sollten dort Auseinandersetzungen mit Bormann gehabt haben. Denn normalerweise ließ sich Bormann vor der "Audienz" bei Hitler erzählen (so wurde es wenigstens bei sogenannten Insidern behauptet), was die Gäste dem "Führer" vortragen wollten. Bormann riet dann, so sagte man, was man vortragen sollte und was besser zu verschweigen sei. Der “Führer” dürfe nicht durch vorübergehende, in bezug auf die Gesamtlage eher belanglose Misserfolge oder Unzulänglichkeiten in seiner Arbeitskraft geschwächt werden.

Allgemeine Meinung war auf jeden Fall, es sei gefährlich, den Ratschlägen Bormanns nicht zu folgen.

So brodelte auch im “Fall Dr. Todt” erneut die Gerüchteküche. Man war sich nicht sicher, handelte es sich hier, wie bei den vorhergehenden Todesfällen, um Sabotage, einen Unfall oder einen “geplanten Unfall”.

Die Angst vor der Brutalität und den Möglichkeiten Bormanns machten die Bewohner des FHQs zunehmend misstrauischer im Verkehr miteinander.

Normalerweise herrschte während des Nachtdienstes ab 1.00 Uhr nachts relative Betriebsruhe. So nahm ich sehr schnell die Gewohnheit der “erfahrenen Alten” an, durch Gespräche mit anderen, untergeordneten Nachrichtenzentralen, die Zeit sinnvoll zu überbrücken und dadurch nicht dem natürlichen Schlafbedürfnis zu erliegen. Das konnte nämlich tödliche Folgen haben. Privatgespräche mit den Eltern oder Angehörigen schoben wir, nach gegenseitiger Absprache, diskret bereits zwischen 20.00 und 22.00 Uhr ein, zumal die meisten, genau wie ich, zu Hause keinen eigenen Telefonanschluss hatten und die Gewünschten erst gerufen werden mussten. Man wählte also einen Anschluss in der Nachbarschaft an und bat, die Eltern, Braut oder Frau des Anrufers an den Apparat zu holen. Die zuständige Vermittlungszentrale, das Sonderamt Berlin, verwendete dabei die vorgeschriebene Formulierung, z. B.: “Frau Schmitz wird vom OKW verlangt, sorgen Sie bitte dafür, dass sie in einer Viertelstunde am Apparat ist, ich rufe dann wieder an.” Das klappte immer.

Tisch: 1

x	33	SPAGHETTI CARBO	78.00
x	ETP	Eistee Pfirsich	54.00
x	90	APFELTORTE	30.00

mme OS 162.00

EUR 11.77

ielen Dank fuer Ihren Besuch!

Neue Liebe

Im Sonderamt Berlin saßen nur Beamtinnen der Reichspost. Die meisten von ihnen waren in unserem Alter, hochqualifiziert, und hatten nachts ebenso mit dem Schlaf zu kämpfen wie wir. So waren sie, neben den Damen in der Berliner OKW-Zentrale und denen im OKH, beliebte Partnerinnen für ausgedehnte nächtliche Gespräche. Auf diese Weise bekam ich meinen ersten Kontakt zu Margot vom Sonderamt Berlin. Schon nach kurzer Zeit waren wir "feste", von den anderen Teilnehmern in beiden Zentralen als solche respektierte Gesprächspartner. Wir sprachen über "Gott und die Welt" und merkten bald, wie sehr wir in unseren Anschauungen und Wertbildern harmonierten.

Bald folgten von beiden Seiten in immer kürzeren Abständen die ersten Briefe mit Fotos. Das war, für mich wenigstens, ein bemerkenswertes neues Phänomen, denn ich war und bin von Natur aus schreibfaul. Margot war die erste, die es geschafft hatte, mich zum regelmäßigen Verfassen langer Briefe in kurzen Abständen zu veranlassen und das in einem Maß, wie es niemand später wieder fertigbrachte. Diesen Briefwechsel hielten wir, trotz unserer stundenlangen nächtlichen Gespräche, lange Zeit hindurch aufrecht. Für alle Kameraden, genau so wie für die Damen in Berlin, galt die Diagnose: "Die hat's gepackt, die beiden sind bis über die Ohren ineinander verknallt."

Das wurde von allen Seiten respektiert und unterstützt. Auch "Teleliebe" kann herrlich und beglückend sein, wie wir beide damals erfuhren. Erst später lernte ich Margot persönlich kennen.

Führergeburtstagsfeier

Der 20. April, Hitlers Geburtstag, wurde seit der Machtergreifung 1933 in einer Weise gefeiert, die selbst, verglichen mit den Geburtstagszeremonien "gekrönter Häupter", an Aufwendigkeit und Glanz alles übertrafen. "Die unbeschreiblich große Liebe des Volkes zu seinem Führer" musste doch aller Welt in Presse, Film und Funk anschaulich vorgeführt und die Kritiker durch Tatsachen zum Schweigen gebracht werden. Für eine perfekte Regie sorgten in beeindruckender Weise Bormann und Goebbels.

Zum ersten Mal wurde ich in diesem Jahr 1942 Zeuge, wie eine solche "Show", medienwirksam, aber dem Ernst der Lage angepasst, ablief.

Am Vormittag wurden von Bormann sorgsam ausgesuchte Kinder der "Kükengruppe", des Jungvolks und der Jungmädel, der HJ und des BDM in Bussen in die Wolfsschanze befördert. Dazu kamen die etwas älteren, 16 bis 18 Jahre alten "Mädel", wie man damals sagte. Sie waren unter dem Namen "Glaube und Schönheit" (im Volk sagte man boshaft: "Mehr Glaube als Schönheit") zusammengefasst. Nicht fehlen durften natürlich Vertreter der NS-Frauenschaft, der Gauleiter, der Partei, SS und Regierung. Sie bildeten die Staffage für die Vormittagszeremonie. Kinder sangen und überreichten Blumen, Hitler strich bei dieser Gelegenheit einigen von ihnen über das Köpfchen oder nahm sogar, welch unvorstellbare Ehre für die ganze Familie, ein kleines Mädchen auf den Arm und streichelte sein Gesicht. Dann sangen die älteren Jungen und Mädchen und danach die Vertreter der Frauenschaft Hymnen auf den Führer.

Hitler feiert seinen Geburtstag – v.l.n.r.:
Oberstlt. Heinrich Borgmann (Heer), Hauptsturmführer
Fritz Darges (Partei),General Rudolf Schmundt
(Chefadjutant), Karl-Jesco von Puttkamer (Marine)

Eine Mutter, die “dem Führer zehn Kinder geschenkt” hatte, so hieß das damals offiziell, erhielt das “Mütterkreuz in Gold”. Eine Aufforderung an alle deutschen Frauen, diesem Beispiel zu folgen. Im Grunde derselbe Zirkusablauf, wie ihn auch die Machthaber in den früheren Ländern des Ostblocks bis zum Zusammenbruch dieser “roten Diktaturen” durchführten.

Am Nachmittag, so wurde dem Volk demonstriert – und ich erlebte es erstmals “live” –, widmete sich Hitler ausschließlich seiner Arbeit für das Volk und das Reich, die ihn Tag und Nacht, wie propagiert wurde, verzehrte.

Man sah ihn also im Gespräch mit den militärischen Führern, dem Reichsführer SS, Heinrich Himmler, mit Vertretern der Partei, kriegswichtiger Parteiorganisationen und der Regierung. Wer Partei und Regierung an diesem Tag repräsentieren sollte, bestimmte Martin Bormann, die “graue Eminenz”, nicht nur im FHQ. Er verstand es stets, Hitlers Wünsche vorausahnend zu verwirklichen und sich auf diese Weise unentbehrlich zu machen.

In diesem Jahr nahmen als Regierungsvertreter neben dem Aussenminister von Ribbentrop, Albert Speer, der Nachfolger Dr. Todt's als Minister für Rüstung und Wehrwirtschaft, und Robert Ley, der Organisationsleiter von “Kraft durch Freude” (KDF) teil.

Speer stand seit Jahren in Hitlers besonderer Gunst. Er hatte die Pläne für das “Neue Großdeutsche Berlin” als “Welthauptstadt” und die für München als “Hauptstadt der Bewegung” nach Ideen und Visionen Hitlers entworfen und bereits in einer Reihe von Bauten, wie der neuen Reichskanzlei, verwirklicht.

Hitler zeigte sich begeistert, vielleicht auch, weil er in diesem noch verhältnismäßig jungen Mann jemanden sah, der es wie ein “eigener Sohn” verstand, des “Vaters” nie realisierte, im Innersten tief verwurzelte Ideen und Wünsche übereinstimmend mit den eigenen Vorstellungen zu verwirklichen. Vielleicht ließ er ihm deshalb manches an Widerspruch und im letzten Jahr sogar an offensichtlichem Ungehorsam, ja bewusster Sabotage seines “Befehls zur Vernichtung der Lebensgrundlagen des deutschen Volkes im eigenen Land”, ungeahndet durchgehen.

Speer war allerdings auch ein äusserst fähiger Minister für Rüstung und Wehrwirtschaft. Er hatte es fertiggebracht, trotz der zunehmenden Zerstörung der industriellen Produktionsanlagen durch ständig sich steigernde Bombardierung, noch im Jahre 1944 die Produktion von kriegswichtigen Gütern sogar über die des Jahres 1939 hinaus zu steigern. Das war nur möglich, weil er in wachsendem Maße Produktionsstätten unterirdisch hatte anlegen lassen. Dass er dabei die rücksichtslose, unmenschliche Ausnützung der Arbeitskraft von Zwangsarbeitern aus den besiegten Ländern sowie von Sträflingen und KZ-Gefangenen in Kauf nahm, darf nicht verschwiegen werden.

Doch zurück zu Hitlers Geburtstag. Es war auch der Tag, an dem jedes Jahr alle bewährten Mitarbeiter des Hauptquartiers, Offiziere, Unteroffiziere und Mannschaften, befördert wurden und im Rang um eine Stufe stiegen. So avancierte auch ich in diesem Jahr zum Gefreiten und besaß nunmehr den gleichen Dienstgrad, den “mein Führer” im Ersten Weltkrieg erreicht hatte.

Geheime Verbrechen

An einem Morgen, es muss so um Mitte Mai gewesen sein, kam Walter Meiendresch, der auch zu "unserem Kreis" gehörte, totenbleich von seinem Nachtdienst. Er übergab sich mehrmals, und wir dachten, er wäre ernstlich erkrankt. Für mehrere Tage war er tatsächlich dienstunfähig. Erst am zweiten oder dritten Tag kam Dr. Fliegner hinter die Ursachen dieses plötzlichen Kollapses. Walter war nämlich von Natur aus sehr robust und widerstandsfähig.

In der fraglichen Nacht hatte er ein Gespräch zwischen Himmler und Bormann mitgehört. In diesem brachte der Reichsführer SS dem Reichsleiter Bormann eine "erfreuliche Nachricht aus Auschwitz", wie er sagte, für den Führer. Wieder seien, ganz plangemäß, dort 20'000 Juden "liquidiert", "äh", verbesserte er sich umgehend, "evakuiert" worden.

Bormann habe ihn daraufhin wütend angefahren und scharf darauf hingewiesen, dass solche Meldungen, wie ausgemacht, nur schriftlich durch Kuriere, gestellt von Offizieren der SS, ihm persönlich zur Weiterleitung an den Führer zugestellt werden dürften. Er verbat sich energisch jegliche weitere Benachrichtigung über dieses Thema auf anderen Wegen.

Zum ersten Mal drang von diesem Massenmord etwas in die Ahnungslosigkeit, die selbst in unserer Nachrichtenzentrale über dieses Thema herrschte.

Wir beschränkten allerdings aus Sicherheitsgründen den Mitwisserkreis über dieses abgehörte Gespräch auf unseren engsten Kern.

Mit Ausnahme von Walter Meiendresch, der einfach nicht mehr imstande war, Gespräche mitzuhören, versuchten wir, Näheres darüber in Erfahrung zu bringen. Vergebens.

Nur von Stabsoffizieren des OKHs deuteten einige, die, wie sich später herausstellen sollte, als Mitverschwörer beim Attentat 1944 gehenkt wurden, höheren Offizieren im FHQ, denen sie anscheinend vertrauen konnten, einiges darüber an. Sie wiesen auf Gerüchte hin, die ihnen von Regiments- und auch verlässlichen Divisionskommandeuren vertraulich, und nicht auf dem Dienstwege, zugegangen waren. Diese sprachen vom Massenmord an Juden und anderen “Unerwünschten”. Konkrete Fakten kannte aber niemand. Nach dem, was wir heute darüber wissen, scheint es auch für einen, der nicht zur SS gehörte, kaum möglich gewesen zu sein, etwas Näheres zu erfahren. Zufallszeugen wurden unverzüglich für immer zum Schweigen gebracht.

Dass in den Konzentrationslagern Furchtbares geschah, ahnten viele. Aber das unvorstellbare Ausmaß dieser Verbrechen in diesen Stätten des Grauens wenigstens zum größten Teil aufzudecken, gelang nur, weil 1944 die gegnerischen Truppen so unerwartet schnell vorrückten. So blieb den Henkern von Auschwitz und den vielen anderen KZs nicht genügend Zeit, um alle Spuren wie geplant zu verwischen.

Betäubung des Volkes mit Siegesfanfaren

Trotz des zunehmenden Leidens der Zivilbevölkerung, vor allem in den Großstädten an Rhein und Ruhr sowie an der Nordseeküste, zeigte die Bevölkerung, wenigstens in der Öffentlichkeit, eine bemerkenswerte Stärke.

Zwei Faktoren trugen wesentlich dazu bei, diese Durchhaltestärke zu demonstrieren. Die Buchstaben KDF, bisher als Sozialwerk "Kraft durch Freude" bekannt, wurden nunmehr in vertrauten Kreisen als Geheimwort für "Kraft durch Furcht" benutzt.

Jeden, der erwischt oder von einem Denunzianten – und deren Anzahl wuchs – beschuldigt wurde, einen "Feindsender" gehört zu haben, bestraften die Gerichte äusserst hart. Wenn er deren Nachrichten gar weitergegeben hatte, war ihm meist der Tod durch das Handbeil sicher. Goebbels hatte zwar in einem "vertraulichen Schreiben" die zuständigen Behörden angewiesen, vor allem bei "Opfern von Bombenangriffen" manche unbedachte "Spontanäusserung" der oft noch unter Schock stehenden Leute zu "überhören". Er benutzte dabei unter anderem die Begründung, "Schimpfen sei der Stuhlgang der Seele".

Doch nicht alle Gestapostellen folgten dieser Direktive. Da Hitler es liebte, die Kompetenzen der einzelnen Spitzen von Partei, SS, Regierung, Gauleitung und Gestapo nie genau abzugrenzen, beriefen sich manche Gestapobehörden auf den Reichsführer SS, Himmler, der in jedem Falle rücksichtsloses Durchgreifen forderte.

Als zweiter Faktor der "moralischen Stärkung" der deutschen Volksgenossen dienten die täglichen Siegesfanfaren, die im Rundfunk Sondermeldungen über militärische Erfolge verkündeten. Durch die Herstellung des unwahrscheinlich preiswerten "Volksempfängers", mit dem man fast ausschließlich deutsche Sender erreichen konnte, hatte Hitler schon zu Beginn seiner Machtübernahme dafür gesorgt, seine "Volksaufklärung und Propaganda" (so hieß auch das von Joseph Goebbels geleitete Ministerium) allen Volksgenossen zugänglich zu machen.

Wir hatten allerdings kein Rundfunkgerät in unserer Familie. Aber ständiges "Gemeinschaftshören" von Sondermeldungen in Schulen und Betrieben sorgten für die Verbreitung dieser Nachrichten bis zum letzten "Volksgenossen", wie es damals hieß.

Da Siegesmeldungen von der Ostfront zur Zeit kaum möglich waren, wurden stattdessen täglich Rommels Erfolge in Nordafrika sowie der Durchbruch der drei größten Schlachtschiffe der deutschen Kriegsmarine durch den Kanal als Sensationen gemeldet. Genauso wichtig waren die täglichen Siegesnachrichten über die Versenkung feindlicher Schiffe, stets mit mehreren Tausenden Bruttoregistertonnen Ladung. Letztere kamen vor allem aus den USA, um in Frachtern den lebensnotwendigen Nachschub von Nahrung und Waffen zu sichern. Diese fuhren im Geleit von Kriegsschiffen.

Die deutschen U-Boote erzielten bei den Angriffen auf diese Geleitzüge bis ins Jahr 1943 hinein aussergewöhnliche Erfolge und rissen dabei empfindliche Lücken in die zum Überleben Großbritanniens notwendige Versorgungsgrundlage an Lebensmitteln und Waffen.

Im April/Mai sollte dann das ununterbrochene Bombardement Maltas die Insel reif für eine Invasion machen.

Mit Malta hätte Hitler eine ausgezeichnete Basis für die Beherrschung des Mittelmeeres und einen günstigen Nachschubstützpunkt für den Krieg in Nordafrika gefunden.

Auf der Gefühlsebene sollten romantische Lieder der Bevölkerung helfen, dem durch Krieg, Bombenterror und Verluste von Angehörigen verursachten unbeschreiblichen Leidensdruck standzuhalten. Für die durch Bombardierung in Wohnungsnot Geratenen, vor allem für die jungen Paare, sang Maria von Schmedes so hinreissend schmalzig:

"Da suchten wir ein Zimmer
mit etwas Sonnenschimmer",

in dem es am Schluss hieß:

"und wollen glücklich sein".

Die Soldaten der Kriegmarine, die auf Schlachtschiffen oder U-Booten fern auf dem Atlantik operierten, ließen sich durch folgendes Lied, wenn auch nur für kurze Zeit, in eine Traumwelt entführen:

"Heimat, deine Sterne,
sie leuchten mir an fernem Ort.
Was sie sagen, deute ich, ach, so gerne
als der Liebsten zärtliches Liebeswort"

Die zurückgebliebenen Ehefrauen, Bräute und Geliebten versuchte Ilse Werner mit ihrem Song zu trösten:

"Irgendwo in weiter Ferne
fährt mein Liebster übers Meer."

Den Gutenachtgruß erhielten die Deutschen weiterhin um 22.00 Uhr durch den "Jungen Belgrader Wachposten" mit seiner inzwischen weltbekannten *"Lili Marlen"*.

Leben in der Wolfsschanze

Im Hauptquartier lief das Leben nach gleichbleibenden, eher eintönigen Regeln und Riten ab. Während Hitler für sich persönlich einen relativ bescheidenen Lebensstil beanspruchte, führten vor allem der Reichsleiter, aber auch einige wenige hohe Wehrmacht- und SS-Offiziere ein ausschweifendes, luxuriöses Leben.

Bormann holte sich ständig besonders attraktive Damen als Sekretärinnen in seinen Bunker, von denen er die meisten nach kürzerer oder längerer Zeit wieder auswechselte. Ob er sie wegen Schwangerschaft ablösen ließ, wie Gerüchte besagten, kann ich nicht mit Sicherheit bestätigen.

Einmal hatte ich direkt nach dem Nachtdienst ein Fernschreiben an Fräulein Silberhorn, eine der attraktivsten Damen des Reichsleiters, auf deren Bitte hin, persönlich im Bormannbunker abzuliefern. Das Fräulein, eine junge schlanke Blondine, öffnete eigenhändig die Tür als ich den Bunker erreichte, so als hätte sie mich bereits erwartet. Sie stand da in einem hellblauen seidenen Pyjama und duftete betörend. Sie bat mich in ihr Zimmer.

Ein mir angeborener, ziemlich sicherer Instinkt für Gefahr suggerierte mir fast automatisch die Antwort. Ich bedauerte, wegen einer auf wenige Minuten später angesetzten Meldung bei Oberst Sander, dem Chef des Nachrichtendienstes, ihrer freundlichen Einladung nicht Folge leisten zu können. Die Ausrede klang glaubwürdig und verletzte vor allem die Dame nicht.

Ich hatte, wie sich später in ähnlichen Fällen herausstellen sollte, richtig gehandelt. In Bormanns Revier zu wildern, bedeutete meist KZ. So hatte ich aber niemanden beleidigt und jeglichen Ärger diplomatisch vermieden. Bormann hielt sich ausserdem eine Dauergeliebte, die Schauspielerin Manja Behrens.

Diese rief er beinahe täglich in einem “Reichsleitergespräch” an. Seine Frau wusste, wie allgemein bekannt war, um seine Affären. Sie billigte sie und meinte: “Mein Mann braucht das”. In allen sogenannten “eingeweihten” Kreisen wurde behauptet, Bormann lege großen Wert auf eine luxuriöse Ausstattung seines Bunkers und seiner Wohnsitze. Er genieße sichtlich ausgefallene Köstlichkeiten bei Speisen, Getränken und nicht zuletzt bei Frauen. Seine Untergebenen behandelte er ausgesprochen brutal. Auch höhere Beamte trieb er zuweilen mit Fußtritten zu größerer Schnelligkeit an. Er wurde von allen gefürchtet, und so vermute ich, von niemandem wirklich geliebt.

Der Eintönigkeit dieses Lebens versuchten alle Bewohner der Wolfsschanze in irgendeiner Weise zu entgehen. Für viele, vor allem für die nicht “Höherrangigen”, war das meist erst mit dem beginnenden Frühling in erweitertem Umfang möglich. Sie konnten wieder durch die herrlichen Wälder um Rastenburg spazieren oder mit Pferden, die sie von den anliegendenen Landgütern entliehen, reiten. Auch die vielen Seen in unmittelbarer Nähe, vor allem der Moy- und der Tauchelsee, boten Gelegenheit für Boots- und Kahnfahrten, aber auch zum Angeln und im Sommer zum Schwimmen.

Am Ostersonntag dienten Willi und ich bei der Auferstehungsmesse im Karlshorster Lazarett-Kloster. Den Gottesdienst hielt Kaplan Beckmann aus Rastenburg. Anschließend luden uns die Ordensschwestern zu einem herrlichen Frühstück mit Bohnenkaffee, selbstgebackenem Brot und Rosinenplatz, Butter, diversen Wurst- und

Käsesorten und natürlich Eiern ein. Zum Abschied erhielt jeder von uns zudem ein stattliches Osterpäckchen als Geschenk. Sooft es uns möglich war, dienten Willi und ich gern, nicht nur sonntags, sondern bei der täglich stattfindenden heiligen Messe, und das bestimmt nicht nur wegen des anschließenden Frühstücks.

Ab Juni spätestens vergnügten sich viele von uns, zusammen mit Rastenburger Bewohnern, meist jungen Damen, beim Schwimmen im Moysee. Dieser bot einen herrlichen Sandstrand, war allerdings auch mit zahlreichen Blutegeln "gesegnet". Nach jedem "An-Land-Kommen" befreiten wir uns gegenseitig von diesen lästigen Tieren, die ja sehr gesund sein sollen. Wie die Rastenburger Damenwelt es schaffte, an den Moysee zu kommen, ist mir nie ganz klar geworden. Ich habe, wie wohl alle, auch nie Nachforschungen in diesem Punkt angestellt. Wer wollte denn auch schon auf so angenehme Gesellschaft verzichten? Natürlich bot auch Rastenburg selbst viel Abwechslung, und das in jeder Beziehung. Viele Kameraden besaßen hier feste Freundinnen oder auch nur "Bratkartoffelverhältnisse". Ab Juni nahmen ausserdem die Anträge um Gewährung von Wochenendkurzurlaub nach Königsberg sprunghaft zu.

An einem sonnigen Spätfrühlingstag, es muss wohl bereits Ende Mai gewesen sein, begab ich mich direkt nach dem Nachtdienst, zum Sonnen und Schwimmen an den Moysee. Dort traf ich auf einen älteren Herrn. Er saß auf einem großen Badehandtuch von einer Qualität, wie sie ein gewöhnlicher Sterblicher damals kaum beschaffen konnte. Dieser Herr bat mich, ihm doch den Rücken mit "Tiroler Nussöl", wie ich auf der Flasche las, einzureiben. Höflich tat ich das natürlich und meinte am Schluss, er könnte das auch bei mir tun. Und, o Wunder, er tat es und bat mich sogar, auf seinem Handtuch mit Platz zu nehmen.

Davon machte ich gerne Gebrauch, und bald unterhielten wir uns über alle möglichen Themen. Dabei stellte ich fest, dass dieser Mann ein umfassendes Wissen auf allen angeschnittenen Gebieten besaß. Nach ungefähr einer Stunde verabschiedete sich der Unbekannte freundlich von mir mit der Bemerkung, ihn rufe die Pflicht.

Ich setzte mich nunmehr neben einen Kameraden, der in einiger Entfernung zwischen zwei hübschen jungen Damen saß. Wir genossen von Herzen die Sonne und die charmante Gesellschaft. Auf dem Rückweg zur Anlage, es war gegen Mittag, fragte mich Karl Weber, übrigens ein Stubenkamerad, ob ich wüsste, mit wem ich mich vorher so lange unterhalten habe. Ich verneinte darauf wahrheitsgemäß. Er aber überraschte mich mit der Mitteilung, der Mann sei der Reichspressechef Dr. Otto Dietrich. Ich meinte daraufhin, wie gut, dass auf den Badehosen noch keine Rangabzeichen seien. Wir hätten uns sonst sicher nicht so gut und ungehemmt unterhalten.

Schwere Zeiten im Westen – Neubeginn im Osten

Seit April 1942 griffen britische Bomber Nacht für Nacht in wachsender Anzahl und mit zunehmender Vernichtungswirkung Städte an der norddeutschen Küste, vor allem Rostock und Lübeck an. Auch das nächtliche Bombardement der Städte an Rhein und Ruhr sowie der hier angesiedelten Schwerindustrie steigerte sich ständig. Die deutschen Gegenangriffe auf englische Städte forderten immer stärkere Verluste an deutschen Flugzeugen und vor allem auch an qualifiziertem, so schnell nicht zu ersetzendem Flugpersonal. Dazu trugen die verbesserte Flugortung durch das von den Briten erfundene Radarsystem und die mehr und mehr in Erscheinung tretende Verstärkung der britischen Luftwaffe durch USA-Bomber und Abfangjäger bei.

Ende Mai 1942 erfolgte der erste feindliche 1000-Bomberangriff auf Köln. Am anderen Morgen waren ganze Viertel dieser Stadt rauchende Ruinenfelder. Von nun an verbrachten die Einwohner der rheinischen und westfälischen Städte, der Nordseeküste und Mitteldeutschlands, einschließlich Berlins, fast jede Nacht in Bunkern und Kellern. Ab Mitte 1943 nahmen auch die Angriffe am Tag ständig zu. Die nicht in kriegswichtigen Betrieben arbeitende Bevölkerung, vor allem Kinder, aber auch Frauen, wurden vorwiegend in die noch nicht durch Bomben bedrohten Ostgebiete evakuiert. Doch die Kölner entzogen und widersetzten sich weitgehend dieser Maßnahme. Schon im Mai erfolgten die ersten erfolgreichen Gegenangriffe an der Ostfront, vor allem im südlichen Frontabschnitt. Endlich konnten wieder Siegesmeldungen Tag für Tag verkündet werden. Sie ließen der Bevölkerung Hitlers Versprechen von der siegreichen Beendigung des Krieges gegen die Sowjetunion noch in diesem Jahre durchaus glaubhaft erscheinen.

Ende Juni begann im Osten die offizielle, von Hitler persönlich geplante, angeordnete und überwachte Sommergroßoffensive mit unvorstellbarer Härte. Sie war allen Erwartungen des Generalstabes zum Trotz über lange Zeit hindurch überaus erfolgreich.

Ende April hatte Hitler den Berghof als Quartier gewählt. Hier dirigierte er den Feldzug, vom Generalstab weitgehend unbehelligt, fast allein. Den größten Teil dieses Stabes hatte er in Ostpreussen zurückgelassen.

Berchtesgaden

Anfang Juni wurde ich zusammen mit acht weiteren Kameraden nach Berchtesgaden abgeordnet. Wilhelm Ülhof und Paul Hanisch, unsere beiden Theologen, gehörten zu dieser Gruppe.

Wir erhielten in der Gebirgsjägerkaserne im Ortsteil Strub unser Quartier. Die Kaserne war vom OKW beschlagnahmt worden; die bisherigen Bewohner hatte man in eine Kaserne nach Reichenhall verlegt.

Bauliche Veränderungen zur Aufnahme des gesamten OKW-Stabes waren während dieser Zeit in diesem Gebäudekomplex noch im Gange. Unsere Nachrichtenzentrale fanden wir bereits voll ausgerüstet vor.

Sie war der Anlage in der Wolfsschanze an Kapazität und Qualität durchaus ebenbürtig, wenn nicht sogar überlegen. Hatte hier Bormann schon für eine Zukunft geplant, in der die Wolfsschanze wenigstens zeitweilig aufgegeben werden musste?

Bei meiner Verabschiedung in der Wolfsschanze hatte der "Spieß" gemeint, mir täte eine Erholung in der frischen Bergluft gut und ich hätte sie auch verdient.

Die Arbeit in der Zentrale hielt sich in Grenzen. Die Anzahl der Berater, die Hitler für würdig gehalten hatte, ihn zu begleiten, die also zu all seinen Plänen zu seiner Freude stets "Ja" und "Amen" sagten, war klein.

Hier blühte der "Führer" sichtlich auf, denn niemals vernahm er hier Einwände oder berechtigte Bedenken, wenn er in diesem Kreis seine weitreichenden strategischen Kriegspläne und gigantischen Zukunftsutopien entwickelte.

Und gaben seine Erfolge ihm nicht recht?

Meine beiden Freunde Willi Ülhof und Paul Hanisch machten mich hier mit dem in der Franziskanerkirche in Berchtesgaden wirkenden Pater Adalbert Nette bekannt. Mit ihm verband mich sehr schnell eine dauerhafte Freundschaft.

Leider wurde ich schon nach vier Wochen zurück in die Wolfsschanze beordert. Eine Woche später kehrte auch Hitler dorthin zurück.

Wie jedes Jahr am 20. April versammelten sich die Würdenträger des Großdeutschen Reiches, um dem «Führer» zu gratulieren.
In der Mitte sich gegenüberstehend; links: Göring, rechts: Hitler, hinten in der Mitte: Keitel

Auf Sonderurlaub

Am vierten Juli überreichte der "Spieß" mir ein Telegramm, in dem meine Eltern mir mitteilten, während eines Bombergroßangriffs auf Köln hätte auch unsere Wohnung in Frechen beträchtlichen Brandschaden erlitten. Es sei aber niemand dabei verletzt worden. Der Hauptwachtmeister überraschte mich mit der Nachricht, er habe bereits mit dem Kompaniechef gesprochen. Er habe mit ihm ausgemacht, dass ich wegen des Bombenschadens zu Hause sofort für zehn Tage in Sonderurlaub fahren könne. Auf der Schreibstube lägen Urlaubsschein, Fahrkarte und Reisemarken für Verpflegung für mich bereit. Ich bedankte mich natürlich herzlich für dieses freundliche Entgegenkommen. Dann traf ich umgehend Vorbereitungen für meine Reise. Auf der Schreibstube holte ich meine Papiere ab und begab mich dann in die Schneiderei.

Dort besorgte ich mir einen Ärmelstreifen mit der silbergestickten Aufschrift "Führerhauptquartier". Ausserdem brachte der Schneider an meinem Ärmel eine Vorrichtung an, die es mir erlaubte, diesen Streifen in kürzester Zeit anzubringen und wieder zu entfernen. Aus Sicherheitsgründen durfte dieser Streifen nämlich erst ab und in Berlin getragen werden, damit sich von dort aus jede Spur über die augenblickliche Lage des Hauptquartiers verlor.

In der Kurierstelle "überredete" ich den Kurier, mich noch am selben Nachmittag im Auto zum Flugplatz der Wolfsschanze und von dort mit dem Flugzeug nach Berlin mitzunehmen.

Die Kuriere waren Offiziere, die täglich zweimal mit dem Flugzeug geheime Kurierpost in die Kurierstelle des

OKWs nach Berlin in die Bendlerstraße bringen mussten. Wenige Stunden später flogen sie wieder zurück, um die in Berlin angefallene Kurierpost persönlich wieder in der Kurierstelle der Wolfsschanze abzuliefern. Die Kurierflugzeuge flogen vom Flugplatz der Wolfsschanze täglich um 8.00 und um 14.00 Uhr nach Berlin und von dort zurück um 14.00 und um 19.00 Uhr. Diese Zeiten gewährleisteten, dass die Kurierpost zu Beginn der täglich zweimal stattfindenden Führerlagebesprechungen bereitstand.

Gegen 17.00 Uhr schellte ich bereits bei meinen Verwandten in der Wollankstraße, wo ich zu übernachten gedachte. Meine Tante empfing mich mit freudiger Überraschung und sagte sofort: “Du schläfst doch bei uns?” Natürlich nahm ich die Einladung gerne an. Ich erzählte meiner Tante, die selbst kein Telefon besaß, ich hätte mich telefonisch mit Margot, meiner Freundin, verabredet, sie umgehend nach meiner Ankunft in Berlin aufzusuchen. Wir würden uns zum ersten Mal persönlich kennenlernen. Ich nehme an, sie wäre genau so wie ich auf dieses Treffen gespannt, und jeder von uns hoffte im Stillen und von Herzen, er würde den anderen nicht enttäuschen.

Meine Tante und die Cousine zeigten sich äusserst verständnisvoll. Zuerst befestigte meine Tante geschickt meinen Ärmelstreifen am linken Rockärmel. Nun wirkte ich auf alle gleich beeindruckend. Dann war meine Cousine noch so nett, mich auf dem kürzesten Wege in die Flemmingstraße, wo Margot wohnte, zu bringen und sich dann umgehend taktvoll zu entfernen.

So stand ich dann, mit klopfendem Herzen und bewaffnet mit einem Strauss roter Rosen, vor Margots Haustür und klingelte. Es währte nur Sekunden, bis meine “Teleliebste" die Tür öffnete. Sie war schöner, als es jedes Foto ausdrücken konnte. Das Blut schoss mir in den Kopf, und auch sie errötete sichtbar. Dann lagen wir uns auch schon in den Armen und tauschten unsere ersten Küsse aus. Leider konnten wir dabei nicht länger verweilen, denn die Sitten waren damals anders und strenger. Sie bat mich also ins Haus, um mich ihrer Mutter vorzustellen. Diese empfing mich freundlich und lud mich zum Abendessen ein. Anschließend ließ sie uns zwei für mehr als eine Stunde allein, ein in diesen Kreisen wirklich großzügiges Entgegenkommen. Vielleicht rang sie sich leichter zu diesem Entschluss durch, weil ihr Mann in Russland war. Denn alle Mitglieder dieser Familie lebten als tiefgläubige calvinistische evangelische Christen ein strenges puritanisches Leben.

Margot erzählte mir, sie hätte einen Tag Urlaub genommen und lud mich ein, mit ihr am nächsten Tag Schloss Sanssouci in Potsdam zu besichtigen. Wir hätten dann einen ganzen Tag für uns allein.

Dafür verschob ich natürlich gern die Weiterreise nach Köln und nach Frechen, zumal niemand zu Hause von meinem Kommen etwas ahnte.

Der nächste Tag mit Margot in Potsdam wurde für uns beide unvergesslich schön. Wir beide gelangten zur Überzeugung, in unserer Beziehung in allen entscheidenden Punkten zu harmonieren und füreinander bestimmt zu sein.

Am anderen Tag brachte Margot mich schweren Herzens zum Zug, der in Richtung Köln fuhr. Auf dem Bahnhof verabschiedeten wir uns nochmals mit einem innigen Kuss. Ich hatte ihr versprochen, auf der Rückreise zwei Tage mit ihr in Berlin zu verbringen. Dann musste ich einsteigen. Wir winkten einander zu, bis der Zug in einer Kurve verschwand.

Spät abends traf ich in Köln ein. Die Bahnhofshalle war weitgehend zerstört und ausgebrannt. Vor allem die Viertel der Altstadt in Rheinnähe hoben sich mit ihren scharfkantigen Ruinenresten dunkel vom Himmel ab. In Richtung Neumarkt fuhren keine Straßenbahnen. Ich arbeitete mich langsam durch nur unvollkommen von Trümmern geräumte Straßen, vorbei an Bombentrichtern und Häuserruinen, in Richtung Lindenthal vor. Dort fand ich einen LKW, der mich bis Frechen mitnahm.

Zu Hause erlitt meine Mutter vor unerwarteter Freude einen leichten Herzanfall. Trotzdem ließ sie es sich nicht nehmen, ein besonders leckeres Empfangsessen zu bereiten. Inzwischen zeigten mir mein Vater und die Geschwister den Brandschaden, oder genauer, was davon noch ersichtlich war. Denn das ausgebrannte Schlafzimmer war bereits, wenn auch nicht ganz fachgerecht, tapeziert und gestrichen worden. Auch für das verbrannte Mobiliar, vor allem für Betten, Kleiderschrank sowie Bettwäsche und vernichtete Bekleidung, hatten die zuständigen Behörden innerhalb einer Woche für das Notwendigste in einfacher, doch durchaus brauchbarer Qualität Ersatz beschafft. Beim Essen schilderten meine Eltern mir dann, was sie an jenem Abend erlebt hatten.

Gegen 22.00 Uhr hatten die Sirenen Fliegeralarm ausgelöst. Im Drahtfunk wurde der Bevölkerung mitgeteilt, mehrere feindliche Bomberverbände befänden sich im Anflug Richtung Köln. Umgehend schnappte jeder seinen vorsorglich gepackten und bereitstehenden Koffer, zutreffender Persilkarton, mit dem, was man als das Nötigste ansah, und begab sich in den nächstliegenden, für das jeweilige Haus zuständigen Bunker oder als solchen provisorisch ausgebauten Keller. Nur die jeweilige "Brandwache" blieb zurück, um mit Feuerpatsche und mit Sand gefüllten Eimern gegebenenfalls entstehende Kleinbrände sofort zu bekämpfen oder, falls das nicht möglich war, Hilfe herbeizuholen. An dem bewussten Abend hatte Frau Kann, eine junge, tatkräftige und resolute Frau, die Wache. Ihr Mann war 1939 in Polen gefallen, und sie musste mit ihrem vierjährigen Sohn versuchen, das Leben zu meistern. Damals war das ungleich schwieriger als heute. Sie putzte, nähte und half in Geschäften aus, um ihre kärgliche Kriegswitwenrente aufzubessern.

An jenem Abend war Köln wieder einmal Ziel eines Großangriffs. Doch auch auf Frechen fielen einige Bomben, zwar keine der berüchtigten, furchtbaren Luftminen, doch Sprengbomben mittleren Kalibers, vor allem aber viele Brandbomben. Mehrere von den letzteren durchschlugen das Dach unseres Hauses und entfachten auf dem Speicher zahlreiche Brände. Frau Kann bekämpfte diese sofort tatkräftig und erfolgreich. Sie konnte aber nicht verhindern, dass einige Phosphorbomben sich durch den Speicherboden fraßen und in unser Schlafzimmer fielen. Gott sei Dank hatten auch Beobachter der Nachbarhäuser umgehend zugepackt und ausserdem die Bunkerinsassen alarmiert. So konnte der Brand in verhältnismäßig kurzer Zeit gelöscht werden, bevor das Haus abbrannte oder das Feuer sich auf Nachbarräume oder gar auf Nebenhäuser ausdehnen konnte.

Die NSV (Nationalsozialistische Volkswohlfahrt) sorgte, wie fast überall, für sofortige unbürokratische Hilfe, für Notunterkunft, schnelle Schadensbeseitigung, und soweit wie möglich, für notwendigen Ersatz der durch Bombenschaden zerstörten, aber unbedingt lebensnotwendigen Güter. Das galt natürlich nur für deutsche Volksgenossen.

Als meine Eltern erfuhren, dass ich eigentlich schon gestern mit demselben Abendzug hätte eintreffen sollen – als Grund gab ich die Einladung meiner Verwandten an (von Margot wussten sie noch nichts)–, erschraken beide sichtlich und erbleichten. Dann brach es aus meiner Mutter heraus: “Junge, da hast Du aber Glück gehabt. Der Zug, mit dem Du gestern angereist wärest, ist kurz vor der Einfahrt in den Hauptbahnhof bei einem Großangriff auf Köln mehrfach getroffen worden und völlig ausgebrannt. In den Nachrichten hieß es, es habe dabei keine Überlebenden gegeben!” Da hatte ich sicher mehr als nur einen Schutzengel gehabt!

Plötzlich, noch während unseres Gesprächs, heulten die Alarmsirenen. Wieder kündigte der Drahtfunk den Anflug feindlicher Bomberverbände auf Köln an. Meine Mutter und Geschwister schnappten ihr Notgepäck und eilten zum nahen Bunker. Mein Vater und ich gingen vor die Haustür. Man hörte das anschwellende Brummen der sich nähernden Angriffsverbände. Die Scheinwerfer der Flugabwehr (Flak) suchten den Himmel ab. Da, plötzlich war eine Maschine im Schnittpunkt der sich kreuzenden Scheinwerferkegel. Die Flak ballerte los. Wir sahen eine Maschine brennend abstürzen. Über Köln leuchteten die abgeworfenen “Christbäume”. Sie sollten den Bombern die Zielortung erleichtern. Dann heulten, pfiffen und krachten die abgeworfenen Luftminen und Bomben schwersten Kalibers. Dazu “regnete” es Brandbomben. Über Köln färbte sich der Himmel rot. Plötzlich fielen auch in unserer Nähe Bomben. Mein Vater und ich sausten in den Keller. Wir beide hatten, wie wohl alle, die einem solchen Angriff wehrlos ausgesetzt waren, "Hose mit Grundeis", wie es in der Landsersprache hieß. Um die Nervenanspannung etwas auszugleichen, leerte ich im Keller ein Glas eingemachter Kirschen; mein Vater leistete mir bei dieser "Arbeit" Gesellschaft.

Gegen 4.00 Uhr morgens kam endlich Entwarnung. So konnten wir uns wenigstens noch eine "Mütze" Schlaf leisten. Denn der Beginn der Arbeit und des Schulbetriebs blieb trotz schlafloser Nächte bestehen. Es sei denn, der Betrieb oder die Schule waren in der Nacht zerstört worden.

In dieser Nacht erzählte ich meinem Vater auf seine Frage, wie lange meiner Meinung nach der Krieg noch dauern würde und wie die Siegesaussichten wären, dass im Generalstab des Heeres niemand mehr und in dem des OKWs nur wenige der wirklich zuständigen und maßgeblichen Offiziere noch an die Möglichkeit eines Sieges glaubten.

"Aber", so warf mein Vater ein, "sowohl in Afrika als nunmehr auch an der Ostfront werden doch unvorstellbare Siege und Erfolge errungen. Die gesamte Krim ist erobert und Sewastopol gefallen". "Das stimmt", gab ich ihm recht, "und Rommel hat sogar schon in den ersten Tagen des Juni die Festung Tobruk erobert und ist auf ägyptisches Gebiet vorgestoßen.

Bei dieser Gelegenheit soll er sich übrigens, wie ich später erfuhr, mit einem ägyptischen Major getroffen haben, um einen Aufstand Ägyptens gegen die Kolonialmacht Großbritannien in Zusammenwirken mit dem deutschen Afrikakorps abzustimmen. Der Name dieses Majors war Sadat. Er wurde Jahrzehnte später als ägyptischer Staatschef weltberühmt.

Trotzdem sind die genannten Generalstäbler der Meinung, die deutschen Fronten seien schon jetzt überdehnt und zu ausgedünnt. Die Verluste des letzten Winters, vor allem an Truppen, in wachsendem Maße auch an notwendigem Material, seien nicht mehr zu kompensieren. Für eine von Hitler geplante noch viel weitergehende Frontausdehnung fehlten einfach die Mittel. Jeder nicht auszuschließende massive Gegenangriff der Russen mit frischen Truppen und Materialien könne, vor allem für unsere Front im Südabschnitt, zu einer furchtbaren Katastrophe werden. Ausserdem sei jederzeit mit einer Invasion alliierter Truppen in Frankreich und Afrika zu rechnen. Dafür müssten Divisionen bereitgestellt und abgezogen werden, die an der Ostfront unentbehrlich seien".

"Das heisst also", entgegnete mein Vater nach einer kurzen Pause bitter, "der Krieg ist nach fachkundiger Meinung schon verloren, unsere Städte sinken eine nach der anderen weiterhin in Schutt und Asche, für nichts und wieder nichts, aber wir kämpfen weiter bis zum 'Endsieg', weiss der Führer das eigentlich?"

"Wenn Du mich so fragst", antwortete ich, "ich glaube, manches deutet darauf hin. Doch er will es sich selbst wohl nicht eingestehen. Unter keinen Umständen aber wird er vor anderen sein Scheitern zugeben. Sollte auch nur einer in einer Bemerkung am Endsieg Zweifel aufkommen lassen, er wäre umgehend des Todes."

Am nächsten Tag suchte ich die beiden noch nicht eingezogenen Freunde aus dem "Kaplanskreis" auf. Wir unterhielten uns lange und eingehend, aber ich hatte das Gefühl, wir lebten bereits in verschiedenen Welten.

Es ist sehr belastend, etwas zu wissen, was man besser nicht wissen sollte. In der kurzen Restzeit besuchte mich auch der frühere Kaplan Büscher aus Quadrath-Ichendorf, der nunmehr in Köln-Porz seinen Dienst versah. Mein Ärmelstreifen verhalf ihm zu einem Buch in einer Kölner Buchhandlung, die nur einen Tag zuvor an belletristischen Werken angeblich völlig ausverkauft war. Nun erhielt ich eine Menge guter Bücher zur Auswahl vorgelegt. Anscheinend gehörte ich mit diesem Ärmelstreifen automatisch zum Kreis der Privilegierten.

Auch meinen früheren Religionslehrer am Gymnasium, den Prälaten Karl Eichen, besuchte ich in diesen Urlaubstagen. Mit ihm unterhielt ich mich sehr angeregt einen ganzen Nachmittag bis spät in den Abend hinein.

Später, nach meiner Heimkehr aus der Gefangenschaft suchte dieser Prälat mich auf und bat mich, meine Erlebnisse und Erfahrungen im Führerhauptquartier doch unverzüglich niederzuschreiben. Um das zu ermöglichen, bot er an, mir für diesen Zweck täglich für mehrere Stunden eine Sekretärin zur Verfügung zu stellen.

Ich fühlte mich aber damals, so kurz nach Kriegsende, physisch und psychisch nicht in der Lage, von diesem Angebot Gebrauch zu machen.

Auf dem Heimweg geriet ich wiederum in einen Luftangriff auf Köln. In einem Bunker in Lindenthal suchte ich Zuflucht. Erst am anderen Morgen kam ich zur großen Erleichterung meiner Eltern unversehrt wieder zu Hause an.

Die Urlaubstage flogen nur so dahin, und der Tag meiner Abreise war plötzlich da. Ich verabschiedete mich am Morgen von den Meinen und machte mich auf den Weg zum Kölner Hauptbahnhof. Ich ahnte nicht, dass ich meine Familie erst nach dem Krieg und nach meiner Gefangenschaft wiedersehen würde.

Schon an der Haltestelle der Straßenbahn in Frechen hatte ich Glück. Ein "Kübelwagen" der Wehrmacht nahm mich mit nach Köln. Wie ich dort auf dem Hauptbahnhof in Erfahrung brachte, fuhr zwanzig Minuten später ein D-Zug als Sonderzug nach Berlin. Nur benötigte man für diesen eine Sondergenehmigung.

Ich begab mich also zur Wehrmachtkommandantur und beantragte eine solche. Der diensthabende Feldwebel lehnte umgehend ab. Darauf wies ich diskret auf meinen Ärmelstreifen und einen Passus in meinem Soldbuch hin, der mir jegliche Auskünfte über Standort oder irgendwelche andere Auskünfte an alle Wehrmachtdienststellen untersagte. Ich wünschte umgehend seinen Vorgesetzten zu sprechen und forderte ihn auf, mir seinen Namen und Truppenteil bekanntzugeben. Ich hätte einen Sonderauftrag, und er wolle mich anscheinend bei der Ausführung behindern. Schon hatte ich meine Genehmigung. Auf diese Weise hatte ich mehr als einen halben Tag für Berlin, das hieß natürlich für Margot, dazugewonnen. Diese Restzeit in Berlin nützte ich weidlich aus.

Trotzdem kam auch hier der Abschied viel zu schnell.

Margot durfte mich nicht einmal zum Flugplatz begleiten, denn diese Tour fiel ja unter Geheimhaltung. Nachdem ich meinen Ärmelstreifen wieder hatte "verschwinden" lassen, nahm ich eine Taxe zum Flugplatz Tempelhof. Gegen 13.00 Uhr meldete ich mich bereits bei meiner Dienststelle in der Wolfsschanze vom Urlaub zurück.

Am selben Abend nahm ich meinen Dienst in der Zentrale wieder auf. Doch schon um Mitternacht wurde ich unerwartet abgelöst. Mir wurde lediglich mitgeteilt, ich solle mich zum Schlafen in die Unterkunft begeben.

Morgens, gegen 4.00 Uhr, rüttelte mich der Hauptfeldwebel aus tiefem Schlaf wach und fragte mich dabei beiläufig, ob ich schon einmal geflogen wäre. Da ich das "offiziell" noch nie war, verneinte ich natürlich. "Dann werden sie es gleich tun", grinste er, und fuhr fort, "um 6.00 Uhr fliegt sie eine Maschine nach Shitomir. Sie werden ab sofort in der Anlage Werwolf arbeiten".

Eine halbe Stunde später fuhr ich mit fünf Kameraden zum Flugplatz der Wolfsschanze. Hier wartete bereits eine JU 52 startbereit auf uns. Bald hoben wir ab und erreichten schnell eine beträchtliche Höhe. Wir flogen in Richtung Osten.

Bald schon erblasste einer der Mitflieger, leichter Schweiss bedeckte seine Stirn, und dann griff er auch schon zu einer für diese Zwecke bereitliegenden Tüte. Sein hörbares Würgen schlug mir auch ein bisschen auf den Magen. Aber es befanden sich ja an jedem Sitz Luftschläuche, am Ende verschlossen durch eine Metallkugel. Wenn man diese drückte, konnte man den kühlen, durch die Geschwindigkeit des Flugzeuges beträchtlich verstärkten Aussenluftstrahl über sein Gesicht leiten. Das half, wenigstens mir. Ich packte mein mitgenommenes Frühstück aus und verzehrte die Schnitten mit wachsendem Appetit.

Wir flogen nunmehr in großer Höhe über das ebene russische Land. Das Essen und der mit zunehmender Höhe schwindende Sauerstoffgehalt der Luft sowie der mangelnde nächtliche Schlaf wirkten sich bei mir aus. Bald saß ich in meinem Sessel in tiefem Schlummer.

Ein prasselnder Hagelschauer riss mich jäh aus “Morpheus Armen”. Ich rieb veschlafen meine Augen und rief: “Das gibt es doch nicht, strahlend blauer Himmel und dabei solch ein Hagelgeprassel!” – “Von wegen Hagel”, klärten mich die Kameraden auf, “das war Partisanenflak”. Ich war plötzlich wieder hellwach und fühlte mich sichtlich erleichtert, als wir endlich unversehrt auf dem Flugplatz in Shitomir in der Ukraine landeten. Beim Aussteigen entdeckte ich ganz in der Nähe einige von unseren neuen Großraumflugzeugen “Gigant”, die sogar einen Panzer befördern konnten. Sie wurden gerade beladen.

Maschine für den Flug von der Wolfsschanze bis Shitomir (Russland)

Auf dem Weg zum Führerhauptquartier Werwolf Zweiter von rechts: Wachtmeister Adam; ganz rechts: der Autor

Die Anlage Werwolf

Am Rande des Flugplatzes wartete bereits ein Wagen auf uns. Wir fuhren etwa eine halbe Stunde, dann erreichten wir Winniza, eine mittelgroße Stadt, die malerisch in der Nachmittagssonne oberhalb des Flusses Bug mit ihren hellen Häusern leuchtete. Von dort aus erreichten wir in weniger als zehn Minuten Kalinowka, ein kleines typisch ukrainisches Dorf.

Wenige Minuten später hielt unser Wagen direkt vor unseren Unterkünften. Man hatte dafür einige komfortablere Häuser, äusserlich ganz im Dorfstil, beschlagnahmt und zweckentsprechend ausgebaut.

Unser Quartier lag ausserhalb der eigentlichen Hauptquartiersanlage. Das hatte sowohl Vorteile als auch Nachteile.

Vorteile sah ich vor allem darin, sich in der Freizeit ohne Kontrollen an mehreren Wachstationen entfernen zu können. Dadurch lernte ich die ukrainische Bevölkerung, vor allem die in Kalinowka, kennen. Es waren ausgesprochen gastfreundliche und liebenswerte Menschen. Fast alle Bewohner konnten sich in deutscher Sprache, wenn oft auch nur gebrochen, verständlich machen.

Unvergesslich bleiben vor allem die Stunden, in denen wir zusammen mit der ukrainischen, vor allem weiblichen, Jugend im Bug schwammen und uns am Ufer nicht nur sonnten, sondern uns auch unterhielten, so gut es eben ging.

In fast allen Häusern hatten die Bewohner ihre während des kommunistischen Regimes so gut verborgenen Kreuze und Ikonen hervorgeholt und ihnen eine “Ehrenecke” eingerichtet.

In den Kirchen fanden wieder Gottesdienste statt. Ich besuchte mehrmals Sonntagsmessen nach orthodoxem Ritus und wurde durch die ungewohnte Feierlichkeit, vor allem der Gesänge, auf fast magische Weise gebannt. Trotzdem erschien mir die Dauer eines solchen Gottesdienstes ungewöhnlich lang.

Im Volkspark von Winniza hatte die Bevölkerung nach erfolgter Besetzung durch deutsche Truppen aufgrund von Hinweisen Ausgrabungen unternommen. Dabei wurden mehrere hundert Leichen exhumiert. Es handelte sich um Opfer der großen "Stalinistischen Säuberungen", die ab Mitte der dreissiger Jahre begonnen hatten.

Ein großer Teil dieser Opfer konnte von deren Angehörigen, vor allem anhand von Kleidungsüberresten identifiziert werden. Die Leichenreste wurden, nachdem die deutsche Wochenschau und Presse die Bilder dieser Opfer veröffentlicht und auch an die neutralen Staaten weitergegeben hatten, würdevoll auf dem Friedhof in Winniza bestattet.

Doch über die Millionen Opfer , die in deutschen Konzentrationslagern umkamen, durfte kein noch so kleiner Hinweis in die Öffentlichkeit dringen. Nach altbewährtem Muster wurden die Verbrechen der anderen angeprangert, um damit von den eigenen abzulenken.

Die Hauptquartiersanlage selbst, der Hitler den Namen Werwolf gegeben hatte, befand sich in einem verhältnismäßig lichten Waldgelände. Die beiden Sperrkreise lagen nah beieinander. Im Sperrkreis I befanden sich zwei Bunker und mehrere Blockhäuser, im Sperrkreis II lediglich Barackenbauten. Dichter Stacheldraht verwehrte den Zutritt. Die Sicherheitsmaßnahmen waren auf jeden Fall nicht so umfangreich wie die in der Wolfsschanze.

Zu unserem Bedauern – das war einer der Nachteile – wurden wir auch, vor allem in den Abendstunden, zum Wachdienst innerhalb der Anlage mit herangezogen. Dabei kam es für einen unserer Funker, einen Obergefreiten der Luftwaffe, zu einem schlimmen, für ihn folgenschweren Zwischenfall. Er hatte abends vor dem Eingang des Kinovorführraumes, in dem, wie in allen Hauptquartieren, täglich ab 20.00 Uhr Vorführungen der neuesten Filme für die Angehörigen beider Sperrkreise stattfanden, Wache zu schieben. Dabei näherte er sich, akustisch angelockt, ständig mehr und mehr der Eingangstür. So konnte er wenigstens durch Hören die Darbietung verfolgen. Schließlich konnte er anscheinend der Versuchung auch zur visuellen Teilnahme nicht mehr widerstehen und betrat den Raum. Dort blieb er an der Eingangstür, die wegen der fast unerträglichen Hitze, die auch in den Abendstunden noch anhielt, etwas geöffnet war, stehen. So konnte er, wie er meinte, zugleich auch den Aussenbereich noch mitbeobachten. Doch gerade zu diesem Zeitpunkt erschien hier die Wachkontrolle.

Der Mann wurde sofort festgenommen und durch einen anderen Soldaten ersetzt. Er kam vor ein Kriegsgericht unter der Anklage: "Verlassen seines Postens in Feindesland". Die Todesstrafe war ihm sicher. Doch es kam anders, wie ich später erfuhr. Der Kompaniechef hatte sich vergebens bei der Verhandlung für ihn eingesetzt, indem er seine bisher vorzügliche Führung und dienstliche Leistung herausstellte.

Da fragte ihn der vorsitzende Richter nach dem Titel des Filmes, der ihn zu dieser Pflichtvernachlässigung gebracht hätte. Der Delinquent nannte ihn wahrheitsgemäß: "Ich bin gleich wieder da".

Die Richter konnten sich daraufhin ein Schmunzeln nicht verkneifen und verurteilten ihn zur Degradierung und Bewährung in einem Strafbataillon. So hatte er wenigstens eine, wenn auch nur geringe, Überlebenschance. Einen weiteren Nachteil sah ich in der oft unerträglichen Hitze, die das Arbeiten in geschlossenen Räumen so erschwerte. Durch die fast direkte Sonnenbestrahlung infolge des lichten Waldes erinnerte unsere Zentrale an eine Sauna. Der Dienst wurde ja nur in voller Uniform abgewickelt. Vor allem beim Nachmittagsdienst erlitten einige einen Kreislaufkollaps und fielen zeitweilig aus. Dadurch ergab sich für die anderen manchmal ein anderer Dienstplan: 24 Stunden Dienst und 24 Stunden frei. Der Wachdienst allerdings fiel für uns während dieser Phase aus.

Die Erfolge, vor allem am südlichen Abschnitt der Ostfront, wuchsen von Tag zu Tag. Ende Juli hatten unsere Truppen den unteren und mittleren Don bis westlich von Stalingrad und Rostow erreicht. Im Mittel- und Nordabschnitt konnten dagegen in dieser Zeit keine wesentlichen, von Hitler erwarteten Fortschritte erzielt werden.

Da schlug Anfang August die Meldung von dem ersten, zwar missglückten Landeversuch alliierter Truppen bei Dieppe, an der Kanalküste, wie eine Bombe in Hitlers optimistischen Siegesrausch ein. Er geriet in Panik und wollte sofort einige der Elitedivisionen wie "Großdeutschland" und die "Leibstandarte Adolf Hitler" nebst mehreren Panzereinheiten von der Ostfront in den Westen verlegen.

Das könne nicht gut gehen, widersprach der Chef des OKHs, Halder, das gefährde die Ostfront so entscheidend, dass sie kaum einem feindlichen Gegenangriff gewachsen sei, zumal jetzt schon die Flügel zu ausgedünnt und die Front überdehnt sei. Hitler blieb starrsinnig.

Im Generalstab des OKWs wuchs, wie wir den Gesprächen entnehmen konnten, die merklich gereizte Stimmung genau so wie im Stab des OKHs, der in der Stadt Winniza untergebracht war. Ausserdem brodelten Gerüchte über eine schwere Grippe Hitlers, deren Nachwirkungen auch nach seiner angeblichen Genesung noch immer vor allem in seiner nunmehr noch gesteigerten explosiven Gereiztheit zum Ausdruck kämen.

Vielleicht suchte man auch nur Erklärungen für das, was sich bei einem explosiven Ausbruch Hitlers bei einer "Führerlage" ereignete, der zu anhaltenden Veränderungen in den Führungsstäben während des Septembers führte.

“Der große Krach”

An sich hatte sich die Lage, vor allem im Südabschnitt der Ostfront, wie sie sich Anfang September 1942 darbot, fast den Wünschen Hitlers entsprechend entwickelt.

Der Kaukasus war weitgehend erobert, und auf seinem höchsten Berg, dem Elbrus, wehte die Hakenkreuzfahne. Die deutschen Truppen hatten Stalingrad erreicht.

Auch in der Vordringlichkeit der Einnahme von Stalingrad war man sich im Generalstab weitgehend mit Hitler einig. Differenzen entstanden vor allem dadurch, dass Hitler alle gesteckten Ziele zur gleichen Zeit erreichen wollte, die restlose Eroberung des kaukasischen Gebietes mit den Pässen zur Schwarzmeerküste sowie die Ölfelder von Grosny und die Wolgamündung bei Astrachan. Bei ihm gab es keine Prioritäten. Obwohl die Ostfront auf seine persönliche Anweisung hin von unverzichtbaren Elitedivisionen, die auf seine Weisung in den Westen verlegt waren, unverantwortlich geschwächt war, setzte Hitler fast täglich neu hinzukommende Angriffsziele.

Zum ersten Male schien auch General Jodl, der bislang alle Pläne und Ideen Hitlers in Harmonie mit Keitel, wenigstens während der “Führerlage”, stets kritiklos bejaht hatte, Bedenken erhoben zu haben. Das soll einen leidenschaftlichen Wutausbruch Hitlers ausgelöst haben. Er habe Jodl angebrüllt, sich seine Kritik verbeten und sei dann aus dem Besprechungsraum gestürmt.

Seit diesem Abend nahm er nicht mehr, wie bisher üblich, die Mahlzeiten mit den höheren Rängen des Sperrkreises I ein, sondern er ließ sich sein Essen in seinem Bunker servieren. Nie mehr, bis zu seinem Tode, änderte er dieses Verhalten. Nur bei Staatsbesuchen machte er allerdings zuweilen Ausnahmen. Diese wurden aber seltener. Einzig an den Besuch des Prälaten Tiso, des Staatschefs der Slowakei, kann ich mich während dieses Aufenthaltes in der Anlage Werwolf erinnern.

Am stärksten soll Keitel unter diesem Entzug gelitten haben und seine Enttäuschung auch zur Schau getragen haben. Dass er, der doch ständig bis zum Ende Hitlers Plänen Beifall zollte und deshalb im gesamten Generalstab insgeheim LAKAItel hieß, so ungerecht von Hitler mitbestraft wurde, schmerzte ihn. Bedauerlich schien aber dem Gesamtkreis der Teilnehmer am Essen im Sperrkreis I, sich damit abfinden zu müssen, dass Bormann schon wenige Tage später und dann für immer Hitlers Platz in der Tischrunde einnahm.

Hitler beorderte auch eine Reihe Stenografen zusätzlich nach Werwolf. Sie mussten von nun an jedes Wort, das in den Führerlagebesprechungen fiel, wörtlich mitschreiben und die Protokolle kurzfristig ohne Durchschlag abliefern. So konnten sie nicht in unberufene Hände geraten oder verfälscht werden.

Ende September gab es ein weiteres "Unwetter", das, so konnten wir fast allen mitgehörten Gesprächen zwischen Teilnehmern der "Führerlage" entnehmen, als bedeutend schwerwiegender eingestuft wurde:

General Halder, der Stabschef des OKHs, soll es in einer Lagebesprechung gewagt haben, Hitler darauf hinzuweisen, die Soldaten an der Front seien mit seinen Zielvorgaben überfordert. Hitler habe den General angebrüllt, woher er wissen wolle, was einem Frontsoldaten zumutbar sei. Er aber könne auf vier Jahre Fronterfahrung im Ersten Weltkrieg zurückgreifen. Halder wurde umgehend abgelöst und durch General Zeitzler ersetzt. Der durfte und wollte auch anscheinend nichts anderes tun, als Hitlers Befehle auszuarbeiten und weiterzugeben. Von nun an mischte sich Hitler zunehmend mehr in die Operationen kleinerer Truppenteile bis hinunter zu Regimentern und Kompanien ein.

Mit dieser Entwicklung begann, vor allem ab Ende Oktober, für jeden, der sehen konnte und wollte, der immer offensichtlicher werdende Anfang vom Ende.

Um den ausschließlich mit Soldaten des Heeres nicht mehr behebbaren Ausfall von kampffähigen Truppen, insbesondere an der Ostfront, auszugleichen, gab Hitler schließlich nach und befahl, Soldaten der Marine und vor allem der Luftwaffe in das Heer einzugliedern.

Göring gelang es aber mit seiner Beredsamkeit, im Gegensatz zu Dönitz, Hitler davon zu überzeugen, wie unzumutbar es sei, seine ausschließlich im nationalsozialistischen Geist erzogenen Soldaten der Luftwaffe, die nicht von den verkrusteten Traditionen der beiden anderen Wehrmachtteile infiziert wären, mit denen des Heeres zu vermischen. Diese seien, vor allem durch die älteren Jahrgänge führender Offiziere zum großen Teil innerlich verseucht, da manche dieser Herren die einmalige Führungskraft Hitlers nicht überzeugend genug verträten und zuweilen sogar in Zweifel zögen. So etwas gebe es bei der jungen neuen Luftwaffe nicht!

So durfte Göring schließlich zehn eigene Luftwaffendivisionen aufstellen, die nicht der Heeresführung, sondern ihm und der Luftwaffenführung unterstellt blieben.

Diese in kurzer Zeit neu aufgestellten Truppen kämpften mit hervorragender Tapferkeit. Da sie aber niemals in Manövern die Zusammenarbeit mit anderen Verbänden geübt hatten, wurden sie meist ohne Verbindung und

Eingliederung in Gesamtoperationen eingesetzt. Dadurch fielen die Soldaten dieser Verbände in überdurchschnittlich hoher Zahl schnell; sie mussten für ihren Einsatz an falscher Stelle einen unverantwortlichen Blutzoll leisten. Sie wurden, wie Fachleute es damals und heute bezeichnen, "sinnlos verheizt".

Reichsmarschall Hermann Göring mit seinem ständigen Vertreter im FHQ, General Karl Bodenschatz

Rückkehr in die Wolfsschanze

In den letzten Oktobertagen wurde das Hauptquartier wieder in die Wolfsschanze zurückverlegt. Dort trafen von nun an vorwiegend negative Meldungen von den Kriegsschauplätzen ein.

Ich war bereits fünf Tage früher in die Wolfsschanze beordert worden. Hitler befand sich noch in Werwolf. Da bot sich mir eine einmalige Gelegenheit, den Schlafraum des "Chefs", wie Hitler intern oft genannt wurde, zu besichtigen. Es war nach dem Nachtdienst, als ich am Führerbunker vorbeikam und bemerkte, wie dieser im Moment nur von einem SS-Offizier des Sicherheitsdienstes, den ich inzwischen ziemlich gut kennengelernt hatte, bewacht wurde. Ich überredete ihn, ich weiss heute nicht mehr wie, mich für einen Augenblick in Hitlers Schlafraum zu führen. Natürlich riskierten wir beide dabei, wie man so schön sagt, "Kopf und Kragen".

Hitlers Schlafzimmer war spartanisch eingerichtet. Ich sah nur ein Feldbett, darüber ein Regal mit zwei Büchern, einen Schrank, eine Waschecke, einen Tisch und zwei Stühle. Mich interessierte, mit welcher Literatur sich "mein Führer" wohl beschäftigte. Enttäuscht stellte ich fest, dass es sich um zwei Werke über Magenerkrankungen handelte. Dann waren wir auch schon wieder draussen. Ich bedankte mich und verschwand schleunigst.

Gut eine Woche nach Hitlers Rückkehr in die Wolfsschanze – es war in den ersten Novembertagen – sah Rommel anscheinend die achttägige, auf beiden Seiten mit größter Härte und furchtbaren Verlusten geführte Schlacht um El Alamein als verloren an. Er teilte Hitler mit, er sehe sich gezwungen, seine Truppen in geordnetem Rückzug in eine besser zu verteidigende Auffangstellung zurückzuziehen. Nur dadurch bestünde Aussicht, nach Auffüllung der Ausfälle an Menschen und Material erneuten Angriffen Montgomerys standzuhalten und gegebenenfalls sogar zu einem Gegenangriff anzutreten. Rommel hatte seinen, anfangs durchaus geordneten, Rückzug begonnen, bevor ihn Hitlers Antwort zum "Durchhalten unter allen Umständen" verpflichtete und ihm, wie gewohnt in solchen Fällen, nur die Alternative "Sieg" oder "heldenhaftes Kämpfen bis zur letzten Patrone und zum letzten Mann" ließ.

Auf diese Weise sollte nach Hitlers Willen auch das Afrikakorps, wie später die Kämpfer in Stalingrad oder Tunis, in der Nachwelt zur Sagengestalt der Geschichte werden unter einem Führer, der eher sein ganzes Volk kämpfend bis zum letzten Mann aus der Geschichte verschwinden sehen wollte, als aufzugeben.

1945, als er dann befahl, alle Lebensgrundlagen unseres Volkes zu vernichten, begründete er das mit den unglaublich zynischen Worten:

"Ein Volk, das unter meiner Führung nicht zu siegen versteht, ist nicht wert, weiter in der Geschichte zu existieren. Ein stärkeres und besseres möge seinen Platz einnehmen."

Das Fernschreiben Rommels an Hitler, in dem der Feldmarschall seinen begonnenen Rückzug meldete, traf nachts gegen 2.00 Uhr bei uns in der Nachrichtenzentrale ein. In dieser Nacht häuften sich die Funk- und Fernschreibnachrichten von allen Fronten. Sie mussten umgehend entschlüsselt und bearbeitet werden.

Bei uns in der Fernsprechzentrale herrschte dagegen relative Ruhe. Deshalb übergab der LDN mir Rommels

Rückzugsmeldung an Hitler mit dem Befehl, diese umgehend dem Sachbearbeiter, Major Bogislaw von Bonin im Sperrkreis II, persönlich auszuhändigen.

Ich machte mich unverzüglich auf den Weg. Die Wachen in den Sperrkreisen I und II kontrollierten meinen Ausweis und trugen Verlassen und Betreten dieser Sperrkreise vorschriftsgemäß mit Uhrzeit in die Wachbücher ein. Kurz vor 3.00 Uhr betrat ich, nach erfolglosem Anklopfen, den Schlafraum des zuständigen Majors. Ich weckte ihn und meldete dem noch immer ziemlich schlaftrunkenen Offizier befehlsgemäß, ich hätte für ihn ein Fernschreiben von Feldmarschall Rommel, das umgehend bearbeitet werden müsste. Der Major brummte: “Gut, legen Sie es auf den Nachttisch und verschwinden Sie!” Ich begab mich zurück zur Zentrale, meldete dem LDN die Ausführung des Befehls und setzte meinen Nachtdienst fort.

Am anderen Morgen, ich frühstückte gerade gemütlich in der Stube und wollte mich anschließend zum Schlafen hinlegen, erschienen plötzlich zwei SS-Offiziere des Reichssicherheitsdienstes und forderten mich auf, umgehend mit ihnen zu gehen. Ich fragte nach dem Grund, erhielt aber keine Antwort. Sie “begleiteten” mich in die Unterkunft des Sicherheitsdienstes im Sperrkreis I in ein Zimmer, in dem der Kriminalrat Högl hinter einem Schreibtisch thronte. Davor saß sichtlich nervös Major Bogislaw von Bonin. Mir wurde kein Platz angeboten.

“Sie haben doch”, richtete der Kriminalrat das Wort an mich, “heute früh dem Major das Fernschreiben von Feldmarschall Rommel ausgehändigt”. Ich bejahte. “Und wann war das?”, fuhr der Beamte fort. Ich antwortete: “Etwa gegen 3.00 Uhr.” “Sie lügen”, schrie mich Högl an, “der Major hat glaubwürdig versichert, er habe das Schreiben nach 8.00 Uhr erhalten. Was haben Sie in der Zwischenzeit damit gemacht?” Ich merkte, wie ich vor Angst erbleichte, denn bei den Soldaten gilt die Aussage eines Vorgesetzten meist als glaubwürdiger als die eines Untergebenen.

Es sah schlecht für mich aus. Nach länger als einer Stunde Verhör kam mir endlich der rettende Gedanke. “Ich glaube”, sagte ich plötzlich, “ich weiss, wie Sie meine Aussage nachprüfen können. Als ich das Schreiben überbrachte, musste die Wache beim Verlassen des Sperrkreises I Namen, Ausweisnummer und Uhrzeit eintragen. Dasselbe geschah beim Betreten des Sperrkreises II. Bei meiner Rückkehr zum Nachrichtenbunker wiederholte sich die Prozedur dann in umgekehrter Reihenfolge. Die Kontrolle der Wachbücher wird meine Aussagen bestätigen”.

Ich durfte daraufhin im Nebenzimmer Platz nehmen und dort warten. Nach geraumer Zeit, die mir wie eine Ewigkeit vorkam, wurde ich erneut zum Kriminalrat gerufen. Der entschuldigte sich bei mir in aller Form und teilte mir mit, er habe bereits mit meinem Kompaniechef gesprochen und dieser habe mich als Entschädigung für die ausgestandene Angst für die nächsten drei Tage beurlaubt.

Der Major sollte, so besagten Gerüchte aufgrund mitgehörter Gespräche, zuerst auf Anordnung Hitlers sofort erschossen werden. Das Urteil sei dann umgewandelt worden in Degradierung zum einfachen Soldaten und Versetzung in ein “Bewährungsbataillon”. Kurze Zeit darauf sei er dann doch begnadigt worden. Im Hauptquartier ist er meines Wissens später nie mehr gesehen oder erwähnt worden.

Am 7. November fuhr Hitler, wie es die von ihm 1933 eingeführte Kultzeremonie zum Gedächtnis an die bei seinem gescheiterten Novemberputsch im Jahre 1923 "gefallenen Helden" vorschrieb, mit seinem Sonderzug nach München. Hier hielt er am Abend des achten November im Bürgerbräukeller seine alljährliche Gedächtnis- und Rechenschaftsrede zu Ehren der "Märtyrer der Bewegung". In den späten Abendstunden des 7. November, während Hitler auf dem Wege nach München war, traf in der Wolfsschanze die Nachricht von der erfolgreichen Landung englisch-amerikanischer Truppen in Französisch-Marokko ein. Stundenlang versuchte unsere Zentrale, den "Führer" zu erreichen. Endlich gelang das auf irgendeiner kleinen Bahnstation in Thüringen. Wie Hitlers auf diese für ihn verheerende Nachricht reagierte, ist mir nicht bekannt.

Intermezzo in Berchtesgaden

Ich wurde jedenfalls schon am folgenden Morgen, unausgeschlafen wie ich war, nach Berchtesgaden in Marsch gesetzt. Im Zug konnte ich den Schlaf in ausreichendem Maß nachholen. Am Abend hielten wir, es war bereits völlig dunkel, stundenlang auf einer kleinen Bahnstation, an deren Namen ich mich nicht erinnern kann. Dort erhielten wir in einem Soldatenheim ein Abendessen und mussten uns anschließend die Führerrede im dortigen Gemeinschaftsraum anhören.

Kein Wort von der Landung alliierter Truppen in Nordafrika. Nur Siegesmeldungen, die Bedeutung der baldigen Einnahme Stalingrads als wichtigstem Verkehrsknotenpunkt für den russischen Nachschub, der Wiederaufbau der zerbombten Städte nach dem baldigen Endsieg mit unvorstellbarer Schnelligkeit und schöner als zuvor, und weitere Phrasen.

Und die Volksgenossen glaubten genauso wie die Soldaten an den Fronten, weil sie nochmals eingefangen wurden von der Rhetorik dieses Mannes. Es blieb seine letzte große Rede in der Öffentlichkeit, wenn man einmal von seiner Kurzerklärung zum Attentat am 20. Juli 1944 und der zum 9. November desselben Jahres absieht. Kein Kommentar erfolgte von ihm zu den furchtbaren Katastrophen, die vom folgenden Jahr ab, beinahe ununterbrochen, das darauf völlig unvorbereitete deutsche Volk trafen.

Am Spätnachmittag des 9. November traf ich in der Strubkaserne in Berchtesgaden ein. Ein oder zwei Tage später folgte Hitler, nur begleitet von seinen Adjutanten der Wehrmachtteile und einem kleinen Kreis des OKWs.

Der größte Teil des Stabes verblieb in der Wolfsschanze. Das war die Zeit, in der Hitler als Antwort auf die Landung alliierter Truppen in Französisch-Marokko, ohne dass dadurch größere Probleme entstanden, deutsche Truppen in das bisher unbesetzte Restfrankreich einmarschieren ließ. Etwa eine Woche später nahm auch der Rest des OKW-Stabes in Berchtesgaden Quartier.

In diese Zeit platzte plötzlich wie eine Bombe die Nachricht, russische Truppen hätten zwei rumänische Armeen überrannt, die Front durchbrochen und wenige Tage später die 6. Armee in Stalingrad eingeschlossen. Die deutschen Truppen waren eingeschlossen. Der Kessel von Stalingrad war entstanden. Hitler verbot jeglichen Ausbruchsversuch und ordnete an, die Stadt unter allen Umständen zu halten.

Wieder in der Wolfsschanze

Hitler verlegte sein Hauptquartier umgehend wieder in die Wolfsschanze. Dort versprach Göring, er könne die 6. Armee voll aus der Luft versorgen. Entlastungsversuche, den Kessel von Aussen aufzubrechen, scheiterten. Hitler befahl, Stalingrad auf jeden Fall zu halten.

Weihnachten veranstaltete Goebbels eine hervorragend inszenierte Show über Funk und später über die Wochenschau. Da hieß es: "Es meldet sich die Wacht am Nordkap, in Afrika, in Griechenland, aus Belgrad und als Höhepunkt aus Stalingrad." Wehrmachtreporter berichteten anschaulich über die angestrahlte Hakenkreuzfahne und den unbeugsamen Durchhaltewillen der Truppe in diesem Kessel, den ausgewählte Soldaten vor dem ganzen Volk bezeugen durften. General Paulus, der Befehlshaber dieser 300'000 Mann umfassenden Armee, wurde zum Feldmarschall befördert. Die tragische Wirklichkeit jedoch war, dass die eingeschlossenen Soldaten Höllenqualen erlitten und nicht einmal zehn Prozent aller Schwerverwundeten ausgeflogen werden konnten.

Kurz nach Weihnachten 1942 erhielt ich ein Feldpostpäckchen mit einem Brief von meiner Mutter. Ein zweiter Brief, den ich an Margot geschrieben hatte, lag bei. Meine Mutter bedankte sich in dem Brief für das von mir gesandte Weihnachtspaket und stellte die berechtigte Frage: "Wer ist Margot?"

Was war geschehen? Ende November hatte ein Kamerad, der aus der Ukraine von der Anlage Werwolf in die Wolfsschanze zurückbeordert wurde, auf meine Bitte hin eine fette Gans und ein Huhn für mich mitgebracht. Die sandte ich umgehend in Weihnachtspäckchen, zusammen

Hermann Göring, hier einmal völlig ungewohnt mit nur drei Ordensauszeichnungen

mit entsprechenden Begleitbriefen, in die Heimat. Das Huhn war für Margot vorgesehen und die Gans für meine Familie. Leider hatte ich die Briefe beim Einlegen in die Päckchen verwechselt. Margot hatte mich schon telefonisch auf den Irrtum hingewiesen. So sandte ich nun einen längeren Aufklärungsbrief mit einem Bild von Margot nach Frechen. Meine Eltern und Geschwister waren, wie meine Mutter in ihrem ausführlichen Antwortbrief behauptete, restlos begeistert. Das schien auch den Tatsachen zu entsprechen. Denn im Sommer, als ich meinen Vater schriftlich um seine Einwilligung zu meiner beabsichtigten Verlobung mit Margot bat, erteilte er diese mit seinen besten Wünschen. Er muss dabei über seinen eigenen Schatten gesprungen sein, denn eine Verlobung seines Sohnes mit einer evangelischen Frau bereitete ihm sicher schmerzliche Gefühle. Doch diese Verlobung und die für etwas später geplante Hochzeit fand nie statt. Das lag wohl, der damaligen Zeit entsprechend, in erster Linie daran, dass wir beide zu starr in der eigenen Form des Christentums verwurzelt waren. Wir konnten uns nicht über die Trauungszeremonie und vor allem nicht über die Glaubenserziehung unserer Kinder, die wir überhaupt noch nicht hatten, einig werden. Wir blieben zwar Freunde, aber das Verhältnis kühlte sich merklich ab. Später verlor ich Margots Spur. Sie hat allem Anschein nach im späteren Kampf um Berlin ihr Leben lassen müssen. Was bleibt, ist die Erinnerung an eine wunderschöne, liebenswerte junge Frau, die auch heute noch nur gute Gedanken in mir wachruft. Ich werde sie nie vergessen.

Das neue Jahr 1943 brachte uns zurück zur Realität des Krieges. Es begann mit Rückschlägen, die immer seltener von Teilerfolgsmeldungen unterbrochen wurden.

“Wir fahren in den Abgrund sachte...”

Das wurde mit Beginn des Jahres 1943 zunehmend deutlicher.

Göring hatte mal wieder den Mund zu voll genommen. Es gelang ihm nicht, auch nur einen Bruchteil des nötigen Nachschubs in den Kessel von Stalingrad einzufliegen. Neben Erfrierungen, Verwundungen und Munitionsmangel wuchs die Zahl der täglichen Ausfälle nun auch noch durch Hunger.

Trotzdem erklärte Göring in zynischen Phrasen noch am 30. Januar 1943, dem zehnten Gedenktag an die Machtübernahme durch Hitler, Stalingrad als Mahnmal einer klassischen, für das Überleben des deutschen Volkes und den Endsieg notwendigen Opferbereitschaft des deutschen Soldaten. In Anspielung auf den Kampf der Spartaner um die Thermopylen in der Antike benutzte er die Worte: “Noch in tausend Jahren werden die Menschen, wenn sie das ehemalige Stalingrad besuchen, vor dem Mahnmal für die gefallenen deutschen Soldaten gedenkend verweilen, auf dem wie in der Antike in zutreffenden Worten zu lesen sein wird:

Wanderer, kommst du nach Stalingrad,
so verkündige dorten,
du habest uns hier liegen gesehen,
wie das Gesetz und die Notwendigkeit
für den Endsieg unseres Volkes es befahl.

Diese Göring-Rede mussten alle nicht diensthabenden Offiziere, Unteroffiziere und Mannschaften in der Kantine der Kaserne in Rastenburg gemeinsam anhören. Neben mir saß ein Kamerad, der, wie ich, direkt vom Nachtdienst kommend, dabei anscheinend eingeschlafen war. Mir war das nicht aufgefallen. Ich wurde erst durch einen Knall aus meinem Dahindösen aufgeschreckt. Einer der anwesenden Offiziere hatte meinem Nebenmann mit aller Wucht ins Gesicht geschlagen und ihn dann mit donnernder Stimme wegen Missachtung der Reichsmarschallrede mit drei Tagen geschärften Arrestes bestraft.

Anfang Januar war unsere Kompanie zu einer Abteilung (Regiment) aufgestockt worden. Wir wurden der Division "Großdeutschland" angeschlossen. Unsere alten Soldbücher wurden eingezogen, und wir erhielten neue. In ihnen stand nicht mehr *"Stabsnachrichtenkompanie OKW im Führerhauptquartier"*, sondern *"Nachrichtenabteilung z. b. V. 3"*.

Weiterhin bestand aber die Eintragung, dass der Inhaber dieses Soldbuches keiner Dienststelle irgendwelche Auskünfte über seinen Truppenteil, seine Lage oder seinen Standort geben dürfe. Von nun an trugen wir den Ärmelstreifen und die Schulterembleme dieser Elitedivision und bekamen einen neuen Kommandeur, Major Wolf. Wie ich hörte, war das alles aus Sicherheits- und Geheimhaltungsgründen geschehen. Aus dieser Abteilung sollte nun alles, was nicht voll nationalsozialistisch gesinnt war, ausgemerzt werden.

Doch nur wenige der in der Rastenburger Kaserne untergebrachten auserwählten Neulinge kamen jemals in die Hauptquartiersanlage. Die meisten fielen bei Fronteinsätzen. Jedoch die Russen wussten anscheinend über die Neuordnung Bescheid. Sie begrüßten beim nächsten Kampfeinsatz über Lautsprecher die "Gruppe aus dem Hauptquartier" und setzten auf jeden lebenden Gefangenen mit dem Ärmelstreifen "Großdeutschland" ein Kopfgeld von 300 Goldrubeln.

Mitte Januar hatten die Russen, nach zwei Jahren Einkesselung, den deutschen Belagerungsring um Leningrad durchbrochen, nachdem viele Tausend russische Soldaten und Zivilisten buchstäblich verhungert waren.

Am 31. Januar 1943, einen Tag nach Görings Rede, kapitulierte die im Kessel von Stalingrad eingeschlossene Armee.

Hitler begrüßt den Reichsführer SS Heinrich Himmler, links SS Obergruppenführer Karl Wolff, von Hitler oft neckisch «Wölfchen» genannt

Die Stunde von Goebbels

Das Volk wartete nun auf ein erklärendes und ermunterndes Wort des "Führers" zu diesem Ereignis. Es blieb aus. Statt dessen meldete am 1. Februar der Rundfunk im Wehrmachtbericht, und die gesamte deutsche Presse verkündete feierlich dasselbe in ganzseitigen Traueranzeigen mit breitem schwarzem Rand: Die 6. Armee sei unter der auf der höchsten Ruine Stalingrads wehenden Hakenkreuzfahne, Generäle, Offiziere, Unteroffiziere und Mannschaften Schulter an Schulter bis zur letzten Patrone und bis zum letzten Atemzug kämpfend, heldenhaft im Kampf gefallen. Sie starben, so hieß es am Schluss, damit Deutschland lebe.

Dass etwa 90'000 entkräftete und halb verhungerte deutsche Soldaten von den Russen gefangen worden waren und als Besiegte durch Moskau marschieren mussten, sprach sich erst allmählich durch das Abhören neutraler oder feindlicher Sender herum. Viele wollten es nicht glauben und sich auf diese Weise das "Heldenepos von Stalingrad" nicht zerstören lassen.

Erst vierzehn Tage später übernahm Goebbels die Regie. Er versuchte mit Erfolg das zu tun, was Hitlers Aufgabe gewesen wäre, nämlich das Volk aufzurütteln, und versuchte sogar noch, aus dem Fiasko von Stalingrad Kapital für Hitler zu schlagen. Das gelang ihm in überaus gekonnter Weise in seiner berühmt gewordenen Rede im "Berliner Sportpalast", dessen Stirnseite an diesem Tag ein riesiges Transparent mit der Aufschrift " Totaler Krieg" "zierte".

Auf das zehnmal wiederholte "*Ich frage euch: Wollt ihr...?*", antworteten alle Anwesenden in der völlig überfüllten Sporthalle so leidenschaftlich erregt mitgerissen, wie es wohl noch nie getönt hatte, jedesmal mit einem unüberhörbaren "*Ja*". Die vierte Frage ist in dieser Rede die bedeutendste und einprägsamste geworden. Sie leitete unmittelbar zum Motto des Tages und lautete: "*Ich frage euch: Wollt ihr den totalen Krieg? Wollt ihr ihn, wenn nötig, totaler und radikaler, als wir ihn uns heute überhaupt vorstellen können?*"

Den Schluss dieser Rede krönte die wirksame Floskel, die auf das vielfach nur verdeckte und verdrängte Religionsbedürfnis der Menschen zielte: "*Und wir ziehn in diesen Kampf wie in einen Gottesdienst!*" – Die Rede schloss mit der mitreissenden Aufforderung: "*Nun Volk, steh auf, und Sturm brich los!*"

Das Volk, auch die ganz Jungen und die Alten, hatte also aufzustehen, und das tat es denn auch, mehr oder weniger gezwungen und unter entsprechendem Druck der "Goldfasanen". So bezeichneten die Leute heimlich jene Parteiprominenz vom Ortsgruppenleiter an aufwärts, die meist hochmütig zusah, wie die Untergebenen ihren Anordnungen weisungsgemäß nachkamen. Dafür waren sie später auch die ersten, die sich bei wirklicher Gefahr "absetzten" und in Sicherheit brachten.

Der "Volkssturm", der kaum noch zum Stürmen kam, wurde gegründet. Alle Männer im Alter von 16 bis 60 Jahren hatten sich an Waffen, vor allem im Gebrauch der Panzerfaust, ausbilden zu lassen und zu lernen, wie Schützen- und Panzergräben sowie Panzersperren zur Verteidigung der Heimat zu bauen sind. Ein ganzes Volk machte sich gleich Lemmingen, die unter einem selbstmörderischen Vernichtungstrieb stehen, widerspruchslos auf den Weg, ins "Reichsfamilienheldengrab" zu marschieren.

Hitlers letzter Ostfrontbesuch

Trotz Goebbels großspuriger Rede musste vor allem der Südflügel, und nicht nur dieser Teil der Ostfront, nach und nach immer mehr zurückweichen.

Am 16. Februar 1943 wurde ich gerade nach meiner Nachtschicht, als ich so richtig gemütlich beim Frühstück in der Unterkunft saß, zum Kommandeur beordert. Der teilte mir mit, in einer Stunde hätte ich im Dienstanzug, kriegsmäßig einsatzbereit mit Waffe und Gepäck, am Flugplatz zu sein. Das hieß, Schluss mit dem gemütlichen Frühstück, kein nachgeholter Nachtschlaf und blitzschnelles Packen.

Durch Schneeverwehungen dauerte die Fahrt mit dem Geländewagen länger als vorgesehen. Ich war noch nicht richtig ausgestiegen, da wurde ich auch schon in die abfahrtsbereite Maschine gedrängt. Ausser dem unsrigen flogen noch vier weitere Flugzeuge, darunter eine Condor. Später erfuhr ich, das sei die Führermaschine gewesen. Hitler flog mit seinem engsten Stab zu seinem letzten Frontbesuch an der Ostfront.

Das russische Land lag eintönig weiss unter uns, vergraben unter einer meterdicken Schneedecke. Das Wetter zeigte sich böig, und unsere Maschine schwankte und stürzte von Zeit zu Zeit in ein "Luftloch". In Shitomir erfolgte eine kurze Zwischenlandung. Die Maschinen wurden aufgetankt und kurz überprüft. Dann setzten wir den Flug fort. Ich hatte inzwischen festgestellt, dass ich, mit Ausnahme eines Funkers, der einzige Nachrichtenmann war. Beim Weiterflug schlief ich umgehend ein, und zwar so fest, dass ich noch nicht einmal die Landung mitbekam. Man musste mich danach erst einmal wecken.

Nun erst erfuhr ich, dass wir nach Saparohshje, zum Hauptquartier des Oberbefehlshabers der Heeresgruppe Süd, des Feldmarschalls von Manstein, geflogen waren. Hitler gab hier den Befehl, unter allen Umständen das verlorengegangene Donezgebiet und die Stadt Charkow zurückzuerobern. Zwei Nächte und mehr als zwei Tage hatte ich nun fast ununterbrochen anstrengenden Dienst zu tun. Starker Kaffee, Zigaretten und "Aufputschschokolade" sollten mir helfen durchzustehen.

Am 19. Februar kam plötzlich die Alarmmeldung, eine feindliche Panzerspitze stünde am Stadtrand. Hitler befahl, in fünf Minuten habe sich seine Begleitung am Flugplatz einzufinden. Es herrschte ein starker Schneesturm, und unsere Geländewagen kämpften sich nur mühsam durch die Schneeverwehungen. Die Flugleitung hatte wegen dieser Wetterverhältnisse absolutes Flugverbot verhängt. Der "Führer" befahl, es werde sofort abgeflogen, und alle hätten sich umgehend auf die Flugzeuge zu verteilen. Man konnte wegen des dichten Schneetreibens fast nichts erkennen, und so geriet ich in die Führermaschine, was ich erst nach dem Start merkte. Ich hatte sogar noch einen Sitzplatz gefunden und schlief dann vor Übermüdung fast augenblicklich ein.

Die anschließenden Ereignisse weiss ich nur durch die Schilderung eines SS-Offiziers des Sicherheitsdienstes, der neben mir gesessen hatte. Durch den Schneesturm geriet unsere Maschine in gefährliche Luftturbulenzen. Sie sackte immer wieder, oft mehrere hundert Meter, ab und hatte Schwierigkeiten, aufgefangen zu werden. Jedesmal, wenn wir so "abstürzten", hätte ich im Schlaf meinen Mund extrem weit geöffnet und nach Atem gerungen. Es sah aus, als ob ich mich übergeben würde.

Um das zu verhindern, rüttelte mich mein Nebenmann, um mich zu wecken. Da habe Hitler persönlich eingegriffen mit den Worten: "Lassen Sie den Mann schlafen, er hat es verdient!" Endlich einmal ein wahres Wort aus seinem Mund! War diese Fürsorge nicht direkt herzergreifend?

Trotz dieses Unwetters gelang es dem Flugkapitän Baur, der bis zu Hitlers Tod dessen Pilot war, wenn auch mit großer Verspätung, die Maschine sicher in Shitomir zu landen. Von dort fuhren wir weiter in die Anlage Werwolf.

Am anderen Tag nahm ich um 14.00 Uhr wieder meinen Dienst in der Zentrale auf. Zwei Stunden später brach ich dort bewusstlos zusammen. Wie ich von dort in mein Bett in der Unterkunft gekommen bin, weiss ich nicht. Man erzählte mir nur, der Leibarzt des Führers sei bei mir gewesen. Er hätte mir eine Spritze gegeben, und ich hätte 24 Stunden hindurch fest geschlafen.

Nach zwei dienstfreien Tagen wurde ich zurück in die Wolfsschanze beordert. Der Rückflug verlief relativ ruhig. Hitler selbst kehrte erst Mitte März in sein Hauptquartier nach Ostpreussen zurück. Er hatte es, zum Erstaunen des Generalstabes, tatsächlich noch einmal geschafft, den Rückzug der deutschen Armeen an der Ostfront nachhaltig zu stoppen, allerdings auf Kosten unverantwortlicher Opfer an Menschen und Material, wie die fast einhellige Meinung der Experten im OKW und OKH in heimlichen Gesprächen miteinander war. Diese sollten recht behalten. Vorläufig bestätigte sich aber, wenigsten zu diesem Zeitpunkt, wieder einmal Hitlers Auffassung.

Letzter großer U-Boot-Erfolg

So hatte Hitler anscheinend auch Recht behalten, als er Ende Januar dieses Jahres den bisher so erfolgreichen Großadmiral Raeder seines Amtes enthob. Dieser hatte in einer Lagebesprechung Bedenken gegen die Fortsetzung der bisherigen Art der Bekämpfung feindlicher Geleitzüge durch U-Boote in “Rudeln” vorgebracht. Durch das von den Briten entwickelte und nunmehr zunehmend auch bei der Ortung von Schiffen und U-Booten erfolgreich angewandte Ortungsverfahren durch Radar entstünden unverantwortlich hohe Ausfälle an Schiffen und Besatzung. Von nun an sollten die U-Boote vorwiegend als Einzelkämpfer gegen einzelne Schiffe und nicht mehr gegen Geleitzüge eingesetzt werden.

Hitler ließ Raeder, erbost wegen dessen Zweifeln an der uneingeschränkten Einsatzfähigkeit seiner Flotte, vor allem seiner U-Boote, durch Großadmiral Dönitz ersetzen. Wieder schien er Recht behalten zu haben, denn Mitte März konnten der Großdeutsche Rundfunk, die Wochenschau und die Presse endlich einmal wieder von einem beeindruckenden Erfolg der deutschen Flotte berichten: 42 deutsche U-Boote hatten im Nordatlantik einen feindlichen Geleitzug angegriffen und bei Verlust von nur einem U-Boot 21 Schiffe der Kriegsgegner versenkt.

Es folgten weitere Meldungen über “erfolgreiche” Angriffe unserer U-Boote. Bei diesen wurden zwar jedesmal die Versenkung von Tausenden von Bruttoregistertonnen in Geleitzügen bekanntgegeben, die eigenen Verluste aber nicht mehr erwähnt. Diese mussten wohl ungewöhnlich hoch sein, denn seit Ende Mai blieben

Meldungen über Schiffsversenkungen in größerer Anzahl aus. Seit diesem Zeitpunkt operierten die U-Boote kaum noch in "Rudeln", sondern sie hatten sich auf Einzelaktionen umzustellen. Sie selbst wurden vom Gegner zunehmend erfolgreicher und effizienter gejagt.

Besuch in der Wolfsschanze. V. l. n. r.: Generalfeldmarschall Milch, Minister Albert Speer, der Nachfolger von Dr. Todt; Hermann Göring, Heinrich Himmler, Oberst von Below

Das Ende in Afrika

Inzwischen waren die deutschen und italienischen Truppen sowohl durch Montgomerys erfolgreiches Operieren von Libyen aus von der einen Seite als auch durch das Vorrücken der vorwiegend amerikanisch-kanadischen Verbände von der entgegengesetzten Richtung her ständig zusammengedrängt worden. Schließlich waren Anfang Mai 1943 beinahe 300'000 Soldaten, vorwiegend aus Rommels Afrikakorps, zusammen mit italienischen Truppen, in einem Brückenkopf bei Tunis eingekesselt.

Noch bis Ende April hätten sie ohne größere Verluste nach Italien abgezogen werden können. Wie inzwischen üblich, verweigerte Hitler die Genehmigung. Er gab leere Versprechungen über Verstärkungen, vor allem an Nachschub von Panzern und Flugzeugen, die zu erfüllen er nicht mehr in der Lage war.

Das musste er, der sich doch sonst als in allen Einzelheiten informiert erwiesen hatte, wissen.

Ließ er den Kampf letztlich nur noch um seiner selbst willen führen? Sollte auch dieser Kampf die Legende vom heldenhaften Untergang eines Volkes, das sich seines von der Vorsehung gesandten einmaligen Führers als nicht würdig erwiesen hatte, untermauern? Rommel wurde rechtzeitig aus Afrika abberufen. Generaloberst von Arnim "durfte" den Endkampf leiten.

Um Mitte Mai, so erinnere ich mich, war Hitler mit seinem Sonderzug unterwegs. Normalerweise konnten wir ungefähr alle Stunden telefonische Verbindungen mit dem Sonderzug herstellen. Er hielt zu diesem Zwecke an irgendeiner Bahnstation. Während für den Ort Fliegeralarm gegeben wurde, wickelten Hitler und sein Begleitstab alle ihnen wichtig erscheinenden Gespräche über die Wolfsschanze ab.

Es war nachmittags gegen 14.00 Uhr im Nachrichtenbunker. An meinem Platz fiel die Klappe einer Berliner OKW-Leitung. Ich schaltete mich ein, meldete mich mit: "Hier Wolfsschanze", und eine Stimme, der man anhörte, dass sie gewohnt war zu kommandieren, bellte: "Ist da das Führerhauptquartier?" Diese Frage durfte ich natürlich nicht bejahen.

Ich wiederholte also: "Hier ist Wolfsschanze, wen wünschen Sie zu sprechen?" Dann hörte ich: "Hier General X", (den Namen habe ich vergessen), "ich muss sofort den Führer sprechen." Ich informierte ihn, Hitler sei zur Zeit unterwegs und voraussichtlich erst wieder in einer halben Stunde zu erreichen. Ich würde ihn dann sofort benachrichtigen. "Ich brauche eine sofortige Entscheidung", schrie der General, "die letzten Maschinen fliegen in zehn Minuten aus dem Kessel. Und da kommt ein angeblicher Führerbefehl mit dem Auftrag, damit Waffen und schweres Gerät auszufliegen. Hier liegen fast 400 Schwerverwundete, die gehen vor die Hunde, wenn sie nicht sofort abtransportiert werden. Die sind doch wichtiger als Waffen. Was zum Teufel soll ich denn jetzt tun? Es geht um Minuten, und ich kann nicht warten!" – Spontan, wie automatisch, antwortete ich: "Dann fliegen Sie doch die Leute aus!" – "Danke", hörte ich noch, dann war die Leitung unterbrochen.

Wenige Stunden später erhielten wir über Funk die Nachricht, die Truppen des "Kessels von Tunis" hätten kapituliert. Ganz Nordafrika war in der Hand der Westalliierten und konnte jetzt von ihnen als Ausgangspunkt für eine Invasion nach Italien ausgebaut werden.

Wochenlang noch suchte man nach dem Verantwortlichen, der den "Befehl" zum Ausfliegen der Verwundeten erteilt hatte. Er wurde niemals ermittelt. Auf mich fiel, weil ich von vornherein von solcher Amtsanmaßung ausgeschlossen wurde, auch nicht der Schatten eines Verdachtes.

Hitler besuchte am 12. März 1938 seine Geburtsstadt Braunau am Inn. Diese Briefmarke, auf der Hitler idealisiert dargestellt ist, erinnert an diesen Blitzbesuch

Die letzte Ostfront-Offensive

Anfang Juli 1943 erteilte der große Adolf den Befehl zur Eröffnung einer neuen groß angelegten Sommeroffensive im Osten. Sie lief unter dem Decknamen "Zitadelle" und sollte den russischen Einbruch in die deutsche Südfront, den Kursk-Bogen, beseitigen. Schon nach zehn Tagen war sie gescheitert und wurde abgebrochen.

Von nun an wichen die deutschen Verbände in allen Abschnitten der Fronten auf dem Gebiet der Sowjetunion unaufhaltsam vor den russischen Truppen zurück, bis diese dann Ende April 1945 die Flagge der Sowjetunion auf den Trümmern des Berliner Reichstagsgebäudes hissten. Aber noch war es nicht soweit.

Noch während der zehntägigen Offensive im Osten vermittelte ich ein Gespräch vom deutschen Oberbefehlshaber in Italien, in dem dieser den "Führer" über die erfolgte Landung alliierter Truppen in Sizilien unterrichtete.

Hitler sandte Verstärkungsdivisionen nach Italien und befahl die Rückeroberung.

Ende Juli traf Hitler ein Schlag, der ihn anscheinend auch persönlich tief verletzte. Sein Freund und Verbündeter, der italienische Duce Benito Mussolini, war vom König abgesetzt worden. Seither fehlte von ihm jede Spur. Nach italienischen Auskünften unterzog er sich wegen seiner angegriffenen Gesundheit in einem Sanatorium einer Heilbehandlung. Das glaubten Hitler und sein Stab ebensowenig wie die Beteuerungen des vom italienischen König ernannten Nachfolgers, des Marschalls Badoglio, den Krieg an Deutschlands Seite weiterzuführen.

Sippenhaft

Als erstes wurden der Oberpräsident von Kassel, Prinz Philipp von Hessen, mit seiner Gattin, der Prinzessin Mafalda, einer Tochter des Königs von Italien, "Zwangsgäste" im Sperrkreis I der Wolfsschanze. Seit 1938, der Vereinigung Deutschlands mit Österreich, hatte der Prinz, als Schwiegersohn des italienischen Königs, Hitler wertvolle Dienste als Vermittler zwischen König, Duce und Hitler geleistet. Da aber die persönliche Abneigung des Königs Victor Emanuel III. gegen Hitler nie ganz vertuscht werden konnte, blieb das Prinzenpaar stets etwas "verdächtig". Wir in der Nachrichtenzentrale mussten jede Gesprächsanmeldung dieser "Gäste" zum LDN weiterleiten. Dort wurde entschieden, ob die gewünschte Verbindung unter Inanspruchnahme des Abhörgerätes hergestellt wurde, oder ob die Leitung zum verlangten Teilnehmer zur Zeit "gestört" war, oder der Teilnehmer sich leider nicht meldete. Wir wiesen natürlich höflich darauf hin, dass wir weiter versuchen würden, die gewünschte Verbindung herzustellen. Der Prinz dürfte wohl bald gemerkt haben, was gespielt wurde und in welcher Lage er sich befand. Trotzdem musste er an den nunmehr folgenden häufigen Besprechungen mit den "Noch-Verbündeten" teilnehmen.

Als aber Anfang September 1943 Italien kapitulierte, wurde das prinzliche Paar in der Wolfsschanze auf Befehl Hitlers hin verhaftet. Die Gatten wurden getrennt und in verschiedene Konzentrationslager eingeliefert. Wie ich nach dem Krieg las, ist auf jeden Fall die Prinzessin in einem deutschen Konzentrationslager ums Leben gekommen. Das war Hitlers Rache am König!

Das Ende der Achse Berlin – Rom

Inzwischen hatten Hitlers Agenten fieberhaft gearbeitet, um Mussolinis Aufenthalt zu ermitteln. Das war schließlich auch gelungen. Anfang September wurde der Duce durch ein Sonderkommando unter Leitung des SS-Sturmbannführers Otto Skorzeny mit einem Handstreich aus einem Hotel auf dem Gran Sasso, wo er unter Bewachung festgesetzt war, befreit. Er kam als gebrochener Mann in die Wolfsschanze. Hier versuchte Hitler ziemlich erfolglos, ihn wieder aufzurichten. Denn alliierte Truppen waren zuvor schon in Salerno gelandet, und Sizilien musste abgeschrieben werden.

Mitte Oktober erklärte uns dann Italien, unser ehemaliger Verbündeter und Achsenpartner, den Krieg. Hitler ließ viele der vormals verbündeten italienischen Truppen internieren und als Zwangsarbeiter einsetzen.

Für seinen Freund, den Duce, schuf er in Norditalien eine Sozialistische Republik, die Mussolini vorwiegend von seinem auf Hitlers Anweisungen errichteten und von SS-Truppen gesicherten Hauptquartier in Gargnano am Gardasee regieren durfte. Natürlich übernahmen auch hier, wie in allen noch nicht eroberten Teilen Italiens, deutsche SS-Elitetruppen den "Schutz" der Anlage.

Auch Mussolinis Gespräche wurden abgehört und unerwünschte Verbindungen nicht hergestellt. Die Leitungen waren dann halt gestört. Für seinen neuen Staat musste der Duce einen hohen Preis entrichten, den Hitlers Rachedurst für den "Verrat Italiens" von ihm forderte:

Er musste in Verona ein mehr oder weniger scheinbares Gerichtsverfahren gegen die "Verräter", die ihn, den Duce, abgesetzt hatten, durchführen lassen. Alle Angeklagten, darunter auch sein eigener Schwiegersohn, der schon seit dem ersten Treffen des Duce mit Hitler als Aussenminister amtierende Graf Ciano, wurden zum Tode verurteilt und hingerichtet. Die Kriegsführung in Italien übernahmen ausschließlich deutsche Truppen. Als Kriegsschauplatz wurde vor allem der mit aller Härte und Tapferkeit auf beiden Seiten über ein halbes Jahr lang geführte Stellungskrieg im Umland des Klosters Monte Cassino, südlich von Rom, bekannt.

Die Anlage “Siegfried”

Während der Sommer- und Herbstmonate 1943 wurde ich öfter, jeweils für mehrere Wochen, nach Berchtesgaden abkommandiert, weil Hitler von hier aus die meisten Treffen zu Verhandlungen mit der italienischen Seite unternahm und er dafür die ausreichende Besetzung seiner Nachrichtenzentrale in der Strubkaserne gewünscht hatte.

Anfang August erhielt ich plötzlich eine Abordnung nach München in die Anlage “Siegfried”. Von deren Existenz hatte ich bisher keine Ahnung gehabt. Einen Anschluss unter diesem Namen erhielten die Zentralen Wolfsschanze und Berchtesgaden, soweit ich mich erinnere, erstmals im Juni 1943. Eine Verbindung wurde kaum gewünscht, und wenn, dann fast ausschließlich von Reichsleiter Bormann oder seinen Mitarbeitern. In “Siegfried” meldeten sich dann angenehm klingende Damenstimmen. Das war alles, was ich darüber wusste.

Bei meiner Abordnung fiel mir die Anweisung auf, ich solle mich wegen der Anreise an die Fahrbereitschaft Bormanns auf dem Berghof wenden. Das tat ich umgehend und erhielt von dort den Bescheid, ich würde am anderen Morgen um 10.00 Uhr von der Strubkaserne abgeholt. Ich fiel aus allen Wolken, als ich am folgenden Tag einen Luxus-Horchwagen vorfahren sah. Neben dem Fahrer, einem SS-Oberscharführer, saßen drei hohe SS-Offiziere und eine Frau in diesem Kabriolett. Wie ich unterwegs feststellte, handelte es sich um eine “Volksdeutsche” aus der Ukraine, die in Bormanns Haushalt beschäftigt war. Kaum war ich, nach meiner “zackigen Meldung” beim ranghöchsten Offizier, eingestiegen, brauste der Wagen auch schon in einem Höllentempo los. Nach ungefähr einer Stunde Fahrt geriet er plötzlich auf abschüssiger Strecke ins Schleudern. Irgendwie gelang es dem Fahrer, das Fahrzeug ohne Unfall zum Stehen zu bringen. Die Besatzung erbleichte, als der Oberscharführer meldete, fast sämtliche Radmuttern seien gelokkert gewesen, obwohl noch am Abend zuvor eine genaue Fahrzeugkontrolle erfolgt war. Also war selbst die durch SS bewachte Bormannsiedlung auf dem Berghof nicht mehr vor Sabotage sicher. Die Weiterfahrt verlief auffallend still. Vor einem großen, eisernen Tor in München-Pullach, am Rande der Münchner Bormannsiedlung, die sich ebenfalls in diesem Stadtteil befand, wurde ich abgesetzt.

Zwei SS-Soldaten bewachten die Anlage in einem steinernen "Wachhäuschen" direkt am Eingang des Tores. Ich zeigte meine Marschpapiere vor und erfuhr, ich sei bereits avisiert und werde erwartet. Ich solle nach meinem Eintreffen in der Anlage unverzüglich meinen Kommandeur in der Wolfsschanze anrufen.

Einer der Posten geleitete mich dann zum Eingang des Nachrichtenbunkers, nachdem er mich dort telefonisch angemeldet hatte. Die Posten selbst durften kein Gebäude der Anlage betreten. An der Tür begrüßte mich eine hübsche, junge Dame. Wir stellten uns gegenseitig vor, und ich bat sie, mich mit der Wolfsschanze zu verbinden. Es gab keine direkte Leitung, aber ich konnte über eine Postsonderleitung nach Berlin sofort mit der Anlage verbunden werden. In einem kleinen, wohnlich eingerichteten Zimmer neben der Zentrale führte ich mein Gespräch mit dem Kommandeur. Ich erhielt von ihm den Auftrag, dafür zu sorgen, dass die Zentrale in Pullach nach spätestens einem Monat von Leuten unserer Abteilung übernommen werden könne. Die Techniker wären mit den nötigen Leitungsschaltungen bereits an der Arbeit. Ich wäre verantwortlich für eine reibungslose Einarbeitung in diesen Bereich mit Hilfe der dort beschäftigten Damen der Post und ebenso für ein gutes Klima während der Zusammenarbeit bis zur geplanten Übernahme der Zentrale durch unsere Leute. Ich antwortete: "Jawohl, Herr Major", und machte mich ans Werk.

Die Anlage bestand aus zwei oder drei Bunkern, von denen einer ausschließlich für den Nachrichtendienst zur Verfügung stand. Ausserdem standen dort mehrere Baracken und eingeschossige Block- und Steinhäuser. Die Ausbau- und Sicherungsarbeiten waren noch in vollem Gange.

Nach dem Gespräch begab ich mich in die Zentrale, in der ich die junge Dame Micky Karl allein vorfand. In der Fernsprechvermittlung gab es zur Zeit lediglich zwei Klappenschränke. Sie sollten auf sechs erweitert werden.

Hier arbeiteten bislang drei von der Post abgestellte junge Damen: Micky, die stets fröhliche, die mich empfangen hatte. Sie führte als Dienstälteste und Ranghöchste auch die Aufsicht. Dann gab es noch Elli, die ausgesprochen schön war, und Kati, die sich so stark um die Zuneigung der Männer bemühte. Die Damen wechselten sich im Drei-Schicht-Dienst ab. Jede war während ihrer Dienstzeit auf sich allein gestellt. Micky erstellte den Dienstplan. Ausserdem arbeitete dort noch ein Techniker. Er war für die Wartung der technischen Anlagen freigestellt worden.

Bislang fiel für die Damen während ihrer jeweiligen Dienstzeit wenig Arbeit an. Es gab einige Direktanschlüsse nach München: zum "Führerbau" in der Arcisstraße, dem "Braunen Haus", zu mehreren Teilnehmern in der Pullacher Bormannsiedlung, zum Gauleiter Giesler und zum Berghof nach Berchtesgaden.

Die Teilnehmer hatten diese Anschlüsse bisher kaum in Anspruch genommen. Nachts war die Zentrale praktisch tot. Nur ganz selten rief jemand an. Deshalb hatte man wohl auch den Raum neben der Zentrale als komfortables Wohn-Schlafzimmer und als Aufenthaltsraum ausgebaut und eingerichtet.

Für den Nachtdienst stand ein – meiner Ansicht nach – luxuriöses Bett mit Bezügen aus reiner Seide für das Kopfkissen und die Zudecke zur Verfügung.

Natürlich fehlten auch Nachttisch, Kleiderschrank, Dusche und WC nicht. Das gesamte Mobiliar war aus Naturkirschbaumholz hergestellt. Auch ein Radio war vorhanden. Wenn in der Zentrale eine Klappe fiel, schrillte ein Wecker in diesem Zimmer.

Neu zugeschaltet wurden nunmehr eine weitere Sonderleitung zum OKW in Berlin und zum dortigen Sonderamt sowie eine Direktleitung zur Zentrale in der Berchtesgadener Strubkaserne.

Auch für mich war im Bunker ein Raum als Wohn-Schlafzimmer, mit Dusche und WC komfortabel eingerichtet, bereitgestellt worden.

Ich stellte zusammen mit den Damen einen neuen Dienstplan auf, in dem ich mich als Vierten in den Dreierschichtplan eintrug. Dadurch gewannen die Damen öfter einen weiteren freien Tag. Ausserdem übernahm ich als zusätzliche Besetzung den täglichen Vormittagsdienst, mit Ausnahme des Tages nach meinem Nachtdienst.

Ich gewann den Eindruck, dass ausschließlich Bormann den Ausbau dieser Anlage forcierte, um das Hauptquartier möglichst schnell in den München-Berchtesgadener Raum zu verlagern. Dort sollte, neben anderen Zufluchtsplätzen für den "Notfall", die "Alpenfestung" entstehen.

Der "Führer" schien dagegen zu sein, die Wolfsschanze jemals aufzugeben. Denn ein weiterer Ausbau der Pullacher Nachrichtenzentrale blieb aus. Vielleicht diente ich mehr oder weniger nur als Alibi für den Fall, dass Bormanns Plan doch einmal realisiert würde? Der Vorteil war: Ich hatte wenig zu tun, aber viel Freizeit. Da ich aus Erfahrung wusste, wann normalerweise von meiner Dienststelle aus Kontrollanrufe erfolgten, wähnte diese mich ständig im Dienst. Das schloss ich auf jeden Fall daraus, dass mein Kommandeur mich bei einem dieser Gespräche darauf hinwies, auch mir stände ein Mindestmaß an freier Zeit zu. Die sollte ich mir auch nehmen, und die Damen könnten mich ruhig etwas stärker entlasten.

Einmal, als ich für Eva Braun mehrere gewünschte Gespräche mit einer für sie wohl ungewohnten Schnelligkeit vermittelte – ich kannte ja ihre Stellung und meldete sie entweder als Führer- oder Reichsleitergespräche an – durfte ich sie im "Braunen Haus" aufsuchen. Sie wollte sich, wie sie sagte, persönlich bei mir bedanken. Sie überreichte mir dort eine Flasche Champagner, und ich hatte bei dieser Gelegenheit wieder den Eindruck einer hübschen und liebenswerten Dame. Die Flasche leerte ich am selben Abend noch zusammen mit meinen Mitarbeiterinnen und dem Techniker. Auf diese Weise kamen wir uns schnell persönlich näher.

Die drei Damen meines Teams zeigten mir an ihren freien Nachmittagen zu meiner Freude gern München und seine Sehenswürdigkeiten. Ich versuchte natürlich, zu allen gleich nett zu sein, damit keine Rivalitätsstreitigkeiten entstünden. Allerdings musste ich, schon aus dienstlichen Gründen, mich öfter mit Micky zu Besprechungen treffen. So kamen wir uns auch persönlich schnell näher. Sie nahm mich, als einzige der Damen, auch öfter zu ihren Eltern mit, mit denen sie zusammen in der Nähe des Sendlinger Tors wohnte.

Ich lernte auf jeden Fall dabei, diskret vorzugehen. Das Frühstück nahmen wir normalerweise erst nach Ankunft der zweiten Dame von der Morgenschicht gemeinsam ein.

Leider wurde ich schon nach einem Monat nach Berchtesgaden zurückbeordert. Für mich wurde keine Ersatzkraft gestellt. Das Projekt schien vorläufig gestorben zu sein.

Natürlich veranstalteten wir eine herrliche Abschiedsparty, an deren Schluss sich die Damen mit Küssen und feuchten Augen sowie kleinen Geschenken einzeln von mir verabschiedeten. Keiner von uns konnte ahnen, dass wir ein gutes Jahr später ein Wiedersehen feiern durften.

Katerstimmung in der Wolfsschanze

In Berchtesgaden blieb ich noch knapp einen Monat. Dann kehrte ich "heim" in die Wolfsschanze.

Hier hatten die nicht endenden Meldungen über erfolgreiche Gegenangriffe der Russen selbst bei Bormann, wie ich erfahren konnte, zunehmend Sorgen und Bedenken hervorgerufen. Russische Truppen waren am unteren Dnjepr durchgebrochen und hatten das Donezbecken zurückerobert. Die Krim wurde abgetrennt und eine unserer Armeen eingekesselt. Die Halbinsel Kertsch musste aufgegeben werden. Man munkelte, Hitler persönlich sei dafür verantwortlich. Er habe, gegen den Rat des Generalstabs von OKH und OKW, mehrere für den Ostfeldzug unentbehrliche Divisionen in den Westen verlegt, um eine vermutete Invasion der Alliierten an der Kanalküste abwehren zu können. Wenn die nämlich gelänge, so sei, seiner Meinung nach, der Krieg verloren. Die Gerüchteküche kochte und kochte, doch in den offiziellen Lagebesprechungen folgte jeder nicht anders als zuvor widerspruchslos dem "Führer".

Auch Rohstoffe schienen knapper zu werden. Das galt nicht nur für Waffen, Munition und Öl, sondern auch für Lebensmittel und tägliche Bedarfsartikel. Die Portionen wurden in der Heimat und an der Front erheblich gekürzt. Die Qualität des Brotes minderte sich. Fischpaste, genannt "*Mussolinicreme*" , und Kunsthonig ersetzten zunehmend natürliche Lebensmittel.

Bei den "Landsern" entstanden Lieder, in denen es zum Beispiel hieß: *"Mit Kunsthonig und Marmelade marschieren wir viele Jahre schon. Wie lange noch?"* Auch eine neue Zigarettenmarke kam auf den Markt. Sie führte den Namen *"Stambul"*. In der Heimat und an der Front ersetzten diese, nach meiner Erfahrung scheusslich schmeckenden, "Glimmstengel", weitgehend die bisherigen Marken. Für die Parteibonzen, die höheren Stäbe der Wehrmacht und natürlich auch für die "höheren Ränge" im Hauptquartier standen weiterhin, ganz im Geiste einer "Volksgemeinschaft", die alten guten Marken in ausreichender Menge zur Verfügung. Der Name *"Stambul"* wurde schon bald in der Heimat und an der Front in zwei Versionen interpretiert. Die erste lautete: "*So Tötet Adolf Mit Bedacht Unsere Leidenschaft*" und die zweite: "*Stalins Armeen Marschieren Bald Unter* den *Linden*". Beide Deutungen erwiesen sich als richtig.

Ein weiteres Phänomen zeigte sich in einem von den oberen Rängen ausgehenden engeren Zusammenrücken von Offizieren, Unteroffizieren und Mannschaften. Die ersteren luden uns zu gemeinsamem, freiwilligem Frühsport und privaten Feiern ein.

Dieses plötzliche enge Miteinander erinnerte irgendwie an Gruppen, die sich bei Gefahren unwillkürlich zusammenschließen. Ging die Angst vor einem bösen Ende schon im Hauptquartier um?

So fand zu unserem Erstaunen in diesem Jahr zum ersten Mal am Heiligabend für alle im Hauptquartier eingesetzten Nachrichtenleute, vom höchsten bis zum untersten Dienstgrad, eine gemeinsame Weihnachtsfeier im Offizierskasino im Sperrkreis I statt. Das war bis dahin einfach unvorstellbar gewesen.

Da ich erst am folgenden Nachmittag wieder Dienst hatte, bat ich während dieser Veranstaltung gegen 22.00 Uhr den aufsichtsführenden verantwortlichen Offizier, einen Oberleutnant, mich zum Besuch der Christmette in

Rastenburg zu beurlauben. Der brüllte daraufhin in den Saal: "Hier ist ein Verrückter, der glaubt noch ans Christkind und will Urlaub für die Messe! Sind noch mehr Idioten von dieser Sorte hier?" Fünf weitere Kameraden meldeten sich. "Na ja", meinte nun der "Chef", "heute bin ich großzügig, Sie können abhauen. Allerdings, Dummheit muss auch bestraft werden. Sie übernehmen um 8.00 Uhr die Frühschicht!" Ich schmetterte mein: "Jawohl, Herr Major" und machte mich mit den fünf anderen auf den Weg.

Kurz vor der Wache des Sperrkreises I trafen wir auf einen Kübelwagen, in dem der General Warlimont saß. Der Wagen stoppte unmittelbar vor uns. So musste ich dem General pflichtgemäß melden, ich befände mich mit fünf Soldaten auf dem Weg zur Mette in Rastenburg. "Was", meinte dieser, "das gibt es 1943 noch, und ausgerechnet im Hauptquartier?" Ich antwortete zackig: "Jawohl, Herr General!" Darauf entgegnete dieser: "Wissen Sie was, ich muss leider zur "Führerlage", sonst wäre ich gerne mitgegangen. Das hätte mir auch mal wieder gutgetan." Dann fuhr er nach einer Pause, sich an seinen Fahrer wendend, fort: "Die paar Schritte zur Lagebesprechung kann ich auch zu Fuß gehen. Sie fahren die Leute zur Kirche und holen sie dort auch wieder ab. Wenn Sie wollen, können Sie natürlich auch am Gottesdienst teilnehmen. Schaden würde es Ihnen nichts!" Der Fahrer antwortete mit: "Jawohl, Herr General!" und wiederholte vorschriftsmäßig den Befehl. Zum Schluss wünschte der General uns allen "Gesegnete Weihnachten", und wir wünschten ihm laut und im Chor dasselbe.

So kamen wir schnell nach Rastenburg und zurück und konnten sogar bis zum Beginn unseres Frühdienstes noch eine Mütze voll Schlaf nehmen.

Die unerklärliche Veränderung in der gesamten Stimmungslage in der Wolfsschanze zeigt auch ein Ereignis, das sich in der Nacht von Silvester zum Neuen Jahr 1944 auf unserer Stube zutrug. Dort hatten sich Unteroffiziere und Mannschaften der Nachrichtenzentrale zusammengefunden. Gegen Morgen, als die meisten Teilnehmer stockbesoffen waren, begann einer die "Internationale" zu singen. Bald grölten die meisten mit: "Völker, hört die Signale..." Plötzlich wurde die Tür aufgerissen, der Wachoffizier von "Großdeutschland", ein Rittmeister von Möllendorf, brüllte: "Seid Ihr verrückt geworden, was meint Ihr, was mit Euch passiert, wenn das ein Unberufener hört?" – Augenblicklich trat Totenstille ein. Wir wussten alle, eine Meldung würde uns allen im günstigsten Falle "Bewährung in einem Strafbataillon" einbringen. Doch es erfolgte keine. Gott sei Dank hatte der Rittmeister beide Augen unter erheblichem persönlichem Risiko zugedrückt. Vor einem Jahr wäre beides noch unmöglich gewesen – dieser Gesang genauso wie die unterlassene Meldung eines solchen Vergehens.

“Das Jahr der Katastrophen”

In den Jahren von Hitlers Erfolgen wollten alle “Volksdeutschen” der angrenzenden Länder *“heim ins Reich”;* damit meinten sie den faktischen politischen Anschluss, das heisst die Eingliederung ihres Wohngebietes in das “Großdeutsche Reich”.

Diese Forderung stellten vor allem die Sudetendeutschen, die Volksdeutschen in Polen, in den Baltenstaaten und in Südtirol.

Nur die Forderung der letzteren Volksgruppe blieb, Mussolini zuliebe, unerfüllt. Viele Südtiroler wurden sogar, nicht nur durch Überredungskünste der zuständigen Parteistellen, sondern zum Teil auch mit erheblichem Druck, zur “Umsiedlung” in die neu eroberten Ostgebiete genötigt.

Mit dem ständigen Vormarsch der sowjetischen Armeen und dem Rückmarsch der deutschen Truppen begannen unaufhaltsam die großen Trecks der Rückwanderungen ins Altreich und ins ehemalige Österreich. Volksdeutsche aus der Ukraine und den Balkanstaaten schlossen sich, wenn eben möglich, trotz Verboten und Behinderungen durch Parteidienststellen, dieser Rückflutwelle an. Die Zurückgebliebenen kamen ein Jahr später meist auf furchtbare Art zu Tode oder wurden als Zwangsarbeiter verschleppt. Sie mussten an Hitlers Stelle als oft Unschuldige für dessen unbeschreibliche Untaten grausam büßen.

Seit Ende 1944 kehrte auch der Krieg unaufhaltsam “Heim ins Reich”, bis schließlich von diesem Großdeutschland nichts mehr übrig blieb als Ruinen und an Leib und Seele ruinierte Menschen. Der Verantwortliche, der

“Führer”, hatte sich seiner Verantwortung feige entzogen. Wäre es nach ihm gegangen, gäbe es heute auch keine Deutschen mehr.

Mussolini und Göring wollten demonstrieren, dass auch sie noch ein Wort mitzureden hatten

Parole: “Halten um jeden Preis”

Neben dem nur mühsam aufzuhaltenden Vormarsch der “Roten Armeen” trotz des Führerbefehls “Halten um jeden Preis”, traf Ende Januar 1944 eine weitere Hiobsbotschaft in der Wolfsschanze ein. Amerikanischen und britischen Truppen war es gelungen, bei Anzio-Nettuno, im Rücken der deutschen Front, in Mittelitalien zu landen. Der “Große Feldherr”, der zu Recht annahm, eine erfolgreiche Landung der Alliierten in Frankreich würde die unvermeidliche Niederlage Deutschlands bedeuten, wähnte plötzlich, einen Ausweg aus dem Dilemma gefunden zu haben. Er verkündete: “Wenn es gelingt, die bei Anzio-Nettuno gelandeten Truppen zu vernichten, dürfte das genügen, die Alliierten für lange Zeit von weiteren Landungsabsichten abzuhalten.” Wenn der “Führer” so etwas aussprach, wurde es automatisch “unbezweifelbare Wahrheit”.

Also wurden Verstärkungen nach Italien in Marsch gesetzt, die zusammen mit den dort verzweifelt und hart kämpfenden Truppen den Auftrag hatten, den gelandeten Gegner zu vernichten.

Zu diesem Zweck zog Hitler nicht nur Truppen und Waffen von der damit ohnehin unzulänglich ausgestatteten Ostfront ab, sondern er entblößte auch den Westen von notwendigen Divisionen, die er vorher dorthin zur Abwehr einer erwarteten Invasion vom Kanal her beordert hatte, und die er ebenfalls von der Ostfront abgezogen hatte. So wurde Hitler selbst letzten Endes zum Auslöser aller Katastrophen, die nun folgten.

Vom Südflügel der Ostfront trafen ab Februar in der Wolfsschanze unaufhörlich Nachrichten von neuen Niederlagen ein. In diesem Monat gelang es den Russen, bis zum Bug durchzubrechen.

Zum selben Zeitpunkt wurde ich wieder nach Berchtesgaden versetzt. Dort war unsere Nachrichtenzentrale in der Strubkaserne erheblich erweitert worden.

Hitler folgte Mitte März mit fast allen FHQ-Bewohnern nach. Der wirkliche Grund lag allerdings im weiteren Ausbau und einer stärkeren Befestigung der bestehenden Sicherheitsanlagen der Wolfsschanze. Diese Arbeiten wurden von der OT ausgeführt. Sie baute neue Bunker und verstärkte die Betonmäntel der bestehenden. Dabei erhielt der "Führerbunker" samt seinem Blockhausanbau einen ca. sieben Meter starken zusätzlichen Betonmantel. Natürlich waren auch im Bereich des Berghofs und der Bormannsiedlung entsprechende unterirdische Bunker bombensicher angelegt worden. Dafür hatte schon Bormann gesorgt. Sie brauchten allerdings nie in Anspruch genommen zu werden. Wenn in Bayern Fliegeralarm ausgelöst werden musste, wurde das gesamte Berchtesgadener Tal künstlich vernebelt. Zu diesem Zweck standen an allen dafür ausgewählten Plätzen und Wegen "Nebelfässer", die bei Alarm geöffnet wurden. Innerhalb weniger Minuten war das ganze Tal in einer dichten Nebelwand verschwunden und nicht einsehbar. Wer in solchen künstlichen "Nebel" geriet, spürte alsbald, wie seine Schleimhäute und Augen gereizt wurden und zu brennen begannen.

Von der Nachrichtenzentrale in der Strubkaserne durften wir in dieser Zeit eine "Katastrophenmeldung" nach der anderen weitergeben. Im März erreichte die "Rote Armee" den Dnjestr und den Pruth. Zu Führers Geburtstag erhielt er als "Geschenk" die Nachricht, dass der

Gegner im Süden der Ostfront schon bis zum Sereth durchgebrochen war. Odessa fiel, und beinahe ganz Bessarabien wurde vom Gegner erobert. Ja, die Russen waren bereits bis zur Moldau eingefallen.

Zusätzlich gaben unsere Nachrichtendienste bedrohliche Meldungen über den geplanten Abfall Rumäniens und Ungarns an den WFStab. Doch Hitler vertraute Marschall Antonescu unbedingt, und das sogar mit Recht. Nur dessen Sturz hatte er nicht vorausgesehen, so etwas schien ihm bei Antonescu einfach nicht möglich. Wieder eine tragische, folgenschwere Fehlkalkulation.

Die Horthy-Story

Dem Admiral Horthy traute Hitler dagegen von Anfang an ganz und gar nicht. Deshalb ergriff er "vorsorgliche" Sicherungsmaßnahmen, um einen Abfall Ungarns zu verhindern.

Ende März 1944 bestellte er Horthy zu einer Besprechung nach Schloss Klessheim, dem Gästehaus des Auswärtigen Amtes in der Nähe von Salzburg. Dort setzte er den ungarischen Reichsverweser massiv unter Druck. Ich bin mir allerdings nicht mehr sicher, ob die folgende "Erpressungsmaßnahme" bei dieser Gelegenheit durchgeführt wurde oder erst im September, kurz bevor Horthy von einer deutschen Fallschirmjägertruppe abgesetzt und nach Schloss Hirschberg in "Ehrenhaft" genommen wurde. Bei einer dieser Gelegenheiten hatte man jedenfalls den Sohn Horthys zu einer "Party" in die deutsche Botschaft als Gast geladen. Plötzlich stürmten ungefähr zehn bewaffnete "Banditen", wie man den Zeitungsmeldungen entnehmen konnte, mit gezogenen Pistolen in den Festsaal, ergriffen den jungen Horthy, wickelten ihn in einen Teppich, verschnürten ihn und verschwanden blitzschnell mit ihrem "Paket". Der Admiral konnte anschließend entscheiden, ob er seinen Sohn wiedersehen wollte. Er musste sich nur den deutschen Wünschen fügen.

Im März stimmte er jedenfalls der sofortigen "friedlichen" Besetzung Ungarns zu. Tatsächlich verlief diese Operation unter dem Decknamen "Margarete" auch ohne Komplikationen. Als der Admiral von Schloss Klessheim nach Budapest heimkehrte, salutierte beim Betreten seines Palais bereits zackig eine deutsche "Ehrenwache".

Ende September, als russische Truppen bereits wichtige Städte Ungarns eingenommen hatten, zwang ein deutsches Fallschirmjägerkommando Admiral Horthy zur "freiwilligen" Abdankung. Er wurde im Schloss Hirschberg festgesetzt. Als seinen Nachfolger bestimmte Hitler den "Führer" der Pfeilkreuzler, einen Major Ferenc Szalasi, als ungarischen Regierungschef. Von nun an tobte ein Bürgerkrieg in Ungarn, parallel zum Krieg gegen die Rote Armee und jetzt auch vielfach gegen die Deutschen, die in diesem Chaos mehr und mehr verlorengingen und umkamen.

Meine Zeit in Berchtesgaden

In dieser Zeit zwischen Frühling und Spätherbst des Jahres 1944 trafen die Katastrophenmeldungen von Niederlagen und Rückzügen an allen Fronten fast täglich und mit ständig steigenden verheerenden Auswirkungen ein. West-, Mittel- und zunehmend auch Süddeutschland sahen sich beinahe ununterbrochen nachts und zunehmend auch bei Tage immer wehrloser dem Furcht und Schrekken erregenden Bombardement der alliierten Luftflotten ausgesetzt. Der Berchtesgadener Raum blieb und wirkte in dieser Zeit wie eine märchenhafte Oase des Friedens. Die Strubkaserne wurde immer stärker zur Unterbringung von Mitgliedern des OKW-Stabes aus Berlin herangezogen. Der Platz wurde beschränkter, alle rückten enger zusammen. Das geschah anscheinend nicht nur räumlich.

Ich gehöre zu jener Kategorie von Menschen, die morgens früh erwachen und viel Wert auf Zeit für Toilette und Frühstück legen.

Wenn ich nicht gerade bis 8.00 Uhr früh Dienst hatte, stand ich gewöhnlich um 6.00 Uhr auf, um in aller Ruhe in einem Raum zu duschen, der eigentlich für die hohen Offiziere des Generalstabes reserviert war. Aber wer erkennt schon an einem nackten Mann den Dienstgrad?

Eines Morgens, ich duschte mal wieder gemütlich, kam ein älterer Mann in den Duschraum. Er fragte mich kurz darauf, ob ich ihm 'mal den Rücken schrubben könne. Ich tat das ohne weiteres und meinte dann, nun wäre er dran. Er folgte auch bereitwillig meiner Bitte. Wir unterhielten uns dabei über alle möglichen Themen und fanden uns gegenseitig sehr sympathisch. Als wir anschließend gemeinsam unseren Unterkünften zustrebten, begegnete ich meinem Freund Willi, dem Jesuitentheologen. Der fragte mich später: “Weisst Du, mit wem Du so eingehend gesprochen hast?” – “Keine Ahnung”, antwortete ich, “wir haben uns unter der Dusche kennengelernt und uns gegenseitig den Rücken geschrubbt.” – “Mensch”, sagte Willi, “das ist der General von Wedel, der Chef der Propaganda- und Presseabteilung des WFStabes im OKW”.

Er hatte, als er in die Strubkaserne einzog, umgehend zwei Zimmer als Filmraum ausbauen lassen. Wenige Tage später, nachdem wir uns endlich, wieder unter der Dusche, gegenseitig vorgestellt hatten, lud er mich ein, an seinen abendlichen Filmvorführungen teilzunehmen. Ich machte, so oft ich es ermöglichen konnte, gern davon Gebrauch. Dort wurden nämlich nicht nur deutsche, sondern auch ausländische, neutrale und gegnerische Wochenschauen und Filme vorgeführt und auf ihre propagandistische Wirkung hin analysiert und ausgewertet. Das fand ich äusserst spannend, und ich habe viel dabei gelernt.

In dieser Zeit unternahm ich auch, unter Führung des Paters Adalbert aus dem Berchtesgadener Franziskanerkloster, zusammen mit zwei Kameraden, herrliche Bergwanderungen und Gipfelbesteigungen. Da ich während jener Zeit abwechselnd 24 Stunden Dienst und 24 Stunden mehr oder weniger Freizeit hatte, war es zuweilen möglich, morgens schon um 4.00 Uhr aufzubrechen, um nacheinander unter anderen die Gipfel des Jenners, Hohen Gölls und Watzmanns zu ersteigen. Am Gipfelkreuz trugen wir uns jedesmal in die dort ausliegenden Gipfelbücher ein. Ich erinnere mich noch, dass im Gipfelbuch auf dem Jenner sich ein "von Brauchitsch" als letzter vor uns eingetragen hatte. Auf den Höhen kühlte unser Pater dann eine Flasche Enzian im Schnee und holte Bauernbrot und Schinken aus seinem Rucksack. Selten hat mir etwas besser geschmeckt als diese "Bergsteigermahlzeit" auf den Gipfeln mit der jeweils unbeschreiblichen Aussicht.

Den Abstieg empfand ich stets als besonders mühsam. Auf diesen Bergtouren lernte ich viele Bergbauern und auch Gastwirte bzw. -wirtinnen kennen. Sie alle waren Freunde des Franziskanerpaters und nahmen mich auch, wenn ich später alleine oder in Begleitung von Freunden oder Freundinnen einkehrte, stets gastlich auf und servierten dann, meist in einem Nebenzimmer, einen wohlschmeckenden kräftigen Imbiss, natürlich ohne Marken.

Nur den Kehlstein, auf dem Hitlers Teehaus stand, durfte man nicht besteigen. Das gesamte Gebiet um den Berghof war abgesperrt. In der ganzen Zeit war ich nur zweimal dort oben, um gegebenenfalls Gespräche für dort mit dem "Führer" tagende Staatsgäste heranzuholen; doch meine Dienste wurden dabei nie in Anspruch genommen.

Im Frühsommer besuchte mich meine Schwester und vier Wochen später eine Bekannte aus Frechen. Für beide hatte ich im Ortsteil Schönau, in der Nähe des Königssees, Quartiere beschafft. Die Gäste wurden, genauso wie auch später angereiste Freundinnen oder Bräute von Kameraden, abwechselnd von den jeweils dienstfreien Freunden "betreut". Wir gingen mit ihnen ins Salzbergwerk, fuhren über den Königssee, besichtigten Klammen und Almen oder wanderten über den Soleleitungsweg nach Ramsau und dann durch den Zauberwald zum Hintersee. Dort standen viele Häuser von Prominenten.

Häufig besuchten wir auch Aufführungen im Salzburger Theater. Um an Karten zu kommen, benutzte ich den selben Trick, mit dem ich schon mehrmals für General von Wedel und für mich Karten erfolgreich besorgt hatte. Ich rief das Theater an, meldete mich mit "Adjutantur der Wehrmacht beim Führer" (die befand sich damals wirklich bei uns) und ließ zwei Karten für die Abendvorstellung reservieren. Das klappte immer, und die Plätze waren hervorragend.

Dann platzte eines Morgens, es war der sechste Juni, eine Meldung in unsere Zentrale, die im Gegensatz zu den ständig einlaufenden Misserfolgsnachrichten von der Ostfront, dem Balkan und Italien, an die man sich anscheinend gewöhnt hatte, wie eine Luftmine wirkte und anfangs ein riesiges Chaos schuf.

Vor allem erstaunlich empfanden wir, dass die zwei Tage vorher erfolgte Aufgabe Roms, mit der Hitlers Theorie der Vertreibung der Alliierten aus Italien endgültig zerplatzt war, so wenig Furore machte. Dabei fielen den einrückenden Gegnern sogar die unzerstörten Tiberbrücken in die Hände. Sie konnten folglich der sich zurückziehenden deutschen Armee umgehend nachsetzen und gefährdeten sie dadurch äusserst stark. Es ist kaum zu begreifen, wie es in den nächsten zwei Monaten gelang, die deutschen Truppen ohne einschneidende Verluste in die ausgebaute Apenninstellung zu bringen.

Der Autor verbringt den Urlaub mit seiner Schwester Elisabeth in Berchtesgaden 1944

Die Invasion in der Normandie

In der Nacht vom 5. zum 6. Juni 1944 begann das Unternehmen "Overlord", die amerikanisch-britische Invasion in die seit 1940 von deutschen Truppen besetze Normandie. Die Operation stand unter dem Oberkommando des amerikanischen Generals Dwight D. Eisenhower. Unter hohen Verlusten auf beiden Seiten wurde als erste die Stadt Ste. Mère Eglise von den Amerikanern erobert.

Am 6. Juni in den Morgenstunden erfolgte dann die Hauptlandung, vor allem der amerikanischen Einheiten, in "Utah Beach", wie heute der Strand zwischen La Madeleine und Les Dunes de Varreville heisst. Hier erlitten die Alliierten besonders hohe Verluste. Denn die Soldaten, die zum überwiegenden Teil auf kleineren und größeren Schiffen ins Wasser gelassen wurden, und sich dann zu Fuß vom Wasser aus der Küste näherten, konnten aus den erhöht liegenden, gut ausgebauten Stellungen unserer Truppen zum großen Teil ziemlich wehrlos abgeschossen werden.

Aber dann griff die alliierte Luftunterstützung, zusammen mit den Geschützen der Schlachtschiffe, massiv ein. Die ersten Meldungen über Landungen in der Normandie trafen gegen 4.00 Uhr morgens in unserer Zentrale ein und sie waren zum Teil sehr widersprüchlich.

Das waren auch die Beurteilungen durch die vielen Instanzen im OKW- und WFStab. Der größte Teil forderte umgehende Truppen-, vor allem aber Panzer- und Luftwaffenverstärkung, um den Gegner auszuschalten, bevor er erst richtig Fuß fassen konnte. Hitler selbst, und das war schließlich entscheidend, sah es an diesem entscheidenden Tag für vorrangig an, der neu gebildeten ungarischen Regierung, die zur Lagebesprechung in Schloss Klessheim weilte, ein äusserst optimistisches Bild der deutschen operativen Möglichkeiten im Osten, auf dem Balkan, in Italien und natürlich auch im Westen vorzugaukeln. Die fielen auch prompt noch einmal darauf herein.

Da jedoch alle operativen Gegenmaßnahmen der dafür zuständigen Stellen im Westen ständig durch unerwartete und meist nicht durchführbare Führerbefehle durchkreuzt wurden, blieben den an Ort und Stelle zuständigen Befehlshabern, vor allem Rommel und von Rundstedt, nur zwei Möglichkeiten: Sie gehorchten und riskierten die Absetzung, zumal ein Erfolg wegen mangelnden Nachschubs kaum möglich erschien, oder sie gaben eigene, der Lage entsprechend nötige Befehle, die keine Rücksicht auf stets wechselnde, sich vielfach widersprechende Hitleranweisungen nahmen, und wurden so auf jeden Fall bald ihres Kommandos entbunden.

Durch diese eingeschränkte Operationsfähigkeit der zuständigen Befehlshaber und die völlige Luftherrschaft der Alliierten gelang es den Amerikanern, Briten und Kanadiern bereits nach sechs Tagen, mehr als 300'000 Mann zu landen. Täglich wuchs auch die Überlegenheit der ständig verstärkt zum Einsatz kommenden gegnerischen Panzerwaffe.

In der Nacht vom 16. zum 17. Juni 1944 setzte Hitler sein neu entwickeltes Ferngeschoss, eine raketenartige Waffe mit dem Namen V 1 (V = Vergeltung), zum Beschuss von London ein. Über 200 Geschosse wurden binnen 24 Stunden abgefeuert. Das Ergebnis dieser Aktion versuchte unsere Propaganda im eigenen Land, und nicht ohne Erfolg, als gewaltig und kriegsentscheidend darzustellen. Von den fast zwanzig Prozent vorzeitigen Abstürzen und Explosionen dieser neuen Waffe und deren relativ begrenzter Wirksamkeit beim Einsatz wurde natürlich nichts erwähnt.

Am 17. Juni musste ich Hitler auf seinem für alle überraschend angesetzten Flug nach Marginal begleiten. Hier in der Nähe der Stadt Soisson in Frankreich lag die seit 1943 ausgebaute Hauptquartiersanlage "Wolfsschlucht", die bei dieser Gelegenheit zum ersten und letzten Mal für einen Tag ihrem eigentlichen Zweck diente. Dafür waren also Millionen von Baukosten verpulvert worden, von den unzähligen Arbeitsstunden ganz zu schweigen.

Hier besprach Hitler sich mit den Oberbefehlshabern West, den Marschällen Rommel und von Rundstedt, über die weitere Kampfführung. Schon am nächsten Tag flogen wir bereits zurück nach Berchtesgaden. Ob ein plötzlich ganz in der Nähe durch vorzeitigen Absturz explodierendes V 1-Geschoss dabei eine Rolle spielte, lässt sich nur vermuten.

Eine neue, sicherlich ebenso entscheidende Katastrophe bahnte sich gut einen Monat später an der Ostfront an. Am 22. Juni, am Jahrestag des vor drei Jahren begonnenen Feldzugs gegen die Sowjetunion, hatten die Russen in einer Großoffensive an vielen Stellen die gesamte Mitte der Ostfront durchbrochen, und es bestand die Gefahr für die Heeresgruppe Nord, abgeschnitten zu werden.

Wieder in der Wolfsschanze

Die Lage wurde so bedrohlich, dass Hitler sich am 9. Juli entschloss, in die Wolfsschanze zurückzukehren, obwohl die Bauarbeiten noch in vollem Gange waren. Durch den Lärm und den Ausfall vieler Gebäude sowie durch die Aus- und Umbauarbeiten wurden die Arbeitsmöglichkeiten stark beeinträchtigt.

Aber eine Woche zuvor war Minsk bereits gefallen, und trotz der Anwesenheit Hitlers rückte die "Rote Armee" unaufhaltsam auf die alte Reichsgrenze in Ostpreussen zu. Dort entstand Panik. Spontane Trecks in Richtung Westen setzten sich, trotz des strikten Verbotes der Parteileitungen, in Bewegung. Hitler wollte vielleicht durch seine Anwesenheit wieder ein Gefühl der Sicherheit vermitteln. Das gelang ihm nur sehr unvollkommen. Die Bevölkerung musste Panzersperren durch tiefe, breite Gräben und Drahthindernisse errichten. Die Nachricht von der Bedrohung Ostpreussens ließ sich nicht verheimlichen. Plötzlich entstanden im ganzen Volk, vor allem in den bedrohten Gebieten, das Gerücht und ein wachsender Glaube an die unmittelbar bevorstehende Wende zum Guten durch neue Waffen, durch ein Auseinanderbrechen der Alliierten, oder durch was auch immer. Niemand wusste etwas Bestimmtes. Aber es *musste* doch wahr sein. Der "Führer" hatte schließlich am Ende immer wieder gesiegt und recht behalten.

Auch unsere Einheit wurde zum Bau von Gräben zur Verlegung von FF-Kabeln (dicke, unterirdisch verlegte, abhörsichere Kabel) herangezogen. Nach knapp einer Stunde meinte der aufsichtsführende Offizier, ich sei doch schon etwas alt für diese Arbeit (ich war gerade 22 Jahre, meine Kameraden in der Mehrzahl über 30) und schickte mich zurück in die Unterkunft.

Zur selben Zeit etwa wurde ein neuer Offizier, der sich jahrelang an der Front ausgezeichnet hatte, in unsere Einheit versetzt. Wie ich allmählich herausbekam, war er bei seiner letzten Einheit ausserordentlich beliebt gewesen und galt dort als unverwundbar. Dieser Oberleutnant Ringsdorff machte sich offensichtlich bei einigen Offizieren des Hauptquartiers weniger beliebt. Er stand zu seiner christlich-evangelischen Überzeugung in Wort und Tat und nahm an den oft ausschweifenden Gelagen im Kasino nicht teil, oder er entfernte sich zeitig. Offensichtlich versuchten einige einflussreiche Offiziere, die nicht zu unserer Abteilung gehörten, ihn schnell wieder loszuwerden, und das mit allen Mitteln. Auf jeden Fall wurde er erst einmal nach Berchtesgaden abgeschoben. Darüber schien er keineswegs betrübt zu sein.

In diese militärische Situation, das heisst zu einer Zeit, in der jedem, für den nur Fakten maßgebend waren, klar sein musste, und wovon spätestens nach Stalingrad jeder verantwortliche Generalstäbler überzeugt war, dass der Krieg für Deutschland verloren war, fiel das Attentat auf Hitler.

Seit 1941 waren von Offizieren schon öfter Anschläge auf Hitler geplant worden. Sie erwiesen sich alle als undurchführbar und scheiterten oft an unvorhersehbaren Kleinigkeiten. Nun versuchte Graf Stauffenberg einen generalstabsmäßig geplanten Anschlag, der eigentlich hätte gelingen müssen.

Das Attentat am 20. Juli 1944

Der 20. Juli war ein warmer, herrlicher Sommertag. Ich hatte meinen Dienst an diesem Tag um 8.00 Uhr begonnen und sollte planmäßig um 14.00 Uhr abgelöst werden. Eigentlich lief der Dienstbetrieb ziemlich normal ab. Auch aus den verbotenerweise mitgehörten Gesprächen der Vortage deutete nichts auf den kommenden Anschlag hin.

Gewiss war in Gesprächen zwischen hohen Offizieren des OKWs mit Partnern aus dem OKH in zunehmendem Maße von einem schwerkranken Patienten die Rede, der die nächsten Tage wohl kaum überleben würde. Seine Nachfolge dürfe vielleicht einige Probleme aufwerfen, für die aber vorsorgliche Maßnahmen getroffen wären.

Wir bezogen das beim Mithören von Gesprächen allerdings auf den Feldmarschall Rommel, der wenige Tage zuvor bei einem Luftangriff während einer Fahrt zur Invasionsfront in Frankreich schwer verwundet worden war. Dieser Mann war als Heerführer und Idol bei den Deutschen wirklich kaum zu ersetzen.

Gegen Mittag tauchte unser oberster Leiter des Nachrichtendienstes, Oberst Sander, zusammen mit dem General Fellgiebel in unserer Zentrale auf. Letzterer hatte als General der Nachrichten eine führende Stellung im OKH. Beide zogen sich in Sanders Diensträume in unserem Bunker zurück. Später wurde gemunkelt, Fellgiebel habe den Auftrag gehabt, nach dem Attentat auf Hitler einen Sprengkörper in unserem Kabelkeller zu zünden, um eine Verbindung der Wolfsschanze zur Aussenwelt, vor allem aber nach Berlin, für längere Zeit zu unterbinden. Vielleicht hätte die Durchführung dieser Planung den Ablauf des Tages geändert.

Gegen 12.30 Uhr wurde unser Wachtmeister Adam angewiesen, sich zum Blockhaus zu begeben, in dem die "Führerlage" stattfand. Dort sollte er den Oberst Graf Stauffenberg, der heute für einige Auskünfte aus Berlin zur Teilnahme an der "Führerlage" beordert war, abfangen und zu Oberst Streve, Kommandant der FHQs, bringen.

Kurz vor 13.00 Uhr gab es dann einen Knall, der nur gedämpft in unserem Bunker wahrgenommen wurde. So etwas kam in letzter Zeit öfter vor, zumal die Arbeiter der OT ihre Arbeiten in der Anlage noch nicht beendet hatten. Deshalb fand ja auch die "Führerlage" zur Zeit in diesem Blockhaus als Ausweichquartier statt.

Dann aber heulten die Alarmsirenen, alle Sperrkreise und die gesamte Anlage wurden total abgeriegelt, und niemand konnte die Wolfsschanze mehr betreten oder verlassen. Fast im selben Augenblick stürzte auch unser Wachtmeister Adam in unseren Bunker und meldete dem Leiter: "Es wurde ein Anschlag auf den Führer verübt. Es gab viele Tote und Schwerverletzte. Aber, Gott sei Dank, der Führer lebt und ist nur leicht verletzt."

Adam war es auch, der den ersten Verdacht auf Stauffenberg lenkte. Er hatte beobachtet, wie der Graf mit seiner Aktentasche den Lageraum betreten, aber ihn schon kurz darauf, wenige Minuten vor der Explosion, ohne diese Mappe verlassen hatte. Nachprüfungen ergaben, dass es ihm gelungen war, die Anlage auf Grund seiner gültigen Sonderausweise im letzten Augenblick "legal" zu verlassen und nach Berlin zu fliegen. Dort hatte Stauffenberg in der irrigen Annahme, Hitler sei tot, die für innere Unruhen geplanten Notmaßnahmen unter dem Stichwort "Walküre" ausgelöst.

Es war geplant, dass alle höheren Regierungs- und Parteifunktionäre verhaftet werden sollten. Anschließend wollte man das Volk offen und schonungslos über die wirkliche Kriegslage und Hitlers Verbrechen aufklären. Den de facto längst verlorenen Krieg sollte eine neue, provisorische Regierung umgehend beenden, um das sinnlos gewordene Morden in Kämpfen und in den Konzentrationslagern zu beenden. In Verhandlungen wollte man versuchen zu retten, was noch zu retten war.

Durch den Einfluss des Oberleutnants Hagen, der Nationalpolitischer Führungsoffizier (NSFO) im Berliner Wachregiment Großdeutschland war, gelang es Goebbels, Major Remer, den Kommandeur dieser Truppe, der eigentlich mit seinem Regiment gekommen war, um den Reichsminister festzunehmen, davon zu überzeugen, dass Hitler lebe. Goebbels vermittelte ein Gespräch zwischen Hitler und Remer. Das war möglich, weil General Fellgiebel, der zu den "Verschwörern" gehörte, den Kabelkeller in der Wolfsschanze nicht gesprengt hatte, als er erfuhr, dass Hitler überlebt hatte. Der "Führer" befahl dem Major, den Aufstand im OKW in Berlin mit allen Mitteln umgehend niederzuschlagen. Remer folgte dem Befehl, und am Abend desselben Tages war alles vorbei. Zur Belohnung wurde Remer befördert und zum Kommandeur der Führerbegleitbrigade ernannt.

Nur Stauffenberg und wenige seiner Helfer hatten das "Glück", noch am selben Abend standrechtlich erschossen zu werden.

An den übrigen Beteiligten, Mitwissern, oft auch nur Verdächtigen, nahm Hitler grausamste Rache. Ihre Familien ließ er "in Sippenhaft" nehmen und in Konzentrationslager einliefern. Die Kleinkinder dieser "Volksverräter" wurden den Eltern aberkannt und in nationalsozialistisch zuverlässige Familien zur Erziehung eingewiesen. Die auch nur im weitesten Sinne der Mitwisserschaft oder Beteiligung an dieser "Verschwörung" Verdächtigen wurden meist unmenschlichen Folterungen durch die Gestapo unterzogen, um Geständnisse, vor allem aber Namen von weiteren Mitwissern und Beteiligten herauszupressen. Es handelte sich dabei um Leute aus den verschiedensten Gesellschaftsschichten, Vertreter der vor allem höheren Offiziersränge, neben denen aus den Gewerkschaften, Kirchen und dem Adel und den vor Hitler amtierenden Regierungs- und Verwaltungsfachleuten.

In entwürdigenden "Schauprozessen", in denen der berüchtigte Präsident des Volksgerichtshofes Roland Freisler sich besonders durch seine brutale, menschenentwürdigende Art hervortat, wurden die meisten zum Tode durch den Strang verurteilt. Auf Hitlers ausdrücklichen Wunsch wurde die Exekution nicht nach normalem Brauch durchgeführt. Die Verurteilten wurden in Plötzensee an Metzgerhaken hochgezogen und so langsam und qualvoll erdrosselt. Ein immer wiederkehrendes Merkmal Hitlers war, dass er an seinen Gegnern grausamste Rache übte.

Im August wurde ich wieder nach Berchtesgaden versetzt. Am 21. Juli 1944 war auch in der Wehrmacht auf Führerbefehl hin der militärische Gruß durch den "Deutschen Gruß" ersetzt worden.

Kurz vor meiner Abreise hatte ich noch mitbekommen, wie ein Funkspruch, der vom Kommandeur einer ohne Treibstoff zum Weiterkämpfen und Sterben in der Schlacht von Avranches befohlenen Panzereinheit an den "Führer" gerichtet war, auf Befehl des Dienstleiters bereits in der Zentrale vernichtet wurde. Er hat Hitler nie erreicht. In ihm stand nämlich: *"Melde dem Führer, wir haben uns hier bis zum letzten Mann abschlachten lassen, wie sein sinnloser Befehl es befahl!"*

In Berchtesgaden merkte ich bald, wie Bormann, dem wohl die Lage in Ostpreussen zu gefährlich wurde, alle Maßnahmen traf, um das Hauptquartier nach Berchtesgaden zu verlegen. Damit biss er aber bei Hitler zur Zeit auf Granit. Nur über nächtliche Gespräche mit der Wolfsschanze erfuhr ich, wie neben der Türkei immer mehr Staaten ihre Beziehungen zum Deutschen Reich abbrachen und die meisten von ihnen uns sogar den Krieg erklärten. Alle wollten sie nun noch rechtzeitig auf der Seite der Sieger sein.

Nach der Kesselschlacht von Falaise fiel die Normandie, und die alliierten Armeen fluteten nach Frankreich hinein. Kurz darauf fiel Paris.

Willi, der Theologe, wurde nach Berchtesgaden versetzt. Er brachte mir eine verbotenerweise angefertigte Kopie der Rede des Reichsjugendführers Artur Axmann mit, die dieser anlässlich des Attentats auf Hitler vor Offizieren des Führerhauptquartiers hielt. In ihr heisst es wörtlich:

"Unser Kampf gilt in erster Linie dem Christentum,
zweitens dem Liberalismus
und schließlich dem Bolschewismus!
Als überzeugte Nationalsozialisten werden wir ihn
mit unerbittlicher Härte führen!"

Bormann, so erzählte mir Willi, habe auf Wunsch Hitlers Pläne ausgearbeitet, in denen nach dem "Endsieg" alle Kirchen geschlossen und der gesamte Klerus nebst engagierten, führenden Laien in Konzentrationslagern "umzuerziehen" seien. Also herrliche Aussichten für uns! Ich übergab dieses Protokoll Pater Adalbert zur Aufbewahrung.

Im September, als in Rumänien bereits ein unerbittlicher Bürgerkrieg tobte, schickte man, durch Befehl aus der Wolfsschanze, unseren Oberleutnant Ringsdorff nach Bukarest, um, angeblich im Auftrag Hitlers, wertvolles Nachrichtengerät nach Deutschland zurückzutransportieren und es nicht in Feindeshand fallen zu lassen. Willi Ülhof hielt diesen Auftrag für sehr riskant und vermutete, dass er irgendwie von Bormann ausging, der das Christentum hasste.

Doch unser wackerer Offizier schlug sich unbeschadet bis zum deutschen Botschafter in Budapest durch. Mit seinen Hinweisen auf das FHQ und den "Führerbefehl" schaffte er es, genügend Begleitung und Transportfahrzeuge zu "organisieren", mit deren Hilfe er das Material unbeschädigt nach Deutschland brachte.

Man musste ihm dafür, wohl oder übel, auch von höchster Stelle Anerkennung und Dank aussprechen. Man ließ ihn auf jeden Fall in Berchtesgaden, weit weg von der Wolfsschanze.

Eine Agentenepisode

Ungefähr in dieser Zeit muss es gewesen sein, als mich einer unserer Offiziere bat, ihn in einer etwas "heiklen" Angelegenheit zu vertreten. Er hatte den Auftrag festzustellen, ob eine junge, ihm gut bekannte, aus der Schweiz stammende Dame, nicht eine feindliche Agentin war. Denn sie verbrachte ihren "Urlaub" schon längere Zeit in Berchtesgaden und leistete vielen Offizieren des OKWs auffällig oft Gesellschaft. Offensichtlich scheute er sich, diese Dame vielleicht in Schwierigkeiten bringen zu müssen. Er verabredete sich also mit Frau Leblanc, so nennen wir einmal die Dame, für den kommenden Abend im "Berchtesgadener Hof". An seiner Stelle erschien dann ich als sein "Vertreter". Die Dame fuhr in einem schnittigen Sportwagen vor, eine junge, blonde Schönheit, wie sie sonst nur in Magazinen vorkommt. Auf jeden Fall "nicht meine Kragenweite".

Sie entsprach ganz der Schilderung meines Offiziers, und ich sprach sie an, ziemlich "weich in den Knien", und stellte mich vor. Ich teilte ihr mit, mein Auftraggeber sei leider plötzlich dienstlich verhindert. Er habe aber bereits einen Tisch bestellt und bäte sie, doch diesmal mit mir, wenigstens beim Essen, vorliebzunehmen. Sie schien mir etwas verblüfft, nahm dann aber die Einladung lächelnd an.

Als wir den Speisesaal betraten, führten gerade zwei SS-Offiziere einen Oberst des OKHs hinaus. Meine Begleiterin erblasste sichtlich, vielleicht, weil sie den Offizier kannte. Ich bemerkte dazu, das stehe sicherlich im Zusammenhang mit dem 20. Juli; ich möchte verdammt nicht in seiner Haut stecken. Die SS solle meist ziemlich unangenehme Befragungsmethoden anwenden. Totenbleich nahm darauf die junge Frau an unserem Tisch Platz.

Ich weiss nicht warum, aber ich sagte nun umgehend zu ihr, sie stünde im Verdacht, eine feindliche Agentin zu sein. "Werden Sie mich nun verhaften?", fragte sie. Ich schüttelte den Kopf und antwortete, ich wolle versuchen, ihr zu helfen. Wir tranken nur etwas und verließen dann das Hotel. Ich bat sie, mich mit in ihr Hotel zu nehmen, und erläuterte ihr nun meinen Plan. Ich ließ sie etwa 300 Meter vor ihrem Hotel parken. Dann gingen wir zu Fuß zu ihrer Unterkunft. Ich sorgte dafür, dass der Rezeptionschef merkte, wie sie mich mit aufs Zimmer nahm. Dort ließ ich sie telefonisch eine Flasche Sekt mit zwei Gläsern aufs Zimmer bestellen. Anschließend musste sie nochmals anrufen, um sich um 6.00 Uhr morgens wecken zu lassen und gleichzeitig ein Frühstück für zwei aufs Zimmer zu ordern.

Dann fragte ich sie, ob man ungesehen das Hotel verlassen könne. Das war zum Glück durch den Hintereingang möglich. Nachdem der Sekt serviert war, wies ich sie an, nur das Nötigste zu packen, sich ungesehen aus dem Hotel zu schleichen und – sie besaß einen gültigen Schweizer Pass mit deutschem Visum versehen – sich sofort, noch in der Nacht, in die Schweiz abzusetzen. Ich würde versuchen, ihr den nötigen Vorsprung zu sichern. Sie bedankte sich mehr als gerührt, und ich legte mich erst einmal, im "Bewusstsein freudig erfüllter Pflicht", in ihr Bett, wo ich bald einschlief. Um 6.00 Uhr wurde ich geweckt, und kurz darauf brachte ein Page das Frühstück. Ich genoss die beiden Portionen mit Appetit, nahm ein Bad, zog mich an und fragte an der Rezeption, wo Frau

Leblanc geblieben sei. Heute morgen wäre sie nicht mehr da gewesen.

Das gab eine große Aufregung bei der Hotelleitung, als ich sie vorwurfsvoll fragte, wie es möglich wäre, in dieser Zeit ungesehen nachts zu verschwinden. Sie wollten Anzeige erstatten. Ich riet ab, weil sie dann mit erheblichen Schwierigkeiten rechnen müssten. Da die Rechnung für längere Zeit im voraus bezahlt war, entfiel auf jeden Fall die Sorge um einen finanziellen Verlust. Ich verabschiedete mich, ohne dass einer nach meinen Personalien gefragt hatte, und begab mich zu unserem Kommandeur. Ihm teilte ich mit, sein Verdacht habe sich bestätigt. Nun wurde er blass. Als ich ihm weiter berichtete, sie hätte mir anscheinend ein Schlafmittel in den Sekt getan und sich dann in der Nacht wohl ungesehen davongemacht, meinte er, das wäre ja nicht meine Schuld, man hätte eben einen Spezialisten ansetzen müssen. Er machte entsprechende Meldung, und ich hörte nie wieder etwas von der Geschichte.

Des "Führers" letztes Aufgebot

Im September 1944 hatte die Dauerbeschießung Londons mit der ersten Raketenwaffe der Welt, der V 2, begonnen. Doch in Relation zu den Zerstörungen und Schäden, die gegnerische Luftverbände Tag und Nacht in deutschen Städten ununterbrochen verursachten, waren das nur "Nadelstiche" und niemals irgendwie kriegsentscheidend.

Finnland schloss zu Beginn dieses Monats mit den Russen Waffenstillstand, und etwa zehn Tage später erreichten amerikanische Truppen die deutsche Grenze bei Trier.

Nun rief Hitler den "Volkssturm", sein letztes Aufgebot, zur Verteidigung der Heimat auf. Alle Männer von 16 bis 60 Jahren, die noch nicht eingezogen waren, mussten sich unter Leitung der Parteibonzen an Waffen ausbilden lassen. Sie ersetzten die durch Verwundung oder Krankheit bisher als kampfunfähig eingestuften Soldaten bei der Heimatverteidigung. "Heldenklau" ging in allen Kasernen um.

Es handelte sich dabei um Spezialkommandos von kampffähigen, aber wegen Beziehungen zu Partei-, SS- oder Regierungsbonzen zurückgestellten Offizieren, Unteroffizieren, Mannschaften und Ärzten. Sie gingen in alle Kasernen und stuften alles, was nicht gerade für immer bewegungsunfähig war, als tauglich für die Front ein. Auch in den Häusern wurden viele wegen ihrer schweren Verwundungen entlassene Soldaten zu diesem Zweck "reaktiviert".

Diese wieder als "kampftauglich" erklärten Männer wurden einmal mehr an den Fronten sinnlos "verheizt".

Die Gauleiter gefährdeter deutscher Gebiete wurden zu "Reichsverteidigungskommissaren" ernannt. Sie hatten dafür zu sorgen, dass keine Stadt des Reiches, die umgehend, sobald sie vom Gegner bedroht war, von Hitler zur Festung erklärt wurde, unter einer vielleicht einsichtigen militärischen Leitung kapitulierte. Gewöhnlich setzten sich diese "Goldfasanen", wie das Volk sie wegen ihrer Uniformen betitelte, mit ihren Stäben allerdings rechtzeitig ab.

Spottlieder entstanden, wie dieses:

"Wir kämpften im Osten und Westen
für Hitlers verlorenen Krieg.
Wir waren immer die Besten
und brachten es doch nicht zum Sieg.
Wir sind deutsche Grenadiere,*
die Hungerkünstler der Nation.
Mit Kunsthonig und Marmelade
marschiern wir viele Jahre schon.
Wie lange noch?
Vorwärts Grenadiere, vorwärts,
im Kampfe stehn wir ganz allein!
Und die Bonzen fahren immer
mit dem Auto hinterdrein
und rufen: 'Vorwärts, Grenadiere'!"

(* statt Grenadiere hieß es je nach Truppenteil: Infantristen, Gebirgsjäger, Pioniere usw.)

Natürlich durfte kein Unberufener das hören. Denn das von Hitler neu eingerichtete "Fliegende Standgericht" unter dem berüchtigten Generalleutnant Dr. Rudolf Hübner tauchte unerwartet in vielen Einheiten auf, wenn, was immer häufiger vorkam, ein NSFO (Nationalsozialistischer Führungsoffizier) heimlich Anzeige erstattet hatte. Dann wurde, wie zum Beispiel beim Leutnant Weiss, einem an der Front hochdekorierten Offizier, mitgeteilt:

“Sie haben am 4. Oktober gesagt, wir hätten den Sieg noch nicht in der Tasche. Dafür gibt es Zeugen. Im Namen des Führers verurteilt dieses Gericht Sie hiermit wegen Zersetzung der Wehrkraft des deutschen Volkes zum Tode. Das Urteil ist sofort zu vollstrecken.”

Der Verurteilte wurde zu einem nahen Wäldchen gebracht und von Hübners “Vollstreckungskommando”, das ihn stets begleitete, erschossen. Den Angehörigen teilte man mit, Weiss wäre wegen “Feigheit vor dem Feind” erschossen worden.

Wir lebten halt in der “Zeit der Lüge und des Terrors”. Und da war noch der Feldmarschall Schörner, ein überzeugter Nazi, der als neuer OB (Oberbefehlshaber) der Heeresgruppe Mitte im Osten die deutschen Truppen beim Rückzug stoppen sollte. Seine Parole lautete: KDF – diesmal unter der Deutung: “Kraft durch Furcht”, statt “Kraft durch Freude”. Sah Schörner einen sich zurückziehenden deutschen Truppenverband, schnappte er sich den leitenden Offizier und degradierte ihn sofort zum einfachen Soldaten. Dann fragte er, wer es sich zutraue, die Truppen zum Gegenangriff zu führen. Es fand sich naturgemäß immer einer. Der wurde dann sofort, mit Eintragung ins Soldbuch, wie das auch beim Degradieren geschehen war, in den entsprechenden Dienstgrad befördert. Das wirkte zwar nur kurzfristig, doch Hitler folgerte daraus, es gehe also, wenn man wolle und an ihn und an den Sieg glaube.

Wie konnte ich nur so wahnwitzig sein?

Ende September wurde ich zurück in die Wolfsschanze beordert. Ich fand das Hauptquartier in einem leicht panischen, besser ausgedrückt, hysterischem Zustand vor. Das hing vor allem mit dem, trotz aller Anstrengungen unserer Truppen, unaufhaltsamen Vormarsch der Roten Armee in Richtung Nordostpreussen zusammen.

Im Westen schien die Stadt Aachen stark gefährdet, und an allen Fronten konnte selbst der dringendste Nachschubbedarf an Truppen, Materialien und Verpflegung nicht mehr befriedigt werden. Dafür sollte ein neuer "Führerbefehl" all das ersetzen: Fanatismus und Glaube statt Waffen und Nahrung! In diesem Befehl hieß es wörtlich:

"Im Westen hat der Kampf in breiten Abschnitten auf deutschen Boden übergegriffen. Diese Tatsache muss uns mit fanatischer Entschlossenheit kämpfen lassen und jeden körperlich fähigen Mann zu äusserstem Widerstand anspornen.

Jeder Bunker und Unterstand, jede Stadt und jedes Dorf müssen zu einer Festung werden, gegen die sich der Feind den Kopf einrennt oder in der die deutsche Besatzung im Kampfe Mann gegen Mann untergeht..."

Vor allem die noch immer gläubigen Hitlerjungen opferten daraufhin noch zu Tausenden sinnlos ihr Leben für diesen billigen Sprücheklopfer.

Remer, inzwischen zum General befördert, hatte den Oberst Streve als Kommandeur der Wolfsschanze abgelöst. Ständig hielten die NSFOs Vorträge über die kurz bevorstehende Wende in der Kriegslage und den baldigen Endsieg, den der "Führer" in Aussicht gestellt habe.

Bormann schien immer mehr entschlossen, Hitler zum Verlassen Ostpreussens zu überreden, und, wenn überhaupt, mit den Russen zu verhandeln. Göring und Himmler hatten längst versucht, über Schweden mit den Westmächten Verhandlungen aufzunehmen. Sie versuchten, wenigstens ihre Köpfe zu retten.

Anfang Oktober war im Osten die Nordarmee abgeschnitten, und seit dem 11. Oktober brachen die Russen in Ostpreussen ein. Sie teilten mehrere Wochen hindurch diese "Insel" mit der Wolfsschanze, bis es unseren Truppen gelang, sie bei Goldap einzukesseln.

In dieser Zeit, Mitte Oktober, hatte man Hitler Beweise wenigstens über eine Mitwisserschaft Rommels am Attentat vorgelegt. Der schickte daraufhin die Generale Burgdorf und Maisel zu Feldmarschall Rommel. Hitlers Anweisung gemäß stellten die beiden ihn vor die Alternative: Selbstmord mit der mitgebrachten Giftkapsel oder Volksgerichtshof für ihn und "Sippenhaft" für seine Angehörigen. Rommel wählte das erstere, erlag laut Nachrichten in Rundfunk und Wochenschau "seiner schweren Verwundung", und erhielt ein ebenfalls in der Wochenschau gezeigtes "ergreifendes Staatsbegräbnis" mit einem besonders schönen und großen Kranz vom Führer! Das war wirklich gekonnt inszeniert!

In dieser Zeit reichte ich ein neues Versetzungsgesuch an die Front ein, in dem ich wortwörtlich schrieb:

"...dass mir ein weiteres Verweilen im Hauptquartier als Feigheit erscheint. Ich will, dem Führeraufruf folgend, bis zum letzten Blutstropfen die Heimat mit der Waffe verteidigen." Ich finde heute noch keine einleuchtende

Erklärung für mein damaliges Handeln, zumal ich nicht zu Kurzschlusshandlungen neige. Auf jeden Fall hatte ich mit dieser Meldung in ein Wespennest gestochen! Noch am selben Abend musste ich mich beim Kommandeur melden, der mich aufforderte, mein Gesuch zurückzuziehen; schließlich könne leicht der Anschein entstehen, alle im Hauptquartier stationierten Kräfte seien Feiglinge. Ich antwortete, das wolle ich keineswegs damit sagen. Es wäre eine Feststellung, die ich nur auf mich persönlich bezöge, und ich bliebe bei dem Antrag. Am anderen Morgen spielte sich dieselbe Szene beim Kommandeur des Hauptquartiers, General Remer, ab. Wiederum lehnte ich, trotz des Rates wohlmeinender Kameraden, es ab, das Gesuch zurückzuziehen.

Zwei Tage später setzte man mich mit einer Kampfgruppe in Marsch, um die bei Goldap eingeschlossenen sowjetischen Truppen zu vernichten und Ostpreussen von eingedrungenen gegnerischen Truppen zu säubern. Für unser Kommando war dieser Auftrag besonders gefährlich, weil die Russen wussten, dass unsere Kampfgruppe aus dem Führerhauptquartier kam, und sie für jeden lebenden Gefangenen mit dem Ärmelstreifen "Großdeutschland" 300 Goldrubel Prämie ausgesetzt hatten.

Als ich mit der Kampfgruppe in die Nähe Goldaps gelangte, war die Aufgabe zum größten Teil bereits gelöst. Es galt nur noch, Reste der zurückgewichenen Russen "auszuschalten".

Entsetzt stand ich allerdings beim Anblick der vielen Opfer unter der Zivilbevölkerung, an denen die Sowjets sich in unvorstellbar grausamer Weise gerächt hatten. Die Leichen geschändeter und entsetzlich verstümmelter Frauen und Kinder sowie einiger Männer ließen uns erstarren. Der Sturm des Hasses, den Hitler gesät hatte, kehrte nun als Orkan vernichtend und ohne Unterschied über Mitschuldige und Unschuldige zurück und forderte, vor allem mit Beginn des letzten Kriegsjahres, Hekatomben an Opfern in der Zivilbevölkerung.

Unsere Truppen an der Ostfront kämpften zu jener Zeit nur noch mit übermenschlicher Tapferkeit, langsam zurückweichend, um der Zivilbevölkerung immer aufs neue Möglichkeiten zur Flucht, vor allem über das Kurische Haff, zu geben. Doch auch das gelang meist nicht mehr in ausreichendem Maße.

Bereits im November drangen sowjetische Truppen erneut nach Ostpreussen vor. Auch die Wolfsschanze würde vielleicht schon bald zum Kriegsgebiet werden. Ich wurde zurückbeordert, und man nahm mich wieder auf, als hätte dieses Gesuch nie existiert.

Das Ende der Wolfsschanze

Kurz vor dem 20. November versetzte man mich zusammen mit den meisten Kameraden nach Zossen bei Berlin. Wenige Tage später folgte der gesamte OKWStab.

Hitler bezog mit einer kleinen Gruppe aus dem Sperrkreis I die Reichskanzlei, genauer gesagt die Bunker unter diesem und den angrenzenden Gebäuden. Nur wenige unserer Nachrichtenleute versahen in der nicht nur räumlich völlig unzureichenden Nachrichtenzentrale im Führerbunker Dienst. Mit zweien von ihnen, Wilhelm Bischoff und Hans Mohr, konnte ich bis zwei Tage vor Hitlers Tod in telefonischer Verbindung bleiben und wurde dadurch mit allen wichtigen Nachrichten versorgt.

Im Dezember arbeitete ich eine Woche lang in der Zentrale des früheren Luftfahrtsministeriums, dann wurde ich erneut zur Anlage "Siegfried" nach München-Pullach versetzt. Borman setze alle Hebel in Bewegung, um aus dem "gefährlichen" Berlin rechtzeitig zu entkommen und in der gar nicht existierenden, doch angeblich so sicheren "Alpenfestung" die "Wende", was auch immer damit gemeint sein mochte, und den Endsieg abzuwarten. Ständig wuchs die Anzahl hoher Partei-, Regierungs- und Militärangehöriger, die ihn bei diesen Bemühungen unterstützten, um wenigstens ihre Haut zu retten, sei es auch nur für beschränkte Zeit. Auch spielten sie zunehmend mehr mit dem Gedanken eines Regierungswechsels, der ihnen dienlich sein konnte, mit Ausnahme Goebbels. Der behielt seinen "kühlen Kopf" und wusste, dass der Krieg total verloren war, und die Verantwortlichen zur Rechenschaft gezogen würden. Alle Verbrechen würden offenbar werden, und neben einem "schimpflichen Todesurteil" für Hitler würde die Legende vom "Führer" und seinem Reich auch dem letzten seiner Anhänger als Farce erscheinen und für immer zerstört sein.

Deshalb bereitete er generalstabsmäßig alles vor, um einen "historisch unvergesslichen Abgang" des "Dritten Reiches" mitsamt dem deutschen Volk aus der Geschichte zu inszenieren. Dieser sollte, wie einst der "Kampf der letzten Goten", für ewig eine ähnliche Legende entstehen lassen. Dafür war es nötig, mit allen Propagandamitteln in Presse, Funk und Film den Glauben an Hitler und den "Endsieg" aufrechtzuerhalten oder gar noch zu stärken. Ständig lief in den Kinos Zarah Leanders Film mit dem Song, der täglich auch so oft wie möglich aus dem Radio zu vernehmen war:

"Und als sie voll Sehnsucht ihn rief,
da schrieb er ihr gleich einen Brief:
Liebe Hanne, bleib mir gut
und verliere nicht den Mut;
denn gibt es auch Zunder und Dreck,
das alles, das geht wieder weg,
und vom Schützen bis zum Leutenant
da ist die Parole bekannt:
Es geht alles vorüber, es geht alles vorbei!
Auf jeden Dezember folgt wieder ein Mai."

Die Leute sangen statt dessen den Schlussvers:

"Auf Abschnitt Dezember gibts endlich ein Ei!"

Als letzten "Durchhaltefilm" ließ Goebbels zuerst in Berlin, anschließend in Prag den aufwendigen Film "Kolberg" mit Kristina Söderbaum drehen. Er war propagandistisch genauso wie seine Rede im Berliner Sportpalast 1943 einmalig geeignet, einen irrationalen fanatischen Durchhaltewillen zu wecken.

Es handelte sich um einen historischen Film aus der Zeit Napoleons, als die Preussische Königsfamilie nach Königsberg floh und Königin Luise die Parole ausgab, um jeden Preis durchzuhalten, was sich dann auch bewährte, denn es folgte der Friedensschluss.

Veit Harlan führte Regie oder hatte eine Hauptrolle in diesem Film; er bekam nach Kriegsende Berufsverbot. Kristina Söderbaum, eine hochangesehene schwedische Filmschauspielerin, blieb nach dem Krieg ungeschoren, spielte jedoch nie wieder in einem deutschen Film.

Trotzdem ging bei den Landsern in wachsendem Maße die Parole um, die in Abwandlung des früheren Spruches: *"Wir wollen heim ins Reich!"* nunmehr lautete: *"Wir wollen heim, uns reicht's!"*

Wieder in der Anlage "Siegfried"

Mitte Dezember 1944 bezog Hitler die "Anlage Wiesental". Von hier leitete er die "Ardennen-Offensive", die am 16. Dezember unter dem Decknamen "Herbstnebel" eröffnet wurde. Es war der letzte Versuch, die Herrschaft im Westen nochmals an sich zu reissen und den Vormarsch der Gegner zu stoppen.

Das schlechte Wetter, das den Einsatz der alliierten Luftwaffe ausschloss, begünstigte zusammen mit dem Überraschungseffekt die aussergewöhnlichen Anfangserfolge. Am 23. Dezember besserte sich aber das Wetter, und unter den wuchtigen Schlägen der übermächtigen alliierten Luftüberlegenheit brach am 26. Dezember die Offensive endgültig und völlig zusammen.

Das Hauptquartier war eigentlich eine Erweiterung der im Westfeldzug benutzten Anlage "Adlerhorst" im Taunus und lag etwa zwei Kilometer von der ursprünglichen Anlage entfernt. In dieser hatte der OB West, Feldmarschall von Rundstedt, mit seinem Stab seinen Befehlsstand eingerichtet.

Hitlers Abwesenheit von Berlin nützte nun Bormann weidlich aus, um alle Voraussetzungen zu schaffen, die Anlagen in Berchtesgaden und München gründlich auszubauen. Er hoffte damit, einen Grund mehr vorbringen zu können, Hitler bei seiner Rückkehr nach Berlin zu bewegen, die unzulänglich gewordenen Berliner Quartiere zu räumen und in die "Alpenfestung" zu ziehen.

In diesem Zusammenhang wurden mehrere Kameraden der Berliner Nachrichtenzentralen bereits nach Berchtesgaden versetzt. Mich aber beorderte man wieder nach München-Pullach in die Anlage "Siegfried".

München war bereits in vielen Bezirken durch gegnerische Bombenangriffe zerstört worden. Beinahe täglich, wenn auch nicht so häufig wie in Berlin, folgten die Fliegeralarme. Unsere Fliegerabwehr stand diesen Angriffen ziemlich hilflos gegenüber. Die ersten brauchbaren Düsenjagdflugzeuge, die ersten in der Welt, konnten meist wegen Treibstoffmangels nicht eingesetzt werden.

In der Anlage selbst lag ein Nachrichtenzug. Er war damit beschäftigt, Kabelgräben auszuheben und die Fernsprechleitungen unter die Erde zu verlegen, um diese dadurch besser zu schützen. Geführt wurde der Zug von einem Leutnant Thalmeier, dem auch ich unterstellt war.

Er hatte sich in meinem schönen "Zimmer" im Bunker einquartiert. So suchte ich mir eine andere Unterkunft. Ich war wiederum als einziger für den Dienst in der Zentrale in Zusammenarbeit mit den drei Damen bestimmt worden. Glücklicherweise besaß der Leutnant keinerlei Erfahrung im Betriebsdienst. So hatte ich hier wie bereits vor einem Jahr freie Hand.

Bei dem offensichtlich fanatischen Glauben des Leutnants an Führer und Endsieg war – das erkannte ich bald – größte Vorsicht am Platze. Zwei Kameraden seines Zuges hatte man bereits in den letzten Wochen auf irgendeine Bemerkung hin "wegen Zersetzung der Wehrkraft" hingerichtet. Zum Glück mischte er sich nicht in meine Diensttätigkeit ein, wahrscheinlich auf Anweisung aus dem Hauptquartier. Vormittags erstattete ich wie gewohnt regelmäßig meine Dienstberichte nach Berlin, oder ich wurde von dort angerufen und mit neuen oder zusätzlichen Aufgaben betraut. Nachmittags meldete ich mich "offiziell" zum "Braunen Haus" ab, indem ich angab, dorthin beordert worden zu sein.

Ich war sicher, dass unser Leutnant keinerlei Möglichkeiten hatte, das zu überprüfen. Ich wurde ihm vielmehr mit meinen offensichtlichen (Schein-)Kontakten zu den höchsten Stellen von Regierung, Wehrmacht und Partei etwas unheimlich. So konnte ich nachmittags unbehelligt mit den "Kolleginnen" von der Post, von denen wenigstens immer zwei dienstfrei hatten, in den Grünwalder Anlagen rodeln und die Winterfreuden genießen.

Gauleiter Gießler von München nahm während dieser Zeit fast täglich Verbindung mit Bormann auf. Beide verhehlten nur mühsam ihre wachsende Sorge über den Vormarsch der gegnerischen Truppen, die die Reichsgrenze an mehreren Stellen bereits überschritten hatten. Einig waren sie sich darin, dass der "Führer" sein Hauptquartier nach Bayern verlegen müsse, wenn er noch längere Zeit hindurch handlungsfähig bleiben wolle. Die Vorbereitungen dafür wären so gut wie abgeschlossen.

In München hatte der Zirkus Krone damals sein Winterquartier aufgeschlagen. Trotz der regelmäßigen, in der Wirkung sich ständig steigernden Luftangriffe auf diese Stadt fanden täglich Vorstellungen statt. Sie waren immer gut besucht, weil sie den Menschen dabei halfen, wenigstens für einige Stunden ihre Ängste und Sorgen zu vergessen. Leutnant Thalmeier hatte seinen Leuten nicht gestattet, in ihrer Freizeit eine dieser Vorstellungen zu besuchen. Sie durften die Anlage überhaupt nicht verlassen, weil, wie er sagte, die Kameraden an der Front auch keine Möglichkeiten der Freizeitgestaltung hätten. In einem Gespräch mit ihm meinte ich darauf, den Kameraden an der Front würde auch ein asketisches Verhalten seines Zuges nichts nützen; sie würden höchstens darüber lachen. Vielleicht wären wir morgen auch schon im Einsatz an der Front. Misstrauisch fragte er, wie ich das meine. Ich entgegnete, beim Endkampf, der uns mit dem "Führer" an der Spitze endlich den Sieg bringen würde, wolle er sich doch wohl nicht ausschließen. Da das bald sein könne, solle er die Tage nutzen. Ich schlug ihm vor, doch öfter bei seiner Frau in Holzkirchen zu weilen, solange er noch nicht im Einsatz wäre. Wir könnten eine Direktverbindung zu seiner Wohnung herstellen, so dass er ständig zu erreichen sei und auch von dort die Anlage leiten und überwachen könne. Schließlich habe er ja ein vertrauenswürdiges Unteroffizierskorps.

Oh Wunder, er folgte meinem Rat. Seine Leute durften in ihrer Freizeit in die Stadt und zu Veranstaltungen, und er befand sich nun meistens in Holzkirchen. Alle waren mit dieser Entwicklung hochzufrieden.

Zum Silvesterabend dieses letzten vollen Kriegsjahres hatte mich Micky zu sich nach Hause eingeladen.

Um Mitternacht brachte sie zu meiner freudigen Überraschung frisch gebackene Waffeln mit Sahne auf den Tisch. Dazu öffneten wir eine Flasche Sekt, die ich "organisiert" hatte. Wir stießen auf das Neue Jahr 1945 an, das uns hoffentlich das Ende des Krieges und des Terrors bringen würde.

Doch niemand in diesem Kreis hatte damit gerechnet, dass ein halbes Jahr später wirklich *alles*, zugleich mit dem Krieg auch das, was einmal in der Geschichte "Deutsches Reich" hieß, von der Landkarte verschwunden sein würde.

In rasender Fahrt in den Untergang

Mitte Januar 1945, kurz nachdem die sowjetischen Armeen bereits von der Weichsel aus die entscheidende Offensive gegen das Reich eröffnet hatten, wurde ich wieder nach Berchtesgaden versetzt. Zwei unserer Damen begleiteten mich am Spätnachmittag zum Bahnhof. Dort konnten wir wenigstens privat herzlich Abschied nehmen. Niemals wäre ich auf den Gedanken gekommen, dass ich ein knappes halbes Jahr später in derselben Pullacher Anlage als "Kriegsverbrecher" empfangen und entsprechend "bewillkommt" werden würde.

In Rosenheim geriet unser Zug in einen schweren Luftangriff. Fast augenblicklich stand er in hellen Flammen. Soweit wir noch konnten, suchten wir dem lodernden Feuermeer zu entkommen. Doch draussen wurden wir wie Hasen mit Maschinengewehrfeuer gejagt. Jeder versuchte, so gut er konnte, wenigstens einigermaßen Deckung zu finden. Ich hatte mich möglichst schnell weit vom Bahndamm entfernt. Denn dort bestand normalerweise die größte Gefahr. Etwa zwei Stunden später erst war wieder völlige Ruhe am Himmel. Die "Christbäume" waren ausgebrannt, und man hörte kein Motorenbrummen mehr. In der Dunkelheit eilten wir über die Innbrücke. Plötzlich stürzte ich dort in ein Bombenloch, fiel, wurde aber mit einem schmerzhaften Ruck plötzlich gebremst. Mein schräg über die Schulter gehängtes Gewehr hatte sich quer gestellt. Es ragte dadurch auf beiden Seiten über das Loch hinaus und sorgte dafür, dass ich nicht in den Fluss stürzte. Nur meine Tasche mit Wäsche, meinem "Neuen Testament", privaten Fotos, Aufzeichnungen und Briefen war im Inn verschwunden.

Erst beim Morgengrauen kam ein Zug, rückwärts fahrend, der auf der anderen Seite kurz vor der zur Zeit nicht mehr befahrbaren Innbrücke hielt. Er beförderte uns bis Freilassing. Von hier aus wurde ich von einem Wagen aus der Strubkaserne abgeholt. Auf der Fahrt hockten vorn am Kühler zwei "Luki-Luki"-Männer. So nannten wir die Soldaten, die von dieser Zeit an ständig bei Fahrten mit Kraftfahrzeugen nach Tieffliegern Ausschau hielten, um die Insassen rechtzeitig zu warnen. Die Alliierten schossen inzwischen bei ihrer totalen Luftüberlegenheit mit ihren Jagdfliegern auf alles, was sich draussen bewegte.

In der Zentrale angekommen, erstattete ich Meldung über den Verlust der Wäschetasche nebst Inhalt. Das bescherte mir anschließend einen Schreibkrieg mit schriftlicher Meldung, Formulare-Ausfüllen usw. In dieser Beziehung hatte sich noch nichts geändert.

Bei meiner ersten Nachtschicht ließ ich mich erst einmal eingehend durch Hans Mohr, der in der Reichskanzlei Dienst hatte, über die Lage informieren. Obwohl die militärische Lage sich im Osten wie im Westen immer mehr zuspitzte, schien die Spitzen von Partei, Regierung und Wehrmacht doch nur eine einzige Frage zu interessieren:

“Geht Hitler endlich zum Berghof?”

Die Vorarbeiten waren dort, in Berchtesgaden wie in München, weitgehend abgeschlossen. Als sicher geltende unterirdische Bunker und Nachrichtennetze schienen mehr Handlungsfreiheit und Möglichkeiten zu bieten, als das ständig stärker gefährdete Berlin.

Schon Anfang Februar 1945 war die Reichskanzlei so durch Bombenangriffe zerstört, dass Hitler in die im Park der Reichskanzlei ausgebaute, aber beengte Bunkeranlage umzog. Vor allem die kleine Nachrichtenzentrale war in ihren Möglichkeiten eingeengt, zumal die Direktleitungen nach Zossen, zum OKW, und von dort auch zu den Fronten oder zu anderen Orten im noch nicht eroberten Reichsgebiet häufig gestört waren. Verbindungen, selbst bei “Führergesprächen”, konnten zuweilen nicht mehr oder nur über zeitraubende Umwege hergestellt werden. Der Funkverkehr war unsicherer, weil er oft nur unvollständig empfangen wurde und vom Gegner abgehört und meist auch dechiffriert werden konnte.

Anfang März wurden die Soldaten an allen Fronten mit dem neuen Führererlass bekannt gemacht, wonach kein Soldat unverwundet in die Hände des Feindes fallen durfte; seine Angehörigen würden sonst dafür zur Rechenschaft gezogen.

Als auch das den ständigen Vormarsch der Gegner nicht stoppte, erließ Hitler seinen berüchtigten “Neroerlass”. Danach hatte eine zurückweichende Truppe vorher alle Lebensgrundlagen des Gebietes, wie Wasserwerke, Brücken, aber auch alle Häuser zu zerstören und für immer unbrauchbar zu machen. Dank der ständigen Intervention bei den betreffenden Partei- und Militärbe-

Der Berghof auf dem Obersalzberg, wo Hitler gewohnt hat, wurde am 25. April 1945 durch einen Großangriff der Amerikaner samt Umgebung bis nach Salzburg hinein weitgehend zerstört

fehlshabern gelang es Albert Speer in den meisten Fällen, das zu hintertreiben. Obwohl Hitler offensichtlich darüber unterrichtet wurde, wie wir aus mitgehörten Gesprächen erfuhren, hatte das zu aller Erstaunen keine negativen Konsequenzen für Speer.

Auch der Oberbefehlshaber der Heeresgruppe Weichsel, Himmler, ließ sich in diesen Tagen ablösen. Er hatte sich in diesem selbst erstrebten Amt als völlig überfordert und unfähig erwiesen, spielte nun den Kranken und wurde auf seine Bitte hin von seinem Kommando entbunden und durch General Heinrici ersetzt.

Den Chef der Stabes im OKH, Zeitzler, ließ Hitler durch den Panzergeneral Guderian ablösen. Als der es aber wagte, Hitler die Lage ungeschminkt darzustellen und ihm gar zu widersprechen, trat General Krebs an dessen Stelle. Der blieb in dieser Stellung dann auch bis zum Ende.

Mit Ausnahme von Goebbels, der die Lage richtig einschätzte und einen "heroischen Abgang" wünschte und plante, bangten alle in Berlin verbliebenen Führungskräfte aus Partei, Regierung und Wehrmacht nunmehr immer stärker um ihre persönliche Sicherheit. Berlin schien allem Anschein nach in absehbarer Zeit den Russen in die Hände zu fallen, und wer wollte schon, nach den Meldungen, wie diese in den eroberten Gebieten mit den Besiegten verfuhren, in ihre Hände fallen?

Offiziell sprach natürlich jeder vom baldigen "Endsieg".

Schließlich hingen auch an Berlins Bäumen zunehmend nicht nur Jugendliche, die sich versteckt hatten, um nicht in einem offensichtlich aussichtslos gewordenen Kampf zu fallen, oder die mit einer Bemerkung am Endsieg zu zweifeln gewagt hatten. Auch ältere Jahrgänge teilten nun deren Schicksal. Um den Hals dieser Unglücklichen hing jeweils ein Schild:

"Ich war zu feige, für meine Heimat zu kämpfen."
Oder meistens einfach:
"Ich bin ein Verräter!"

In krassem Gegensatz dazu schien in Berchtesgaden das Leben, auch in den höchsten Dienststellen von Partei und Wehrmacht, so abzulaufen, als ob der Krieg sich in einem anderen Land abspiele. Man war bis zu diesem Zeitpunkt vor Bombenangriffen verschont geblieben, man besuchte in Salzburg die Theater-, Opern- und Operettenaufführungen, speiste dann anschließend dort im "Goldenen Hirsch" und bereitete natürlich alles vor, damit Hitler sich bei seiner Ankunft über nichts zu beschweren hatte. Dass er kam, das stand für die meisten fest. Dafür würde Bormann schon sorgen.

Mitte März unternahm Hitler einen Frontbesuch zum Gefechtsstand der Division des Generals Busse bei Saarow am Scharmützelsee. Von da an verließ er seinen Bunker in der Reichskanzlei nicht mehr.

Persönliches Intermezzo

Der Ostersonntag 1945 fiel auf den ersten April. Willi Ülhof und ich hatten mit Pater Adalbert ausgemacht, ihn bei der Auferstehungsfeier in der St. Bartholomaekirche auf der gleichnamigen Insel im Königssee als Messdiener zu unterstützen. Das Hotel Schiffmeister stellte uns ein Boot zur Verfügung, und die Familie des Besitzers begleitete uns auf einem zweiten Boot. Gegen 6.00 Uhr in der Frühe begann der Pater mit dem Gottesdienst im überfüllten Gotteshaus. Anschließend lud der Besitzer eines Cafés am Obersee uns drei zum Osterfrühstück ein. Diese Einladung nahmen wir gerne an. Wir ruderten also zum Obersee weiter. Im Café erwartete uns eine reichlich und festlich gedeckte Tafel. Ein Osterlamm als Kuchen, Bohnenkaffee und Bauernbrot mit Schinken, Wurst und Käse. Ausserdem erhielt jeder ein Osternest mit bunten Ostereiern und Süßigkeiten. Zum Schluss durften wir uns ins Gästebuch des Hauses eintragen. Als ich dieses durchblätterte, entdeckte ich wenige Seiten davor eine Eintragung von Reichsmarschall Hermann Göring mit seiner Frau Emmi. Diese hatte ihren Namen sehr raumbeanspruchend hingeschrieben. Darunter hatte dann irgendeiner gekritzelt: "Emmi, warum so groß?"

Am Ostermontag besuchte ich den Gottesdienst in der Franziskanerkirche in Berchtesgaden. Daran hatten auch einige russische Kriegsgefangene, offensichtlich von den Bauern mitgebracht, teilgenommen. Nach der Messe entbot ich ihnen den russischen kirchlichen Auferstehungsgruß in ihrer Heimatsprache und schenkte jedem einige Zigaretten. Den Männern rannen vor Rührung und Ergriffenheit Tränen in ihre ungepflegten Bärte. Mich aber stellten umgehend drei hohe SS-Offiziere, die offenbar die Szene beobachtet hatten. Sie brüllten mich an, wie ich dazu käme, mit unseren Feinden zu sprechen und sie sogar zu beschenken, und forderten mein Soldbuch. Wieder nützte es mir, umfassend informiert zu sein und bluffen zu können. Ich stellte die Gegenfrage, wieso sie einen Führer- und Reichsleiterbefehl sabotieren dürften. Als sie mich nun fragend anschauten, behauptete ich, nicht ganz zu Unrecht, der Führer habe inzwischen den Einsatz der Wlassowarmee im Osten angeordnet.

Andreas Wlassow, ein in Gefangenschaft geratener russischer General, stellte seit 1943 eine Freiwilligenarmee aus Kriegsgefangenen zur "Befreiung seiner Heimat vom Bolschewismus" auf, natürlich unter der Bedingung der Wiederherstellung des alten russischen Reiches. Viele Russen hatten sich dafür gemeldet. Erst jetzt hatte Hitler den Einsatz dieser Truppe genehmigt. Er dachte natürlich nie daran, seine Versprechungen später auch zu erfüllen. Bis hierhin stimmte alles.

Nur meine Version, Hitler habe Anweisung gegeben, mit allen Mitteln für Nachwuchs für diese Armee zu sorgen, war frei erfunden. Sie wurde der SS gegenüber aber um so glaubwürdiger, als ich lächelnd fortfuhr, es müsste doch eine Ehre für diese Menschen sein, an Stelle der "nordischen Elite" zu kämpfen und zu verbluten. Die Offiziere entschuldigten sich und schenkten mir zum Abschied sogar ihrerseits ein Päckchen Zigaretten.

Übrigens, der größte Teil der Wlassowarmee geriet später in englische Gefangenschaft. General Wlassow wurde aber von den Alliierten zusammen mit seiner Truppe den Russen ausgeliefert. Er und alle Soldaten dieser Armee wurden auf Geheiss Stalins umgebracht.

Das OKW kommt – "Der Führer" bleibt in Berlin

Die erhoffte Wende beim Tod Roosevelts Mitte April 1945 blieb genauso Utopie, wie die ausgemalte Vision in der letzten hinreissenden Rede von Goebbels am Vorabend von Hitlers Geburtstag. In dieser sprach der Propagandaminister von einer einzigen Chance auf den Endsieg, die ausschließlich in der Person Adolf Hitlers liege. Er wäre als einziger Mann auf der Welt der Garant dafür, dass nicht ganz Europa bolschewistisch würde.

Dabei war schon am Vortag die OKW-Anlage in Zossen unzerstört im letzten Augenblick vor der Ankunft der Russen geräumt worden. Der OKWStab wurde provisorisch in die Luftfahrtsschule in Wannsee einquartiert. In Berlin gab es von diesem Tag an immer aufs neue Panzeralarm.

Am nächsten Tag, Hitlers letztem Geburtstag, nahm er, wie Paul Hanisch mir zwei Tage später erzählte, nur die Gratulation seiner engsten Mitarbeiter entgegen und zeichnete einige Hitlerjungen, noch halbe Kinder, wegen ihres tapferen erfolgreichen Einsatzes gegen feindliche Panzer mit dem Eisernen Kreuz aus.

Ich erhielt zu Hitlers Geburtstag, zu meinem und aller Erstaunen, ein durch Kurier von Berlin überbrachtes Buch über das Leben des erfolgreichen Jagdfliegers Oberst Werner Mölders. Auf der Titelseite stand als Widmung, wörtlich geschrieben nach meinem Namen und Dienstgrad:

"Dank für dreijährige treue und erfolgreiche Arbeit im Führerhauptquartier! Adolf Hitler."

Alle fragten mich, wie ich zu dieser Ehre gekommen sei. Ich hatte keine Ahnung, meinte aber, es sei vielleicht, weil der Führer mich im Schlaf gesehen hätte. Schon meine Mutter habe immer gesagt, im Schlaf sähe ich so unschuldig aus, als könne ich kein Wässerlein trüben. Aber im Ernst: Ich kann mir bis heute nicht erklären, was und wer wirklich dahinterstand.

Ebenfalls an seinem Geburtstag schickte Hitler den Großadmiral Dönitz nach Mecklenburg und ernannte ihn zum Oberbefehlshaber Nord. Er sollte, bei einer Unterbrechung der Verbindung zwischen südlichem und nördlichem Deutschland durch feindliche Truppen, im Nordbereich die Reichsgewalt an Hitlers Stelle ausüben. Auch die Ministerien und das OKW und OKH wurden geteilt. Der kleinere Teil wurde Dönitz unterstellt und folgte ihm in den Norden des Reiches. Die Mehrheit dieser Dienststellen wurde nach Berchtesgaden beordert.

Aber die Ernennung des zuerst für diesen Posten vorgesehenen Göring und anschließend, an dessen Stelle, des Marschalls Kesselring zum Oberbefehlshaber Süd erfolgte noch nicht. So entstand die fast einhellige Meinung, vor allem zur Erleichterung Bormanns und Hitlers engster Mitarbeiter, der Führer würde in den nächsten Tagen in den Süden nachfolgen.

Das galt für um so sicherer, als die Regierungsgewalt der Oberbefehlshaber Nord und Süd nur jeweils für das Gebiet gelten sollte, in dem Hitler sich nicht aufhielt, und nur, falls die Verbindung zum anderen Teil des Reiches abreisse.

Am 21. und 22. April war dann der größte Teil des ehemaligen OKWs und OKHs in Berchtesgaden eingetroffen. Am darauffolgenden Tag gab Hitler seinen endgültigen Beschluss bekannt, in Berlin zu bleiben, und er ernannte den Feldmarschall Kesselring zum Oberbefehlshaber Süd. Dieser quartierte sich nun mit seinem engsten Stab in das Hotel Schiffmeister direkt am Königssee ein. Dort wurde eine zusätzliche Nachrichtenzentrale eingerichtet, und ich versah nun abwechselnd meinen Dienst in der Strubkaserne und im Hotel Schiffmeister.

In diesen Tagen sah ich beim General von Wedel den zuerst in Berlin begonnenen und dann in Prag vollendeten Film "Kolberg", der es trefflich verstand, die Illusion zu wecken, Durchhalten in jedem Fall auch in völlig aussichtslosen Lagen bringe am Ende schließlich stets den Sieg.

Zur selben Zeit hörte ich ein Telefongespräch zwischen dem Gauleiter von Salzburg, Scheel, und dem langjährigen Leiter der Staatskanzlei, Meissner, mit. Letzterer wohnte nunmehr in seiner Villa in Oberau. Scheel fragte in diesem Anruf den Staatssekretär, ob er wisse, ob Salzburg aufgrund der Jaltakonferenz zum amerikanischen oder russischen Interessengebiet zähle. Er war sichtlich erleichtert, als er die Auskunft erhielt, Salzburg sei den Amerikanern zugesprochen.

Am 25. April, gegen Mittag, ich versah in dieser Zeit gerade meinen Dienst in der Zentrale in der Strubkaserne, heulten plötzlich die Sirenen auf.

Sie kündigten durch ihre auf- und abschwellenden Töne Fliegeralarm an. Das war nicht so ungewöhnlich. Doch dann erhielten wir die Meldung, feindliche Bombengeschwader wären im Anflug auf den Raum Salzburg-Berchtesgaden. Zugleich erhielten wir die Anweisung, die Zentrale, die im ersten Stock lag, auf keinen Fall zu verlassen.

Hitler begrüßt Großadmiral Karl Dönitz, den er später in seinem Testament vom 29. 4. 1945 anstelle von Hermann Göring zu seinem Nachfolger als Reichspräsident und Oberbefehlshaber der Wehrmacht bestimmte.

Minuten später dröhnten bereits die Motoren über uns. Dann begann ein Inferno. In das Pfeifen und Jaulen der fallenden Bomben und Luftminen mischte sich das Rattern der eingreifenden Flak. Alles wurde nun aber verschluckt durch die unaufhörlich explodierenden Bomben und Luftminen, da deren Krachen sich durch die Berge ins Unfassbare steigerte. Nie in meinem Leben hatte ich eine solche Angst und zugleich das Gefühl des völlig hilflosen Ausgeliefertseins empfunden. Immer neue Angriffswellen rollten heran und luden ihre Bombenlasten ab. War das das Ende für mich? Die meisten der höheren Chargen saßen in relativ sicheren Bunkern. Ich konnte aus dem Fenster, dessen Scheiben geborsten waren, Rauch und Feuerwolken vor allem über dem Gebiet um den Berghof sehen. Wahrscheinlich wähnten die Alliierten Hitler dort. Wieso sollten sie auch ihm, der sie ständig durch Lügen getäuscht hatte, diesmal glauben? Doch zum ersten Mal hatte er gemeint, was er gesagt hatte. Er blieb in Berlin.

Als nach etwa zwei Stunden alles vorbei war, lagen der Berghof mit dem Haus des Führers, der Bormannsiedlung, den SS-Kasernen und die meisten anderen Anlagen in Schutt und Asche. Nur das Teehaus auf dem Kehlstein schien glimpflich davongekommen zu sein.

Die Verbindungen nach Berlin konnten nur noch durch Funk, und das auch nur von Zeit zu Zeit und mit vielen Störungen, hergestellt werden. Nur innerhalb Süddeutschlands und Österreichs waren die meisten Telefonverbindungen noch intakt. Zu Dönitz konnten wir keinen direkten Kontakt mehr herstellen.

Als ich abends mit Willi, dem Theologen, unseren Freund, den Pater Adalbert, aufsuchte, sahen wir noch immer über dem Berghofareal, aber auch über Salzburg,

Rauch- und Feuerwolken. Gegen Mitternacht machten wir drei uns auf den Weg zum Bormannbunker, der teilweisc verschüttet war. Wir erbeuteten zu unserer Freude zwei Flaschen Champagner und konnten unentdeckt wieder ins Pfarrhaus gelangen. Wir leerten eine Flasche in der Freude, dass wir überlebt hatten. Dann verabschiedeten wir uns und erreichten wohlbehalten unser Quartier.

Aussenminister Joachim von Ribbentrop, begleitet von seinem Verbindungsmann im FHQ, Botschafter Walter Hewel, (rechts) und einem Offizier des Sicherheitsdienstes (SD)

Er ließ sein Volk im Stich, entzog sich der Verantwortung

Als ich am 28. April das Hotel Schiffmeister betrat, um meinen Dienst anzutreten, bemerkte ich zu meinem Erstaunen, dass alle Hitlerbilder entfernt waren. An deren Stelle hingen nun Hirschgeweihe.

Man war durch einen "verstümmelten" Funkspruch zu der irrigen Annahme gelangt, der Führer sei tot. Erst am Spätnachmittag gelang wieder eine zwar kurze, doch einigermaßen brauchbare Verbindung nach Berlin, die diesen Irrtum aufklärte.

Als mein Dienst beendet war, prangten die Führerbilder wieder an den Wänden. Über den Vorfall hüllte man sich in Schweigen, als hätte er nie stattgefunden.

Am 30. April, in den späten Abendstunden, gelang es uns zum letzten Mal, eine kurze und ständig unterbrochene und gestörte Funkverbindung mit Berlin herzustellen. In ihr wurde der Selbstmord Hitlers und die auf seinen Wunsch stattgefundene Verbrennung seiner Leiche mitgeteilt.

Hitler hatte sich also feige aus der Verantwortung für den von ihm entfesselten Krieg mit den Millionen völlig sinnlosen Menschenopfern genauso wie aus der Verantwortung für alle die Verbrechen an Juden, anderen Minderheiten und andersdenkenden, redenden oder handelnden "Volksgenossen", vor einem irdischen Gericht entzogen.

Goebbels aber nutzte die Zeit bis zum eigenen Freitod, um nocheinmal wirkungsvoll an der "heroischen" Hitlerlegende zu basteln.

Deshalb erfolgte erst am 1. Mai die Bekanntgabe des Todes von Hitler durch eine letzte unfassbare Lüge in der folgenden Rundfunkmeldung:

"Aus dem Führerhauptquartier (das gar nicht mehr existierte) *wird gemeldet, dass unser Führer Adolf Hitler heute nachmittag in seinem Befehlsstand in der Reichskanzlei bis zum letzten Atemzug gegen den Bolschewismus kämpfend, für Deutschland gefallen ist..."*

Das Dritte Reich war zu Ende. Es gab keinen "Führer" und somit auch kein Führerhauptquartier mehr.

Ich gehörte jetzt zum Stab des OKW-Süd unter der Leitung des Feldmarschalls Albert Kesselring. Mein Eid auf "den Führer" war gegenstandslos geworden.

Doch wer sich, sogar noch in diesen Tagen, von seiner Truppe, wo diese auch immer in den wenigen, noch unbesetzten Gebieten des Reiches stand, entfernte, wurde wegen Fahnenflucht meist gehenkt, manchmal auch nur gnädig erschossen.

Admiral Dönitz war das von Hitler offiziell designierte neue Staatsoberhaupt. Er konnte allerdings nachrichtenmäßig keine Verbindung zum OKW-Süd herstellen.

So benahm sich Kesselring mehr oder weniger, als wäre er das Staatsoberhaupt über die südlichen Gebiete des ehemaligen Großdeutschen Reiches.

Die Flucht aus Berchtesgaden

Am 2. Mai hatte ich dienstfrei. Ich besuchte Pater Adalbert, und wir leerten gemeinsam die zweite der erbeuteten Flaschen Champagner auf den Tod des "Führers" und, wie wir hofften, somit auch auf das unmittelbar bevorstehende Ende des Krieges und der Diktatur. Mit in der Runde feierte diese Stunde ein mir seit langem bekannter Gast. Es handelte sich um eine etwa zwanzigjährige, hübsche junge Dame. Ich kannte sie von früheren Treffen beim Pater. Josefine Mayer, so hieß die junge Frau, spielte meist während der Gottesdienste an Stelle des zum Wehrdienst eingezogenen Organisten die Orgel der Franziskanerkirche. Sie half auch sonst nach besten Kräften beim Gestalten der Messen und Andachten sowie bei Aufgaben der religiösen Betreuung in der Pfarrei mit. Ihre Eltern besaßen ein kleines Lebensmittelgeschäft am Wege nach Oberau.

Die beiden schlugen mir plötzlich vor, heute noch zu Josefines Eltern zu ziehen. Diese hatten bereits, ohne dass ich auch nur etwas davon ahnte, alles mit dem Pater und der jungen Dame vereinbart. Sie hatten das Zimmer ihres gefallenen Sohnes für mich hergerichtet und für entsprechende einheimische Zivilkleidung gesorgt. Ich wurde bei den beiderseitigen Überzeugungsversuchen, es sei so für mich das beste, schließlich schwach und willigte ein.

Josefine nahm mich direkt mit nach Hause. Ihre Eltern zeigten mir das liebevoll eingerichtete Zimmer und die bereitgelegte Kleidung. Ich bedankte mich herzlich, bat aber, mich für zwei Stunden noch zu beurlauben, um einige mir wertvoll erscheinende Privatsachen aus der Kaserne zu holen. "Bis gleich" – mit diesen Worten verabschiedete ich mich. Als ich die Strubkaserne betrat, sagte der Posten zu mir, mein Chef suche mich schon die ganze Zeit, ich solle mich umgehend bei ihm melden. "Wo bleiben Sie denn, Schulz"?, fragte mich dieser, als ich sein Dienstzimmer betrat. "Packen Sie sofort Ihre Sachen, in einigen Stunden verlassen wir Berchtesgaden. Die Fahrzeuge stehen schon bereit!"

Die Würfel waren damit gefallen. Ich konnte nicht mehr verschwinden. Die Nachrichtenzentrale war bereits unbrauchbar gemacht worden. Meine Sachen hatte ich schnell in einem Bus verstaut. Wir luden anschließend noch wichtige, nachrichtentechnische Geräte ein und erhielten neben einer kleinen Portion Marschverpflegung zusätzliche Waffen und Munition. Gegen 14.30 Uhr verließ unser Konvoi nur mit dem engsten OKW-Stab Berchtesgaden mit PKWs, LKWs, Motorrädern und Bussen. Die meisten Männer, bei den Offizieren vom Major an abwärts, wurden mit ihrem Unteroffizierkorps und Mannschaften zu Marschkompanien für den Kampfeinsatz zusammengestellt und zum Kampfeinsatz beordert.

Bei dem abziehenden Rest, zu dem auch ich gehörte, saßen, hockten oder klammerten sich auf jedem Fahrzeug die "Luki-Luki-Männer", die nach gegnerischen Flugzeugen, diesmal aber zusätzlich auch nach Truppen oder Fahrzeugen des Gegners Ausschau hielten.

Unsere Flucht, offiziell "strategische Absetzbewegung" betitelt, führte in einiger Entfernung am noch an vielen Stellen brennenden Salzburg vorbei. Dort, so lauteten die letzten Nachrichten, zogen gerade die Amerikaner ein.

Wir fuhren weiter bis Mittersill, wo wir ein Verpflegungslager der Wehrmacht beschlagnahmten. Dort fanden wir allerdings nur noch einen kleinen Vorrat an

Weissbrot und Sekt vor. Immerhin war das besser als nichts. Dann setzen wir unsere Fahrt bis Niedersill fort. Wir erreichten diesen Ort gegen 19.30 Uhr. Umgehend fanden wir in beschlagnahmten Häusern Quartiere. Schnell bauten unsere Spezialisten eine "Notzentrale", die aber nur noch völlig unzureichend über Funk einige Verbindungen herstellen konnte. Ich selbst hatte anschließend dienstfrei und machte mich mit zwei Kameraden auf den Weg zu einer Berghütte. Dort sollte eine "Party" stattfinden. Wirklich war allerhand in diesem Schuppen los. Der Alkohol floss nur so in Strömen. Die überlaute Musik animierte zum ständigen Tanzen, und in den Pausen grölten alle, Frauen und Männer, am lautesten die Soldaten:

"Nun woll'n wir noch einen 'verlöten'!
Vielleicht sind wir morgen schon 'flöten'!
Wir stehn am Rande des Schafotts"!

Allgemeine Weltuntergangsstimmung herrschte. Diese suchte man mit Alkohol zu betäuben und zu verdrängen. Ich tanzte viel und ausgiebig mit einer jungen Berlinerin. Diese wollte mich anschließend in ihr Quartier in einem sehr hoch gelegenen Bergbauernhof mitnehmen. Dort könnte ich bei ihr wohnen und bleiben.

Höflich aber bestimmt lehnte ich ab, nicht nur wegen des weiten Weges. Gegen 4.00 Uhr morgens kam ich in meinem Quartier an. Gegen halb acht setzte unser Konvoi seine Flucht fort. Sie führte nach Hofgastein. Dort fanden wir den früheren Sonderzug Hitlers, "Brandenburg", abfahrtsbereit auf dem Bahnhof vor.

Die letzte Fahrt im Sonderzug des "Führers"

Ich gehörte zu den vier Glücklichen, die in diesem Zug Quartier nehmen durften, meiner Meinung nach vor allem, weil ich dort schon gearbeitet hatte und den Fernsprechbetrieb, der nur von Bahnhöfen aus durchgeführt werden konnte, aus eigener Erfahrung kannte. Von nun an hatten wir den Funk-, Fernschreib- und Fernsprechverkehr vom Zug aus zu gewährleisten.

Wegen der beengten Verhältnisse fanden nur Offiziere ab Oberst in ihm Arbeitsmöglichkeiten und Unterkunft.

Hier, in Hofgastein, verließ noch am selben Tag der Obergruppenführer Julius Schaub, der frühere Chefadjutant des Führers, zusammen mit mehreren anderen hohen SS-Offizieren, unseren Zug. Die "Herren" "tauchten", mit falschen Papieren ausgestattet, Schaub zum Beispiel als "Obergefreiter Müller", in den Bergen der Hohen Tauern "unter".

Am Sonntag, dem 6. Mai, setzte sich unser Zug wieder in Bewegung, und während der Fahrt bestanden keine Möglichkeiten, mit Ausnahme des Rundfunkempfangs, irgendwelche Verbindungen mit der Aussenwelt, geschweige denn zu anderen Stellen, herzustellen. Gegen Abend kamen wir in Mallnitz, am Tauerntunnel, an. Am anderen Morgen gelang es uns endlich, Verbindungen, vor allem über Funk, mit verschiedenen Truppenteilen aufzunehmen. Wir erfuhren dabei, dass jugoslawische Partisanengruppen des Marschall Tito sich in Richtung unseres Standortes bewegten.

Diesen Leuten, die wegen ihrer grausamen Art berüchtigt waren, an Deutschen nunmehr für das ihnen von diesen zugefügte Unrecht und die an ihnen verübten Verbrechen Rache zu nehmen, wollte niemand freiwillig in die Hände fallen.

Deshalb befahl Kesselring zu versuchen, eine Verbindung zum amerikanischen Hauptquartier in Salzburg herzustellen. Das gelang auch, und unser Oberbefehlshaber bat um Kapitulationsbedingungen.

Bei diesen "Verhandlungen", die sich bis zum allgemeinen Waffenstillstand am 8. Mai hinzogen, wurde uns befohlen, am anderen Tage mit unserem Zug bei verhängten Fenstern, da Österreich nicht mehr zu Deutschland gehörte, nach Saalfelden zu fahren.

Dort hätten wir alles Weitere bis zum Eintreffen alliierter Truppen abzuwarten. Es sei vorgesehen, uns vorläufig dort zu internieren und unseren Stab mit der Aufgabe zu betrauen, die deutschen Truppen in den früheren Südgebieten des Reiches zu demobilisieren. Aus dem OKW-Stab Süd sollte nun der DEMOB-Stab Süd werden. Das hörte sich gar nicht so schlecht an.

Trotzdem hatten sich vor dem Morgen unserer Abfahrt nach Saalfelden einige Soldaten aller Dienstränge "abgesetzt". Sie versuchten, über das Tauernmassiv den Weg in die Heimat zu finden. Wir haben nie mehr etwas von ihnen gehört. Zwei Generale und ein Oberst hatten in der Nacht mit einer Giftkapsel Selbstmord begangen.

Als wir am 9. Mai gegen 14.00 Uhr von Mallnitz abfuhren, besaßen wir als Verpflegungsvorräte lediglich einige Dosen mit Büchsenfleisch und wenige Brote. Durch die verhängten Zugfenster konnten wir feststellen, wie auf allen Bahnhöfen österreichische Fahnen wehten. Gegen 20.00 Uhr abends kamen wir in Saalfelden an. Wir stiegen aus und sahen uns erst einmal vorsichtig um.

Von alliierten Truppen war nichts zu sehen. Es gelang unseren "Verpflegungsbeschaffern", bei den umliegenden Bauern den nötigen Proviant für die nächsten Tage in "Tauschgeschäften" zu sichern.

Erst am 11. Mai hörten wir gegen 18.00 Uhr das Geräusch näherkommender Panzer. Tatsächlich traf bald darauf ein motorisierter Truppenverband ein. Er stand unter der Führung eines englischen Colonels, und Soldaten aller vier Siegermächte waren mit Panzern, leichten Waffen, Fahrzeugen und Offizieren darin vertreten. Kesselring ließ unseren Verband auf dem Bahnsteig zum letzten Mal antreten und präsentieren. Dann schritt er mit den führenden Offizieren der Sieger unsere Front ab. Anschließend mussten wir unsere Waffen auf einen Haufen auf dem Bahnsteig werfen. Uns wurde mitgeteilt, jeder, bei dem noch eine Waffe gefunden werde, würde standrechtlich erschossen. Wir wären interniert, hätten aber, nunmehr unter alliierter Führung, unsere Arbeit im DEMOB-Stab Süd ordnungsgemäß zu verrichten. Bei Nichtbeachtung uns erteilter Anweisungen oder sogar versuchter Sabotage erwarte uns die Todesstrafe. In der dienstfreien Zeit könnten wir uns vier Kilometer im Umkreis frei bewegen. Unsere Verpflegung übernähmen die Alliierten.

Nach diesen Instruktionen durften wir "wegtreten".

Die Zeit in Saalfelden

Wir erhielten in unserer Zugzentrale zwei Direktverbindungen zum amerikanischen Hauptquartier nach Salzburg, eine nach Wien und eine weitere nach München. Als Vorgesetzte überwachten und halfen uns zwei amerikanische Offiziere, die fließend Deutsch sprachen. Sie sorgten dafür, dass alle gewünschten Nachrichtenverbindungen des "alliierten Stabes" in Saalfelden, dem unserer DEMOB-Stab unterstand, richtig verstanden und hergestellt wurden.

Die alliierten Befehlshaber wohnten im Ort in beschlagnahmten Privathäusern, während unser gesamter früherer OKWStab Süd im Zug sein Quartier nehmen musste. Unsere Aufseher in der Zentrale behandelten uns freundlich, vermieden aber sorgfältig alle privaten Kontakte.

Am 20. Mai, dem Pfingstsonntag, besuchte ich den Gottesdienst in der Saalfeldener Kirche.

Anschließend lud mich eine junge Frau zum Mittagessen ein. Ihr Mann, der als praktischer Arzt den Ort betreut hatte, war vor einem Jahr gefallen. Sie stand nun mit ihren zwei Kindern im Alter von neun und elf Jahren allein. Beim Essen fragte sie nach meinen Zukunftsplänen. Ich erzählte ihr, ich wolle Medizin studieren und Arzt werden. Zuvor müsse ich mir allerdings das Geld für mein Studium verdienen. Zu meiner Überraschung bot sie mir an, ich solle nach meiner Entlassung, die wohl nicht lange auf sich warten lassen würde, zu ihr zurückkehren. Dann könne ich auf ihre Kosten – ihre Eltern schienen sehr vermögend zu sein – in Salzburg studieren und später die Praxis ihres Mannes übernehmen. Dass ich auch sie dabei mit übernehmen müsse, sprach sie nicht aus, das wurde wohl vorausgesetzt.

Ich versprach ihr, mir ihr großzügiges Angebot zu überlegen und ihr bald eine verbindliche Antwort zu geben. In dieser ungewissen und unsicheren Zeit war ihr Vorschlag durchaus überlegenswert, zumal die Dame zwar älter als ich, doch sehr attraktiv war. Auch ihre Kinder waren mir schon bei diesem ersten Beisammensein sehr sympathisch.

Am folgenden Tag hatte ich Dienst. Am Pfingstdienstag, dem 23. Mai, wurde uns gegen Mittag mitgeteilt, die Österreicher wollten keine deutschen Soldaten mehr auf ihrem Gebiet. Deshalb würden wir zu unserer persönlichen Sicherheit nach München verlegt.

Das klang zwar nicht ganz glaubwürdig, doch wir sahen in dieser Verlegung auch nichts, was uns Anlass zur Sorge geben konnte. Im Gegenteil, die Heimat rückte für uns näher, die Verpflegung war ausreichend, und auf uns wartete ja die durchaus sinnvolle Arbeit, die deutschen Soldaten in Ordnung und auf gesicherten Transportwegen nach Hause zu bringen.

Erst am Dreifaltigkeitssonntag, dem 26. Mai, kamen wir gegen 18.00 Uhr auf dem Münchner Hauptbahnhof an. Nach etwa zehn Minuten Aufenthalt wurde uns mitgeteilt, beim nächsten Halt hätten wir unser Ziel erreicht. Der Zug setzte sich wieder in Bewegung, und nach wenigen Minuten hielt er direkt vor dem geschlossenen Eisentor der früheren Hauptquartiersanlage in Pullach. Wie bei allen Hauptquartiersanlagen hatte Bormann auch hier dafür gesorgt, dass Hitler im Bedarfsfalle mit seinem Sonderzug direkt ins Hauptquartier fahren konnte.

Zum letzten Mal, diesmal aber als PW, in München-Pullach

Die stabilen Eisentore öffneten sich urplötzlich. Eine Gruppe polnischer Soldaten (wie ich später erfuhr) in amerikanischen Uniformen stürmte mit Knüppeln bewaffnet auf und in unseren Zug. Sie prügelten auf uns ein und brüllten dabei ständig “Kriegsverbrecher”! Unter Schlägen zwangen sie uns, unser Gepäck zu schnappen und im Laufschritt, uns dabei mit “los, los” und Schlägen anfeuernd, in die Anlage. Hinter uns schlossen sie die laut knarrenden eisernen Tore.

So plötzlich wie sie aufgetaucht war, verschwand diese Gruppe auch wieder. Statt ihrer erschien ein amerikanischer Major mit einigen seiner Offiziere und einer Gruppe Soldaten, an deren Spitze ein Sergeant stand. Wir “Kriegsverbrecher” mussten uns in drei Reihen hintereinander aufstellen. Als erstes hatten wir sämtliche Rangabzeichen und Orden von unserer Kleidung zu entfernen. Danach sahen wir alle, abgesehen von der Qualität der Kleidung, ziemlich gleich aus. Auf die Rückseite unserer Uniformjacken pinselten GIs mit Hilfe von Schablonen in leuchtend weisser Farbe PW (Prisoner of war = Kriegsgefangener). Anschließend wurden wir und unser “Gepäck” auf “Unzulässiges”, was immer das sein mochte, untersucht. Als General Winter sich beim amerikanischen Major über diese Behandlung beschwerte, musste der fast Siebzigjährige fünf Stunden lang mit erhobenen Armen am Eisentor stehen. Die folgenden Tage und Wochen zeigten allerdings, dass dieser Major anscheinend diese Maßnahmen am ersten Tage auf Anweisung von “oben” und gegen seinen Willen durchgeführt hatte.

Die Soldaten begannen nun mit der angeordneten Untersuchung. Da ich ziemlich am Ende im zweiten Gliede stand, nahm ich mein sowieso nicht mehr sauberes Taschentuch und schneuzte nochmals rein. Dann nahm ich meine Schweizer Uhr, ein Geschenk unseres früheren Kaplans von Quadrath-Ichendorf bei meinem letzten Urlaub, und legte sie in das Taschentuch. Das verknotete ich und verstaute es in meinem Wäschebeutel. Ich war froh, dass ich schon in Saalfelden aus meinem Möldersbuch das Blatt mit der Widmung des Führers herausgerissen und vernichtet hatte.

Der Soldat, der mich durchsuchte, erwies sich als sehr großzügig. Er beschlagnahmte zwar mein Buch, fragte mich aber lächelnd, als er bei mir eine Flasche Cognac aufstöberte, was das sei. Ich entgegnete, das wäre Medizin für mein Herz, die ich benötige. Der Soldat grinste, sagte: “O.k.”, und ging zum nächsten Mann.

Als alle “durchleuchtet” und die meisten dabei gründlich in Bezug auf Wertsachen “gefilzt” waren, ertönte wieder das uns von nun an stets begleitende: “Los, los!”

Im Laufschritt trieb man uns zu einem großen Zelt. Dort standen eine Reihe Männer, die in ihren Händen Flaschendosen hielten. Wir mussten uns entkleiden. Dann sprühten diese Leute jedem von uns weisses Pulver (DDT) in die Haare, unter die Achseln, zwischen die Beine und auf alle weiteren behaarten Körperstellen. Weiter wurden wir mit “los, los” in ein anderes Zelt gejagt, wo wir verschiedene Injektionsimpfungen über uns ergehen lassen mussten. Diese wurden umgehend ins Soldbuch eingetragen.

Schließlich wurden wir in einzelne Gruppen zu ungefähr fünfzig Mann aufgeteilt. Diese wurden nun, es war inzwischen dunkel geworden, im Laufschritt in verschiedene Richtungen geführt. Unsere Gruppe landete in einer hölzernen Baubaracke. Auf dem Boden und an den Seiten konnten wir im Scheine der Taschenlampen unserer Bewacher Maschendrahtrollen entdecken. Dann schloss sich die Tür hinter uns, und wir standen im Dunkeln. Mit Hilfe von Taschenlampen, die einige noch im Besitz hatten, suchte jeder sich einen Platz, wo er hocken oder sogar liegen konnte.

Dort machten wir uns, jeder für sich, in der Dunkelheit Gedanken über die Zukunft, die uns erwartete. Nach den Ereignissen des heutigen Abends hatten wir Schlimmes zu befürchten. Plötzlich sagte einer in das schweigende Dunkel: “Ich habe noch eine Flasche Schnaps”! – “Ich auch”, riefen zusammen mit mir, noch mehrere Stimmen. “Dann wollen wir sie gemeinsam leeren, bevor man uns, vielleicht morgen schon, aufknüpft”, schlug einer vor.

Mit Hilfe der Taschenlampen hockten wir bald in einer rundenähnlichen Formation und ließen die Flaschen kreisen. Dabei begann eine lebhafte Diskussion, ob wir nicht selbst unser Leben beenden sollten. Wir kannten ja nur die Schnelljustiz des vergangenen Reiches. Die war, das wusste jeder, grausam und furchtbar. Dr. Fliegner meinte, wir sollten nicht vorschnell handeln. Soweit er von früher wüsste, legten, vor allem Engländer und Amerikaner, großen Wert auf öffentliche faire Gerichtsverhandlungen. Vielleicht würden sie auch deutsche Stricke benutzen. Wenn es dann regnete, rissen die sowieso, und zweimal würde niemand gehängt. Wir lachten in unserem Elend. Es war im buchstäblichen Sinn des Wortes Galgenhumor.

TAXI

17 15

78

36

---

114 —

Plötzlich wurde die Tür aufgerissen, ein amerikanischer GI leuchtete uns mit seiner Taschenlampe an. Er griff einen von uns am Kragen und riss ihn hoch. "Aus!" dachten wir. Doch der Ami drückte dem zu Tode Erschrockenen seine Maschinenpistole in die Hand und sagte in gebrochenem Deutsch: "Du draussen wachen, ich saufen." Dann schob er den Verdutzten vor die Tür, knallte sie zu, hockte sich in unsere Runde und soff tüchtig mit. Irgendwann war unser Vorrat zu Ende, der Ami schob wieder selbst draussen Wache, und wir versuchten, mit mehr oder weniger Erfolg, zu schlafen.

Am folgenden Morgen, einem Sonntag, erwachten wir – oder wurden wir geweckt? Ich weiss es nicht mehr genau – mit Brummschädeln. Zu unserem Erstaunen, jagte man uns, natürlich im Laufschritt, aber immerhin, in Waschräume. Dort konnten wir uns unter Aufsicht waschen und rasieren. Dann erhielten je drei Personen ein "Breakfast-Carepaket", offiziell hieß das "C-Ration", und ein frisches Weissbrot zum Aufteilen. Mittags gab es sogar eine Gemüsesuppe mit Fleisch.

Diese zwar den Hunger nie ganz stillende, aber in Relation zu den damaligen Verhältnissen der Ernährungssituation in der Bevölkerung und vor allem im Vergleich mit der Versorgung in den meisten Gefangenenlagern schon fast üppig zu bezeichnende Speisung, währte bis zum 16. Juni. In dieser Zeit wurden wir auch unter Bewachung zu Trümmerbeseitigung und Aufräumungsarbeiten in den Münchner Straßen eingesetzt. Kein Posten hinderte Einheimische daran, uns Obst oder andere Lebensmittel zuzustecken. Auch ein neues Erlebnis.

Am 9. Juni fragte mich einer der amerikanischen Lageroffiziere, ob es stimme, dass ich Katholik sei. Ich bejahte. Darauf meinte er, ob ich nicht Lust habe mit ihm am anderen Tag die Messe zu besuchen. Ich entgegnete, dass ich das sehr gerne tun würde. So ließ mich dieser Captain dann am nächsten Morgen in seinen Jeep einsteigen und fuhr mit mir zur Frauenkirche.

Nach dem Gottesdienst nahm er mich mit ins frühere "Braune Haus", in dem sich nunmehr das amerikanische Offizierskasino befand. Als er mich aber mit in die Offiziersmesse nehmen wollte, gab es mächtigen Protest.

So ließ der Captain für mich in einem Flur einen Tisch weiss decken und mich mit einem köstlichen Mahl bewirten.

Anschließend schlich ich durch Flure und Räume und versuchte, auch für meine Kameraden zusätzliche Nahrung zu organisieren. Ich ergatterte einige Fleischbüchsen und versteckte sie in meiner "Fallschirmjägerhose". Gegen 17.00 Uhr fuhren wir zurück. Ich habe diesen Offizier nie wiedergesehen, auch sein Name ist mir nicht mehr in Erinnerung. Doch vergessen werde ich ihn nie.

Am 12. Juni wurde ich zum ersten Mal zum Verhör geführt. Im Vernehmungsraum saß ein amerikanischer Captain an einem breiten Schreibtisch. Er blätterte in meinem Soldbuch und empfing mich, in ziemlich akzentfreiem Deutsch, mit den Worten: "Na, welch hohes SA-Schwein waren Sie denn gewesen?"

Ich entgegnete wahrheitsgemäß, ich wäre nie in der SA gewesen. Wieder schaute er in mein Soldbuch und meinte dann: "Ah, ja, Sie sind ja noch jung, also HJ-Häuptling"? Ich wies wahrheitsgemäß darauf hin, dass ich auch nicht in der HJ gewesen sei.

"Aha", sagte er und fragte dann: "In welcher NS-Formation waren Sie denn"? Als ich darauf antwortete:

“In keiner”, fuhr er mit ziemlich scharfer und lauter Stimme fort: “So, und wie kommen Sie dann ins OKW? Sie haben etwas zu verbergen, wir werden Sie schon mürbe kriegen.” Ich kam nun in Einzelhaft in den Bunker und wurde verpflegungsmäßig auf Sparration gesetzt.

Drei Tage später wurde ich wieder zum Verhör geführt. Diesmal saß ein anderer Vernehmungsoffizier am Schreibtisch. Auch er sprach ausgezeichnetes Deutsch. Er blätterte in meinem Soldbuch. Dann bat er mich, zu meinem Erstaunen, doch Platz zu nehmen.

Plötzlich hatte er ein in meinem Soldbuch vergessenes Bild meiner Osterkommunion von 1944 in Berchtesgaden entdeckt und fragte mich: “Sind Sie religiös?” – Gereizt von der Haft und misstrauisch antwortete ich: “Das geht Sie einen Dreck an!” – “Nun regen Sie sich doch nicht auf”, entgegnete er beruhigend, “ich will Ihnen doch helfen”. Dann fuhr er fort: “Ich sehe, Sie wohnen in Frechen. Dort habe ich nach der Einnahme Kölns über einen Monat lang in Quartier gelegen, unmittelbar an Ihrer Straße, in der ‘Glocke’”. Auf meine Frage hin erzählte er mir, in Frechen, vor allem auch in meiner Straße, wäre kaum ein Haus schwerer beschädigt, ich könne also in bezug auf meine Angehörigen ziemlich beruhigt sein. Nach eingehender Befragung bat er mich zum Schluss, für ihn doch eine Liste von Leuten aufzustellen, die bezeugen könnten, dass ich nie einer NS-Formation angehört habe und wenn möglich auch von solchen, die ich, wie angegeben, durch Zukommen von geheimen Nachrichten gewarnt oder denen ich geholfen habe. Er würde versuchen, für mich zu tun, was er könne.

In einem Nebenraum durfte ich dann diese Liste unter Aufsicht niederschreiben. Unter den ca. fünfzig Namen waren sechzehn katholische und evangelische Geistliche.

Anschließend wurde ich in das normale Lagerleben entlassen.

Am 17. Juni bekam unser Lager einen neuen Kommandanten. Man munkelte, er wäre während seiner Gefangenschaft als amerikanischer Soldat in Deutschland längere Zeit hindurch in den Händen der SS gewesen. Jedenfalls lief er stets mit einer Peitsche umher und schlug auf uns ein, wenn wir, seiner Meinung nach, auf das "Los, los" der Wachen nicht schnell genug liefen. Damals entstand bei uns der Song, den wir immer häufiger in unseren Unterkünften sangen:

"Laut und metallen erklingt es: 'Los, los!'
Eilend und hastend, die Ängste sind groß.
Tore sind zu, Tore sind zu
hinter dir Heinrich PW."
(sprich Pi, Dabbelju)

Auch unsere Verpflegung wurde drastisch reduziert. Ab sofort gab es täglich einen halben Liter Wassersuppe, in der einige Erbsen oder auch Kartoffelstückchen schwammen. Manchmal entdeckten wir, dann als "Sondermeldung" begrüßt, auch winzige Wurst- oder Fleischstückchen.

Ein halber Laib Brot wurde täglich für sechs Personen ausgegeben. Jeden zweiten Tag erhielten wir dazu noch zehn Gramm Wurst, Käse oder Butter.

Eines Tages wurde ein "Arbeitskommando" von etwa zwanzig Mann zusammengestellt. Auch ich wurde dazu abkommandiert. Ein Sergeant führte uns durch das eiserne Tor in eine in der Nähe gelegene Kaserne. Dort waren Jugoslawen untergebracht. Einige von ihnen, die uniformiert waren, übernahmen uns dort. Sie brachten uns in ihre Toiletten, die stark mit Exkrementen verschmutzt waren, und zwangen uns, diese mit bloßen Händen zu säubern. Mit Peitschenhieben halfen sie einigen Widerstrebenden nach. Plötzlich tauchte ein amerikanischer Offizier auf. Er brüllte unsere Bewacher an und führte uns fort in einen Wasch- und Duschraum mit warmen Wasser.

Er besorgte uns Seife und Handtücher und ließ uns genügend Zeit, uns gründlich zu säubern. Dann entschuldigte er sich bei uns und versprach, so etwas würde sich nicht wiederholen.

Von nun an verließen wir die Anlage nicht mehr. Der Alltag wurde nur von gelegentlichen Verhören unterbrochen. Zweimal erhielt ich danach Entlassungspapiere, die ich am anderen Morgen nur noch unterschreiben lassen sollte. Als ich dann befehlsgemäß damit zum Kommandanten ging, zerriss dieser die Papiere hämisch lächelnd und meinte, so leicht würde wohl niemand diese Anlage lebendig verlassen. Tatsächlich starben hier in diesen Wochen die ersten Gefangenen an Unterernährung und Krankheiten. Wir sahen alle schon ziemlich ausgemergelt aus.

Im Entlassungslager in Bad Aibling

Am 1. Juli 1945 mussten wir plötzlich, innerhalb einer Stunde, mit Gepäck zum Appell antreten. Gegen 12.00 Uhr wurden alle Offiziere vom General bis hinunter zum Major in Jeeps abtransportiert. Niemand wusste, wohin. Ich habe auch keinen von ihnen wiedergesehen.

Der Rest, vom Hauptmann abwärts, wurde gegen 13.30 Uhr auf LKWs zusammengepfercht. Uns wurde mitgeteilt, wir kämen in ein "Entlassungslager" nach Bad Aibling. Dort würden uns innerhalb zwei oder drei Tagen die bis dann vom "Alliierten Kontrollrat" genehmigten Entlassungspapiere ausgehändigt.

Gegen 18.30 Uhr kamen wir in dem Moorbad an. Ausserhalb der eigentlichen Ortschaft hatten die Amerikaner eine riesige Moorwiese mit Stacheldraht eingezäunt, mit Wachtürmen an den vier Ecken, auf denen GI-Posten mit Maschinengewehren ihren Wachdienst versahen.

Dieses Areal war in ca. zwanzig, ebenfalls mit Stacheldraht mehrfach gesicherte, kleinere Lager unterteilt. Die Amis, die hier den Wachdienst versahen, nannten sie "cages" (Käfige). Wir kamen als "alliierte Gefangene" in Cage 15. Wir konnten, als ehemalige Angehörige des OKWs, wie schon erwähnt, nur mit Genehmigung des alliierten Kontrollrats der vier Siegermächte entlassen werden.

Auf Anordnung der Lagerführung bauten wir als erstes mit unseren alten Wehrmachtzeltplanen kleine Drei-Mann-Zelte. Ausdrücklich wiesen uns unsere Bewacher darauf hin, dass wir auf bloßem Boden zu schlafen hätten und keine Unterlage benutzen dürften. Auch konnten wir, ebenfalls wie die Insassen vom links benachbarten Cage 13, als einzige bei schweren Erkrankungen wegen Fluchtgefahr nicht ins Lagerlazarett eingewiesen werden.

In Cage 13 waren junge Männer der Waffen-SS untergebracht. Die meisten dieser ausgehungerten Gestalten standen im Alter zwischen 18 und 22 Jahren. Unsere beiden Lager waren durch zusätzliche Wachtürme gesichert.

Am selben Abend mussten wir noch, ziemlich am Ende der dem Cage-Eingang gegenüberliegenden Seite, eine lange und tiefe Abortgrube graben und diese mit mehr oder weniger tragfähigen "Holzpfosten" versehen. Darauf nagelten wir Bretter mit quadratförmigen Öffnungen.

Das Abendessen fiel aus. Erschöpft und hungrig schliefen wir, wegen der nächtlichen feuchten Kälte eng nebeneinander liegend, in unseren winzigen Zelten bald ein.

Am anderen Morgen, um 7.00 Uhr, forderten dröhnende Lautsprecher uns zum Kaffeeholen auf. Von jeweils drei Zelten begab sich, von nun an jeden Tag abwechselnd, ein Mann zur Lagerküche. Dort goss das Küchenpersonal, das aus "auserwählten Kräften" der anderen, normalen Lager bestand, eine Art Kaffeebrühe, die auf jeden Fall aus heissem Wasser bestand und zuweilen sogar mehr oder weniger stark nach Kaffee schmeckte, in größere Kannen. Diese trugen die "Essenträger des Tages" dann zu den Zelten und verteilten sie auf die neun Mann ihres Reviers.

Unsere Lautsprecher in den Lagern überrieselten uns jeden Morgen von sieben bis elf, mittags von zwölf bis eins und abends von acht bis neun ständig mit denselben deutschen Musikschlagern.

Am häufigsten, das war wenigstens mein Eindruck, kam das gar nicht so unpassende Lied:

"Ich träume, mit offenen Augen ich träume,
Geliebte von dir."

Die Lautsprecher verdienten ihren Namen – sie waren wirklich laut, und ausserdem schallten zwei von ihnen in unser Lager, leider aus verschiedenen Richtungen. Die dadurch entstehenden Verzerrungen steigerten nur noch den Genuss. Unterbrochen wurde die Musik nur durch Befehle oder Anweisungen, die natürlich auch in den "stillen Zeiten" durchgegeben wurden. Gegen 10.00 Uhr am Vormittag brachten Lastwagen dann Brot. Wir erhielten dieselbe Portion wie in Pullach während der Hungerzeit. Sechs Personen teilten sich ein Brot. Das war unser Frühstück und Abendessen. Dabei wurde das Teilen von allen genau überwacht, und mit der Länge der Lagerzeit wuchs der dabei oft entstehende Streit. Es ging zunehmend ums nackte Überleben. Dabei blieben bei vielen Kameradschaft und Mitgefühl mehr und mehr auf der Strecke. Die weitere Verpflegung war wie schon vorher beschrieben: mittags ein halber Liter Wassersuppe, dem wir, solange der Boden unseres Cages es ermöglichte, die dort wachsenden Gräser und Grünpflanzen zufügten. Natürlich schwammen zuweilen schon mal größere Kartoffelstücke oder auch Fleisch- oder Wurststücke darin. Das hing auch davon ab, mit welchen Beziehungen oder, soweit noch vorhanden, Wertsachen man das Wohlwollen des Küchenpersonals gewinnen konnte, damit es einem den nahrhaften "Satz" vom Boden abschöpfte.

Die neben uns in Cage 13 festgehaltenen jungen SS-Leute waren in einer viel schlimmeren Lage. Wenn sie in der Dämmerung versuchten, den "Donnerbalken" aufzusuchen, veranstalteten manchmal etwas angetrunkene Wachposten von den Türmen her mit ihren Gewehren "Hasenjagd" auf sie. Dabei wurden etliche mehr oder minder schwer verletzt.

Im dem rechts an unseren Cage grenzenden Cage 17 lagen von der Italienfront kommende Soldaten. Sie stammten fast alle aus der nunmehr britischen Besatzungszone und hatten früher meist als Bergleute im Ruhrgebiet oder als Bauern gearbeitet. Nach vierzehn Tagen schon wurden sie per Eisenbahn in britische Entlassungslager verfrachtet, um von dort aus umgehend entlassen zu werden.

Gerüchtweise erfuhren wir, viele der dorthin überführten Bergleute seien weiter nach Frankreich "verschickt" worden, um in französischen Bergwerken Wiedergutmachungseinsätze zu leisten.

Täglich stieg bei uns die Zahl der Kranken. In erster Linie traten Darminfektionen, Hungerödeme, aber auch Kreislaufkollapse und schwere Hals-, Bronchien- und Lungenkrankheiten auf. Für unseren Cage war eine russische Ärztin zuständig. Sie hatte uns schon bei der Einlieferung in dieses Lager gründlich untersucht. Ihre Hauptaufgabe, so erzählte sie mir einmal später, bestand darin, die in der nunmehr sowjetischen Besatzungszone beheimateten Gefangenen zu betreuen und ihre Entlassung zu beschleunigen. Sie war noch ziemlich jung und sah sehr attraktiv aus. Natascha, so hieß sie, tat alles in ihrer Macht liegende, um uns zu helfen. Nur waren ihre Möglichkeiten begrenzt. Die Zahl der täglichen Toten nahm ständig zu. Bei den Untersuchungen gewann ich aus irgendeinem Grunde ihre, sagen wir einmal, besondere Sympathie. Sie bestellte mich immer wieder zu oft länger dauernden Nachuntersuchungen oder Behandlungen. Dabei unterhielten wir uns allmählich immer offener. Das war möglich, weil sie ausgezeichnet Deutsch sprach, mit einem kehligen, typisch slawischen Klang. Sie trug goldene Schulterstücke, und ich meinte deshalb eines Tages, sie sei sicher ein "hohes Tier" in der Partei. Entrüstet wies sie das zurück. Sie stammte aus Tula, wo ihr Vater als Arzt in einer Klinik beschäftigt war. Als ich nun fragte, ob ihr Vater als Akademiker denn in der kommunistischen Partei wäre, antwortete sie lächelnd, ihre Mutter hätte ihrem Vater gedroht: "Wenn Du in die Partei eintrittst, lasse ich mich scheiden." "So etwas gibt es bei Euch?", fragte ich erstaunt. Sie entgegnete, in der Sowjetunion lebten die Leute, ähnlich wie bei Hitler, unter einer Diktatur. Wer kritisiere oder "unliebsam auffiele", verschwände in Arbeitslagern. Man versuche halt, möglichst unbehelligt zu überleben. Natascha gab mir bei den Visiten meist einige Vitamin- und Trockeneitabletten, die sie bei den Amis "organisiert" hatte. Ich musste sie sofort einnehmen, damit niemand davon erfuhr. So wollte sie meine Überlebenschancen vergrößern. Eines Tages erzählte sie mir, sie habe heimlich das Internationale Rote Kreuz alarmiert, auf die hier offensichtlich planmäßige Verletzung der Genfer Konvention hingewiesen und um eine Untersuchung der Zustände gebeten. Dazu gehörte mehr als nur Mut. Ihr Risiko war unabsehbar groß.

Die meisten Gefangenen fielen mit der Zeit in Apathie. Wir waren inzwischen alle zu sehr entkräftet. Täglich wuchs die Zahl der Toten, und nur wenige glaubten daran, dieses Lager noch lebend verlassen zu können.

Nachrichten, Parolen und Gerüchte

Mit Nachrichten wurden wir nur spärlich versorgt. Die einzige deutschsprachige Zeitung, die in Bayern gedruckt wurde, war damals die "Münchner Landeszeitung". Wir erhielten sie nur einmal wöchentlich, und dann war es nur selten die neueste Ausgabe.

Um neben den spärlichen Informationen über die Lagerlautsprecher weitere zu erhalten, übersetzten einige, die ausreichende Englischkenntnisse besaßen, alle ihnen wichtig genug erscheinenden Nachrichten aus der amerikanischen Armeezeitung "Stars and Stripes". Diese übersetzten Nachrichten wurden mit der Hand in zusammengefasster Form auf ein Blatt Papier niedergeschrieben und am "Schwarzen Brett", es war in Wirklichkeit ein blau angestrichenes Brett, am Lagerleiterzelt ausgehängt. Da wir jedoch auch diese Armeezeitung nicht täglich erhielten, blieb die Versorgung mit amtlichen Nachrichten beschränkt.

Als natürlicher Ausgleich fehlender Sachinformation brodelte, wie immer in solchen Fällen, die Parolen- und Gerüchteküche in zunehmendem Maße, und sie nahm bei vielen Lagerinsassen einen immer stärker werdenden Wahrheitswert an. Natürlich traten diese Gerüchte in verschiedener Version und Stärke in den einzelnen Cages des Camps auf.

An den Abenden herrschte gewöhnlich ein reger "Zaun-zu-Zaun-Verkehr" zwischen den einzelnen Cages. In der Anfangszeit wurden dort noch neben Gerüchten auch Zigaretten, Tabak, Seife und andere Dinge untereinander oder gegen noch verbliebene Wertsachen getauscht.

Rotkreuz-Visite im Camp

Am 19. Juli, es war an einem Donnerstag, kamen die Kaffeeholer mit einer Überraschung zurück. Die "Kaffeebrühe" duftete nicht nur ein wenig nach Bohnenkaffee, sie schmeckte auch danach. Ausserdem brachten sie zusätzlich, für je drei Mann, ein Breakfast-Carepaket als Zusatzverpflegung mit. In der Mittagssuppe schwammen viele Wurststücke, und auch Kartoffeln und Gemüse waren reichlich vorhanden. Auch die Brotration nebst Zutaten wurde erhöht. Das ging auch die folgenden Tage so weiter.

Ich hatte mir vor einigen Tagen bei einem der schweren Gewitter, die im Sommer hier regelmäßig auftreten, eine schwere Bronchitis zugezogen. Da in unseren Zelten jegliche Bodenunterlagen verboten waren, stieg das Wasser bei diesen Gelegenheiten oft ziemlich hoch. Wir hockten dann auf unseren Kochgeschirren und hofften damit zu erreichen, nur mit nassen Füßen davonzukommen. Das konnte schon deshalb nicht gelingen, weil auch die Minizelte von oben nicht genügend Schutz vor derartigen Gewitterwasserfluten boten. So wurden wir jedesmal ziemlich nass und warteten sehnsüchtig auf die Sonne, die uns und unsere Kleidung nebst Handtüchern und Wäsche wieder trocknen sollte. Besonders unangenehm wurden nächtliche Gewitter.

Ich war nur einer von den vielen, die sich bei unseren sowieso geschwächten körperlichen Abwehrkräften ernsthafte Erkältungsinfekte zuzogen. Manche starben an Lungenentzündung.

Natascha behandelte uns, soweit es in ihrer Macht stand. Von ihr erfuhr ich auch, dass das Rote Kreuz sich für Ende des Monats zu einer Visite angemeldet hatte. Darum also die verbesserte Verpflegung! Ich glaube, die Ärztin war mit der Meldung ans Rote Kreuz ein hohes Risiko eingegangen, nur um so viele wie möglich von uns vor dem sicheren Tod zu retten.

Am 30. Juli erschien dann die Kommission. Die Ärzte dieses Teams, fast ausschließlich Kanadier und Schweizer, untersuchten uns gründlich, versorgten uns medikamentös und gaben uns vor allem auch Vitamin C- und B-Tabletten. Dann erhielten wir Rot-Kreuz-Karten zum Ausfüllen. Darin durften wir lediglich unseren Angehörigen mitteilen, dass wir noch am Leben waren. Meine kam, wie die meisten in unserem Cage ausgefüllten Karten, nie zu Hause an. Mein Vater und meine Geschwister hielten mich für tot. Nur meine Mutter war fest überzeugt, dass ich lebe.

Laut einer Rundfunkmeldung im damals längst eroberten Frechen waren alle Insassen des Führerbunkers ums Leben gekommen. Meine Lieben in der Heimat wähnten mich noch dort. Die Kommission blieb ungefähr eine Woche in unserem Camp.

Nach ihrem Abzug traten umgehend wieder die alten Zustände ein.

Der letzte Monat in Aibling

Normalerweise wurden wir alle zwei bis drei Wochen in Einzelverhören "durchleuchtet".

Dreimal erhielt ich während meiner Lagerzeit in Aibling einen Entlassungsschein, den der amerikanische Kommandant zwecks Übergabe und Transport in die britische Zone noch unterschreiben musste. Jedesmal, wenn ich dann mit dem Dokument bei ihm zur Unterschrift erschien, las dieser es sorgfältig durch, lächelte dann, zerriss den Schein und bemerkte dazu: "Es handelt sich mal wieder um einen Irrtum. Bis zum nächsten Mal!"

Am 6. August erkrankte ich an Ruhr. Natascha bekam es tatsächlich fertig, mich wegen der starken "Infektionsgefahr" und, weil ich in akuter Lebensgefahr schwebte, ins Lagerlazarett überweisen zu lassen. Nach der Rot-Kreuz-Inspektion war die Lagerleitung sowieso vorsichtiger und zuweilen etwas großzügiger geworden.

Zum ersten Mal seit langer Zeit lag ich wieder in einem Bett. Ich nahm wegen des hohen Fiebers, die hier, im Gegensatz zum Lager, als relativ komfortabel zu bezeichnenden Zustände, kaum wahr. Kanadischen Ärzten und deutschen Rot-Kreuz-Schwestern gelang es, mich dem Tod nochmals zu entreissen.

Wir waren, jeweils zu zwanzig Erkrankten, in einem großen Rot-Kreuz-Zelt untergebracht. Nach einer Woche konnte ich wieder etwas feste Nahrung zu mir nehmen, die ich auch behielt. Einen Rückfall erlitt ich, als einige durchreisende kanadische Soldaten uns besuchten und, in der besten Absicht, uns ausgemergelten Gestalten eine Freude zu bereiten, auf jedes Bett ein duftendes frisches Brot warfen. Kaum einer von uns konnte der

Versuchung widerstehen, sofort hineinzubeissen und es meist vollständig zu verzehren. Mit mir erlitten die meisten einen schweren Rückfall, von dem sich fast die Hälfte nicht wieder erholte und starb. Ich hatte Glück, überstand diese neue Krise, und meine Genesung machte bald wieder Fortschritte. Am 30. August wurde ich zurück ins Lager eingewiesen.

Als ich mich zur Nachuntersuchung bei Natascha vorstellte, überschüttete diese mich mit Neuigkeiten. In der Zwischenzeit hatten alle, die in der amerikanischen Zone wohnten und nicht auf der Liste von gesuchten Kriegsverbrechern standen, Entlassungspapiere erhalten. Sie waren nach Hause geschickt, und bei weiteren Entfernungen mit LKWs heimbefördert worden. Die Kriegsverbrecher hatte man ebenfalls abtransportiert. Natascha wusste nicht, wohin.

Morgen sollten alle, in der nunmehr sowjetischen Zone Beheimateten, ihre Entlassungs- und Überführungspapiere erhalten und nach Hause befördert werden. Auch wir aus der britischen Zone würden in den nächsten Tagen dorthin überführt. Das Aibling-Camp würde aufgelöst.

Leider musste Natascha ebenfalls schon am anderen Tag abreisen. Sie versorgte mich noch mit Vitamin- und Trockeneitabletten. Dann verabschiedeten wir uns sehr herzlich voneinander. Wir wussten beide, ohne es auszusprechen, es war ein Abschied für immer.

In den letzten "Aiblinger Tagen" war unsere Verpflegung ausreichend, vielleicht auch, um weitere Hungertote zu vermeiden.

Am 1. September, genau sechs Jahre nach dem von Hitler entfesselten Krieg, wurden wir in Güterwagen verladen. Drei Tage später erreichte unser Zug den

Bahnhof in Uelzen. Hier wurden wir von britischen Soldaten in Empfang genommen und in LKWs nach Munsterlager, in das dort befindliche britische Entlassungscamp, transportiert.

Munsterlager und der Weg in die Freiheit

Im Lager schickte man uns zuerst zur Verwaltungsbaracke. Dort gaben wir unsere Entlassungspapiere zur Überprüfung ab, und unsere Personalien wurden erneut karteimäßig erfasst. In diesem Camp herrschte, wie in den meisten britischen Lagern, eine etwas unterkühlt wirkende, aber korrekte Behandlungsart. Nach unserer Registrierung erhielten wir ein Stück Seife und ein Handtuch und wurden zum Duschen mit warmem Wasser geführt, aber nicht gejagt. Anschließend wurde in der Lagerkantine das Abendessen eingenommen. Jeder erhielt Tee, den man aus Kannen nachfüllen konnte, dazu eine Scheibe Brot mit etwa zwanzig Gramm Käse. Dann gab man uns Neuankömmlingen folgendes bekannt:

Alle Dienstrangabzeichen seien sofort wieder anzubringen (fehlende wurden gestellt). Die ranghöheren, auch deutschen Dienstgrade seien militärisch zu grüßen (mit Kopfbedeckung durch Anlegen der rechten Hand an diese, und bei unbedecktem Kopf durch "Hab-Acht-Stellung"), und ihren Anweisungen sei zu folgen. Alle Befehle des Wachpersonals aller Dienstgrade seien sofort auszuführen, gegebenenfalls seien erst anschließend berechtigte Beschwerden beim deutschen Lagerleiter zur Weiterleitung einzureichen. Einmal in der Woche stünde uns ein warmes Duschbad zu. Täglich hätten wir beim Frühstück gewaschen, rasiert und in gesäuberter Kleidung zu erscheinen. Zweimal im Monat würden wir zu einer Filmvorführung in das "Lagerkino" geführt.

Am nächsten Tag folgte dann eine eingehende ärztliche Untersuchung. Bei mir wurden Untergewicht (bei einer

Größe von 166 cm wog ich noch knapp 40 kg), Ödeme, Schwund des Unter- und Oberkieferfleisches und schwere Herzrhythmusstörungen festgestellt.

In den drei Wochen, die ich in diesem Camp verweilte, ging es, wie schon gesagt, äusserst korrekt zu. Es herrschte strengste militärische Disziplin, und auch leichte Verstöße dagegen wurden umgehend geahndet. Was uns zustand, wurde uns auch zugeteilt.

Die Vernehmungen fußten auf den Akten, die in Pullach und Aibling erstellt waren und nur überprüft und bestätigt werden sollten.

Am 24. September erhielten wir unseren unterschriebenen Entlassungsschein.

Alle, die in der Nähe wohnten, durften sofort das Lager verlassen; die übrigen sollten in nächster Zeit in die Nähe ihrer Heimat transportiert werden. Darauf wollte ich aber nicht warten.

Ich begab mich also mit leichtem Gepäck und dem Entlassungsschein zum Lagertor. Dort kontrollierte ein Sergeant in einem "Wachhäuschen". Ich legte ihm meine Entlassungspapiere vor. Der Posten fragte: "Köln, wo liegt das?" Ich antwortete: "Bei Uelzen." Er ging mit seinem Finger die in seiner Liste anscheinend alphabetisch geordneten Ortschaften durch, in die er "Fußgänger" entlassen durfte, und sagte dann: "Uelzen, o.k. Sie können gehen."

Ich stand endlich wieder ausserhalb des Lagers und war frei. Ich gehörte zu denen, die den Krieg, der über fünfzig Millionen Tote gefordert hatte, aus welchem Grund auch immer, überlebt hatten. Warum wohl?

Es gab kein Deutschland mehr, kein nationales Gebiet, nur Städte in Trümmern und verwüstete Landschaften mit oft fast völlig vernichteten Infrastrukturen für Industrie und Landwirtschaft. Wasser- und Elektrizitätswerke, Straßen und Brücken waren weitgehend zerstört.

Die Überlebenden des Krieges hatten, in allen beteiligten Staaten, schwer heilende Wunden, körperliche, seelische und geistige davongetragen. Gewiss, diese würden mit der Zeit vernarben, auch wenn einige dieser Narben immer wieder aufbrechen und schmerzen würden.

Aber wir zählten zu den Überlebenden. Und uns wurde damit eine einzigartige Chance geschenkt. Wir durften noch einmal, vielleicht zum letzten Mal, ganz von vorne, mit der Stunde Null, beim Aufbau einer neuen, wertorientierten und wirklich demokratischen Gesellschaft mitwirken.

Das war allerdings bei uns nur in den von den jeweiligen Besatzungsmächten mehr oder weniger eng vorgegebenen Rahmen möglich. Bei den westlichen Siegermächten bot dieser viel Raum für eigene Wert- und Gestaltungsideen, wie sie ja vor allem dann im späteren Grundgesetz ihren Ausdruck fanden.

Hoffentlich würden wir diese Chance des Neubeginnens besser nutzen und wahrnehmen, als es unsere Großväter und Väter nach dem Ersten Weltkrieg vermocht hatten!

Heimkehr

Während mir solche Gedanken durch den Kopf gingen, hatte ich unwillkürlich den Weg zum Ortsbahnhof eingeschlagen. Nach etwa zwanzig Minuten erreiche ich ihn. Ein überfüllter Zug stand abfahrtsbereit auf dem einzigen noch erhaltenen Gleis. Ich wollte einsteigen, doch der Bahnhofsbeamte forderte mich sehr energisch auf, zuerst eine Fahrkarte zu lösen. Ich erklärte ihm meine Lage und dass ich ohne Geld dastünde, aber er weigerte sich nach bewährter, eingefahrener Beamtenmanier, mich ohne Fahrkarte einsteigen zu lassen. Nun wurde ich wütend und schrie: "Ich bin ohne Fahrkarte nach Munsterlager gebracht worden und habe nun auch das Recht, auf dieselbe Art nach Hause zu fahren."

Inzwischen hatten uns eine Reihe Fahrgäste und Neuankömmlinge umringt. Sie riefen dem Beamten drohend zu: "Lass ja den Kameraden einsteigen, der hat ein Recht, nach Hause zu kommen, oder sollen wir nachhelfen?" Sofort gab der Beamte nach. Ich bestieg den Zug, der, wie ich erst hier erfuhr, Bremen als Ziel hatte. Die Fahrgäste rückten ganz eng zusammen und schufen so auch für mich noch eine Sitzgelegenheit. Unterwegs boten mir einige mitreisende Bauern Brot und Wurst sowie Kaffee an. Dankbar und hungrig griff ich zu.

Erst am späten Nachmittag kamen wir in Bremen an. Ich bedankte mich nochmals bei den restlichen Mitreisenden für ihre Hilfe.

Dann erfragte ich den Weg zur "Entlassungsbetreuungsstelle". Diese befand sich in einer alten Baracke, ganz in der Nähe des Bahnhofs. Dort schilderte ich dem "Betreuer" meine Lage: Da ich das Lager nur verlassen durfte, weil nach meinen Angaben Köln bei Uelzen lag, hätte ich weder Entlassgeld noch "Marschverpflegung" erhalten. Gott sei Dank fand ich hier viel Verständnis für meine Situation. Ich erhielt auf Grund meiner Entlasspapiere, natürlich gegen Quittung, zwanzig Reichsmark ausgezahlt, dazu noch zwei Scheiben Brot und ein kleines Stück Käse. Herzlich bedankte ich mich für die Hilfe und fragte ihn dann: "Wie komme ich nun am besten nach Köln?"

"Da gibt es, ausser dem Fußmarsch, der wohl kaum in Frage kommt, nur eine nicht erlaubte und etwas riskante Möglichkeit." – "Und die wäre", frage ich. "Nun", meinte er und trat mit mir ans Fenster, "dort drüben kannst du das Gleis für die Güterzüge sehen. Die kommen vom Hafen, wo sie die Steinkohle aus dem Ruhrgebiet auf Schiffe entladen, die für England bestimmt sind. Abends fahren sie dann leer ins Ruhrgebiet zurück. Wenn du dem Gleis etwa 500 Meter folgst, biegt es in einer scharfen Kurve ab. Die Züge müssen ihre Geschwindigkeit erheblich drosseln. Wenn du dort wartest, müsste es dir eigentlich gelingen, dort auf eine Kupplung zu springen und dich von dort am Wagen hochzuziehen und hineinzuklettern. Dort bist du vor jeder Kontrolle geschützt, denn es gibt keine Türen, und die Waggons werden von oben beladen. So landest Du auf jeden Fall im Ruhrgebiet, und das liegt schon bedeutend näher bei Köln." Ich bedankte mich nochmals herzlich für seine Hilfe und machte mich auf den Weg, den Ratschlag zu befolgen. Es war bereits dunkel geworden, als ich die beschriebene Gleiskurve erreichte. Ich musste beinahe zwei Stunden warten, bis ich das Herannahen eines Zuges hörte. In der Dunkelheit wird jedes Geräusch besonders intensiv wahrgenommen, und damals gab's zudem keinerlei ablenkenden nächtlichen Straßenverkehr. Ich vernahm das Quietschen des plötzlichen Abbremsens vor der Kurve und machte mich zum Aufspringen bereit.

Die ersten beiden Wagen ließ ich vorbei, dann setzte ich zum Aufspringen an. Das Wagnis gelang beim ersten Mal. Ebenso reichte meine Kraft noch aus, mich an der Waggonwand hochzustemmen. Das Überklettern und Hinabgleiten bot keine Schwierigkeiten. Ich war vorläufig in Sicherheit und auf dem richtigen Wege. Erschöpft rollte ich mich in meine Decke, nutzte meine "Reisetasche" als Kopfkissen und schlief bei dem gleichmäßigen Fahrgeräusch bald ein.

Als ich erwachte, war der Tag bereits angebrochen. Ich erhob mich und bemerkte, dass meine Decke die Farbe der Kleider eines Schornsteinfegers angenommen hatte, wahrscheinlich sah ich auch nicht viel anders aus. Dann frühstückte ich den Rest meiner "Marschverpflegung" und wartete ab. Immer wieder hielt der Zug, einmal nur kurz, meist aber für längere Zeit. Endlich, es war bereits nach Mittag, fuhr er in einen Bahnhof ein. Ich zog mich hoch und schaute hinaus. Wir waren in Essen.

Ich konnte ungestört den Zug verlassen; alle Bahnsteige waren überfüllt und keiner interessierte sich für das Tun eines anderen. Auf zwei Bahnsteigen standen Personenzüge, und einer davon fuhr nach Köln. Er war überfüllt, selbst die Aussenplattformen, und einige, in verdreckten Wehrmachtuniformen wie ich, lagen sogar auf den Dächern festgekrallt, soweit das möglich war. Ich bat einen von ihnen, mich hochzuziehen. Sofort halfen ihm einige andere dabei, auch vom Bahnsteig aus wurde ich hochgedrückt, so dass ich unversehrt aufs Dach gelangte.

Kurz vor der Abfahrt kamen Bahnbeamte herangelaufen. Sie forderten uns auf, sofort das Dach zu verlassen. Das sei lebensgefährlich, vor allem in Kurven und Tunnels. Sie hatten natürlich recht. Als wir ihren Anweisungen nicht folgten, versuchten sie, uns vom Dach zu ziehen. Wir stießen uns mit den Füßen frei; keine Gefahr oder Autorität hätte es damals vermocht, uns von unserem Ziel abzubringen: Wir wollten nach Hause.

Und dann fuhr der Zug ab. Es dauerte fast sechs Stunden, bis wir in Köln ankamen. Zwischendurch war es mir aber gelungen, einen Platz auf einer Aussenplattform zu ergattern.

In Köln war es bereits dunkel. Wie ich hörte, fuhren noch keine Straßenbahnen, nur von Köln-Braunsfeld würde auf den Braunkohlengleisen zwischen Frechen und Niehler Hafen stündlich eine von einer Lokomotive gezogene Straßenbahn verkehren. Aber nachts bestimmt nicht. Ich arbeitete mich nun zwischen den meist noch durch Trümmer mehr oder weniger versperrten Straßen bis Braunsfeld durch. Das beanspruchte gut zwei Stunden.

Da keine Straßenbahn mehr fuhr, kam für den Heimtransport nur ein leerer Braunkohlenzug vom Niehler Hafen in Frage. Dafür gab es nur eine geeignete Stelle: das Stellwerk an der Ecke zwischen Stadtwald und Dürener Straße. Hier bog das Gleis fast in einem Rechten Winkel ab. Ich marschierte diesen Weg über die Gleise. Er war zwar etwas unbequem, aber trümmerfrei und relativ kurz. Diese zwanzig Minuten würde ich noch schaffen. Es klappte sogar, ohne dass ich mich zwischendurch vor einem Zug in Sicherheit bringen musste.

Aber kaum war ich am Stellwerk, hörte ich auch schon einen Zug nahen. Das Hinaufklettern machte keine Schwierigkeiten, und fünfzehn Minuten später hielt der Zug am Bahnhof Frechen.

Ich stieg aus. Plötzlich spürte ich keine Erschöpfung mehr. Wie von selbst trugen mich meine Füße den zwanzig Minuten langen Weg bis zu unserer Haustür.

Ich schellte. Der Türöffner wurde betätigt, und im Flur ging das Licht an. Ich drückte die Tür auf und trat ein. Oben auf der Treppe stand meine ältere Schwester und rief: "Es ist Alfons!"

Ich schleppte mich, plötzlich am Ende meiner Kräfte, die Treppe hinauf. Meine Mutter stürzte mir entgegen und nahm mich schluchzend in ihre Arme. Anschließend erlitt sie einen Kreislaufkollaps. Unser Pfarrer hatte ihr nämlich im Mai mitgeteilt, im Radio hätte er erfahren, dass es aus dem Führerbunker keine Überlebenden gegeben habe. Allerdings hatte meine Mutter nie an meinen Tod geglaubt.

Unsere Nachbarin, die über uns die Mansardenwohnung bewohnte, kam heruntergelaufen und begrüßte mich. Eine halbe Stunde später brachte sie einen Teller mit Bratkartoffeln, was für die damalige Zeit ein unbezahlbares und unvorstellbares Opfer war. Während meine Mutter sich langsam erholte, verschlang ich das Essen. Danach wurde mir übel. Ich musste mich übergeben, und die nächsten 14 Tage lebte ich nur von schwarz beschafften Haferflocken mit Wasser und einer Prise Salz.

Trotz dieses Zwischenfalls ging ich, irgendwie befreit, die Treppe hinauf in mein Mansardenzimmer. Mit dem unbeschreiblich wunderbaren Gefühl, endlich wieder im eigenen Bett zu liegen und endgültig "daheim" zu sein, fiel ich schnell und entspannt in einen langen traumlosen Schlaf.

Ausklang

Schon 14 Tage nach meiner Heimkehr besuchte mich mein früherer Religionslehrer am Apostelgymnasium in Köln, Prälat Dr. Karl Eichen. Er hatte von 1938 an unsere Klasse im Religionsunterricht betreut. Damals musste das Lehrerkollegium uns laut Ministererlass ständig darauf hinweisen, dass die auf vor den Beginn des Unterrichts verlegte Schulmesse sowie der Besuch des auf eine Wochenstunde verkürzten Religionsunterrichtes freiwillig seien und wir uns jederzeit mündlich abmelden könnten. Von dieser Möglichkeit, mehr Freizeit herauszuschlagen, wurde zum Ärger einiger Lehrer kaum Gebrauch gemacht. Ausschlaggebend dafür war, so vermute ich, neben der bei uns noch stark religiös geprägten häuslichen Atmosphäre, vor allem auch das Wirken dieses Prälaten. Er konnte sogar uns, die wir im "schwierigen" Alter von 16 Jahren jeder religiösen Belehrung eher skeptisch begegneten, begeistern. Jeder wurde durch seine tiefe Stimme und seine feurigen Worte mitgerissen, wenn er uns warnte, jemals einem "Massenhammelherdentum" zu verfallen. Diese Formulierung übte damals eine fast magische Wirkung auf uns aus. "Letzte Instanz", so belehrte er uns, "bleibt auch nach der Lehre der Kirche immer das Gewissen. Ihm muss man folgen. Der Weg des Gewissens ist immer der schwerere, unbequemere, der mit vielen persönlichen Nachteilen und schlimmen Folgen verbunden sein kann. Es ist nie der Weg der Herde, die bedenkenlos einem Leithammel folgt. Selbst wenn einer von Ihnen zur Überzeugung gelangt, ein anderer Glaube als der katholische sei der wahre, macht er sich schuldig, wenn er nicht seinem Gewissen folgt und den Glauben wechselt." – Auch während des Krieges blieb ich, wie so viele andere Mitschüler meiner Klasse, in ständiger brieflicher Verbindung mit diesem Mann. Er wusste über meine Tätigkeit im FHQ Bescheid und ermunterte mich in seinen Briefen, auch dort meine Überzeugung nicht zu verleugnen.

Nun schlug Monsignore Eichen mir vor, meine Erfahrungen im FHQ sofort niederzuschreiben und mitsamt der geretteten Bilder zu veröffentlichen. So könnte ich mithelfen, auch den noch immer Verblendeten die Binde des "Nicht-wahrhaben-Wollens" von den Augen zu reissen und sie durch die Konfrontierung mit der Wahrheit über Hitler und die übrigen "Nazigrößen" vielleicht zur Neubesinnung zu bringen. Er wolle mir seine Sekretärin schicken und ich brauche nur zu diktieren, alles andere würden er und sein Sekretariat in die Hand nehmen.

Damals sah ich mich, krank an Körper, Seele und Geist, nicht in der Lage, diesem Wunsch zu folgen. Ich benötigte ausreichend Zeit, um all das in den letzten Jahren Erlebte innerlich zu verarbeiten und einzuordnen. Ich glaube heute, dass diese Entscheidung richtig war. Wohl hielt ich in den ersten Nachkriegsjahren viele Vorträge in den verschiedensten Gruppen über den Nationalsozialismus, aber allmählich nahmen Studium, Beruf und Familie mich voll und ganz in Anspruch.

Erst nach meiner Pensionierung begann ich mit den Vorarbeiten zu diesem Buch. Nun hatte ich auch den nötigen Abstand und konnte klarer und stärker prägende persönliche Ereignisse und Persönlichkeiten in ihrer Bedeutung für die Richtung meines Lebens in den zwölf Jahren der Hitlerdiktatur erkennen. Diese möchte ich im folgenden kurz zusammengefasst aufzeigen:

Die Jahre in Quadrath-Ichendorf 1933 bis 1935

Am Montag, dem 30. Januar 1933, dem Tag, an dem Adolf Hitler, der Parteiführer der NSDAP, zum Reichskanzler ernannt wurde, war ich Quintaner am Gymnasium in Bergheim/Erft. Es wurde von einem katholischen Geistlichen, Direktor Dr. Meyer, geleitet. Wir wohnten in der vier Kilometer entfernten Gemeinde Quadrath-Ichendorf, wo mein Vater die Zweigstelle des dortigen Postamts leitete. Ich war damals Messdiener und Mitglied der Jungschar der katholischen Jugend mit einer schicken Uniform. Sie ähnelte der des Jungvolks der Hitlerjugend; wir trugen statt des braunen Hemdes ein blaues und dazu ein blaues Schiffchen auf dem Kopf. Ich wollte Pastor (so werden bei uns die katholischen Geistlichen genannt) werden. Ich hatte drei Geschwister, eine eineinhalb Jahre ältere Schwester, einen Bruder von sieben Jahren und meine kleine einjährige Schwester. Wir waren aus Ostpreussen zugezogen, und meine Eltern waren beide sehr gläubige, dabei aber tolerante Katholiken. Sie versuchten vor allem, ihren Glauben tätig zu praktizieren.

Obwohl wir finanziell nicht besonders gut dastanden, ging kein Bettler, und die schellten bei der damaligen Arbeitslosigkeit täglich an der Tür, ohne Butterbrot davon. Kam er zur Mittagszeit, wurde er meist von der Mutter zum Mittagsmahl eingeladen.

Wenn irgend möglich, kaufte meine Mutter auch Hausierern jeweils ein Röllchen Garn ab. Sie schneiderte selbst für die Familie und konnte es gut verwenden.

Im März trat der Direktor unserer Schule der NSDAP bei. Er war der erste katholische Geistliche des Rheinlandes, der Parteimitglied wurde. Alle übrigen Parteien lösten sich, genau wie die Gewerkschaften, bis Juni unter "sanftem Druck" auf. Ihre Vermögen wurden beschlagnahmt.

Auch die kirchlichen Jugendverbände durften in der Öffentlichkeit keine Uniformen mehr tragen oder ihre Fahnen zeigen. So hielten wir weiter unsere Gruppenstunden im wesentlich geschrumpften Kreis ab. Fast alle Jungen dieser Gruppe waren auch Messdiener. Somit konnten wir uns in zwei Gremien mit dem neuen Zwangsgeist auseinandersetzen.

Das folgende Ereignis beeinflusste mein Leben besonders nachhaltig. Am Dreifaltigkeitssonntag 1933 sagte unser Pfarrer Josef Schmitz nach der Predigt noch: "Fahnen mit verbogenen Kreuzen und heidnischen Symbolen gehören nicht in die Fronleichnamsprozession."

Irgendeiner hatte ihn deswegen bei der Partei und diese dann bei der Polizei angezeigt. Im Februar 1934 wurde Pfarrer Schmitz "wegen Beleidigung der Hakenkreuzfahne" zu drei Monaten Gefängnis ohne Bewährung verurteilt. Mein Vater war als Mensch mit ausgeprägtem Rechtsbewusstsein empört. Als Beamter und Familienvater war er jedoch vorsichtig genug, sich in Köln bei einem Rechtsanwalt beraten zu lassen. Dieser gab ihm schriftlich die rechtsverbindliche Auskunft, es sei nicht strafbar, für den Verurteilten ein Gnadengesuch einzureichen und dafür Unterschriften zu sammeln. Er setzte ihm sogar ein entsprechendes Gesuch auf.

Am folgenden Tag sammelte mein Vater nach Dienstschluss zusammen mit gleichgesinnten Männern und Frauen Unterschriften von Tür zu Tür. Schon zehn Minuten später wurden alle von der Polizei festgenommen und verhört. Die drei Frauen wurden nach eindringlicher Verwarnung und nachdem sie ihr Vernehmungsprotokoll, in dem mein Vater zu Recht als Initiator dieser Aktion bezeichnet wurde, unterschrieben hatten, entlassen. Bei den Männern dauerte es länger. Mein Vater kam als letzter gegen 9.00 Uhr nach Hause. Unter vier Augen hatte der Leiter der Polizeistation ihm vertraulich gesagt, polizeiliche oder strafrechtliche Schritte wären nicht vorgesehen. Auf Druck der Partei müsse er aber mit unangenehmen beamtenrechtlichen Disziplinarmaßnahmen rechnen.

Die folgten auch umgehend, wie das beigefügte Ergebnisprotokoll aufgrund der Vernehmungen zeigte. Mein Vater wurde als Zweigstellenleiter des Postamtes seines Amtes enthoben und nach Frechen bei Köln strafversetzt. Er durfte keine Leiterstelle mehr erhalten. Allein die verletzende Art des Protokolls machte mich mit der die Menschenwürde tief missachtenden Behandlung der neuen Behörden bei allen, die eine andere Meinung bekundeten, zum ersten Mal bekannt.

Mein Vater musste die neue Stelle sofort antreten. Erst im Juli 1935 fand er für uns eine geeignete Wohnung in Frechen. Wir zogen um, und ich besuchte nunmehr das Staatlich-Katholische Apostelgymnasium in Köln. Hier wurde Prälat Eichen später mein Religionslehrer.

Die Jahre in Frechen 1935 bis 1940

Auch in Frechen trat ich sofort der katholischen Jungschar bei und wurde wie in Quadrath Messdiener. Ausserdem betätigte ich mich hier auch als "Helfer" in der Pfarrbücherei, die damals noch bedeutend mehr Kunden und Ausleihen aufweisen konnte als die 1933 gegründete Gemeindebücherei.

Am letzten Sonntag im Oktober 1935, am "Christkönigsfest" feierte die katholische Jugend traditionsgemäß in der jeweiligen Bischofskirche den "Bekenntnistag der katholischen Jugend". Wir, nur noch eine kleine Jungen- und eine größere Mädchengruppe aus Frechen, zogen also ohne Uniformen und mit eingerollten Fahnen zum Kölner Dom. Der war bald überfüllt. Nach der Feierstunde erwarteten uns auf dem Domplatz mehr als tausend Hitlerjungen, die mit gezogenen Fahrtenmessern, mit Stöcken und Fahnenstangen den Kampf gegen die herauskommenden Teilnehmer dieser Feier eröffneten. Dabei sangen sie ihre Jugendhymne. Wir wehrten uns mit unseren Fahnenstangen, die wir als Lanzen benutzten. Da immer nur eine verhältnismäßig kleine Gruppe aus den Domportalen zu strömen vermochte, konnten wir nie lange der Übermacht der Angreifer standhalten und zogen uns ständig in den Dom zurück, um uns dort zu erneuter Abwehr zu formieren. Dabei schmetterten wir der Hitlerjugend (HJ) unsere Christushymne entgegen. Im "Excelsior" sowie im "Domhotel" wohnten damals noch viele Ausländer. Diese waren als "Devisenbringer" sehr erwünschte Gäste. Anscheinend hatten einige von ihnen die Polizei angerufen und sich beschwert. Letztere hatte sich vielleicht an die "Gauleitung" gewandt. Auf

Im Juni 1933 fand zum letzten Mal ein Zeltlager der katholischen Jungschar in Quadrath-Ischendorf statt. In der Mitte vor der Fahne Kaplan Büscher; links, die Fahne schwingend, die Jugendführer Brüder Kindgen.

In den Jahren 1935–37 wurde die katholische Jugend von der Hitler-Jugend mehrmals angegriffen und es kam zu regelrechten «Domschlachten»

jeden Fall erschienen plötzlich einige hohe Partei- und HJ-Funktionäre. Einige Pfiffe und scharfe Kommandos schallten über den Domplatz, die HJ zog im Gleichschritt ab, und in wenigen Minuten war der Platz geräumt.

Dieser erste öffentliche Kampf gegen gläubige Christen hat sicher einen bleibenden tiefen Eindruck bei mir hinterlassen.

Am nachhaltigsten wurde ich in jenen Jahren in meiner geistigen und charakterlichen Entwicklung wohl durch einen Mann geprägt, der damals in unserer Pfarrei die Jugend, die Messdiener und die Bücherei betreute, den damaligen Kaplan Johannes Annas. Er hatte mich in den ersten Jahren schon so intensiv gefördert, dass ich ihn beim Betreuen der Messdiener und in der Leitung der Pfarrbücherei weitgehend vertreten konnte und durfte.

Er liebte Musik, vor allem klassische, und war ein ausgezeichneter Kunst- und Literaturkenner und -liebhaber. Seine Wohnungseinrichtung, meist nach eigenen Entwürfen angefertigt, seine Gemälde, darunter zwei Originale von Erich Heckel an den Wänden, der Inhalt seiner Bücherschränke, seine Schallplattensammlung, all das verriet seine Leidenschaft und Kenntnis auf diesen Gebieten. Dieser Geistliche hatte seit 1936 aus dem Kreis der Messdiener und Büchereihelfer acht Jungen im Alter zwischen 14 und 16 Jahren ausgesucht, die zwei- bis dreimal wöchentlich in seiner Wohnung zwanglos zusammenkamen. Selten waren alle da, immer erschienen aber mindestens drei, meistens fünf. Ich gehörte neben dem Klassenkameraden, der Geistlicher werden wollte, zu den ständigen "Stammkunden". Hier fühlte ich mich wohl und verstanden. Erst später begriff ich, was ich diesem Mann zu verdanken hatte. Er führte uns in seiner einmaligen Art mit Hilfe von Schallplatten in die Werke von Bach, Beethoven, Mozart, Schubert und Tschaikowsky und anderer auch moderner Komponisten ein. Seine Begeisterung riss uns mit. Er las uns Ernst Wiecherts "Rede an die deutsche Jugend" vor und leitete uns fast unmerklich dazu an, den Sinn, auch den sich hinter den Worten damals oft bewusst verbergenden, zu erspüren. Er lenkte meine noch immer vorhandene "Lesesucht" geschickt durch Vorlesen und Deuten auf gute und anspruchsvolle Literatur. So fand ich Zugang und Freude an Sigrid Undsets "Kristin Lavranstochter" und "Olav Audunssohn". Durch die Werke von François Mauriac und Henri Gheon sowie durch die von Leo Tolstoi und Dostojewski setzte ich mich mit den Problemen der Einsamkeit, des Geheimnisses um das Böse und die Gnade, der Schuld und der Sühne, der Verantwortung und des "Sich-Ausgeliefert-Fühlens" auseinander. Ich bevorzugte vor allem Historische Romane und Novellen. Durch Reinhold Schneiders "Kaiser Lothars Krone" und "Las Casas vor Karl V." ahnte ich etwas von der Tragik der Geschichte und den Problemen zwischen Macht und Gewissen. Werner Bergengruens "Der Großtyrann und das Gericht" sollte – gut verschlüsselt – auf Hitlers Verbrechen hindeuten (Verfolgung der Juden bis 1935). Besonders angetan war ich von Gertrud Bäumers Roman "Adelheid, Mutter der Königreiche". Es zeigte mir in einprägsamer, unvergesslicher Weise das Bild einer Frau und Herrscherin. Schon in ihrem Ehevertrag mit Otto I. wurde mit dem "consors imperii" genauso wie durch die Schilderung ihres Lebens und Wirkens, auch als Reichsverweserin, für mich die gleichberechtigte Rolle von Mann und Frau einsichtig und dauerhaft festgeschrieben.

Aus diesem Buch habe ich zwei Zitate als prägend und bedeutsam für mein Leben mitgenommen. Das erste hieß: "Es kommt eine schwere Zeit, und wir müssen manches tun, was uns nicht von Herzen kommt, darum: supra hominem fidelis" (übermenschlich treu).

Das zweite ließ ich im Hauptquartier von Walter Meiendresch, einem fachkundigen Kameraden, kalligraphisch aufmalen und einrahmen.

Es lautete "Christus, cujus signum gerris in nomine – Christus, dessen Zeichen du (als Christ) in deinem Namen führst". Dieser damals provokante Spruch hing während meiner Zeit im FHQ ständig als Schmuck im Innern meiner Schranktür.

Nachhaltig erschüttert wurde ich durch die Ereignisse, die meine ältere Schwester und ich am 9. November 1938 miterlebten und die Hilflosigkeit mit der wir diese Geschehnisse einfach hinnehmen mussten. Es war am Abend dieses Tages gegen 20.00 Uhr, als meine ältere Schwester und ich zufällig einmal zusammen auf dem Heimweg waren.

Kurz vor unserem Haus hörten wir lautes Brüllen, Schreien und Grölen. Es schien von der breiten Alleestraße herzukommen, die etwa 30 Meter von unserer Wohnung entfernt unsere Straße kreuzte. Wir gingen also weiter dem Lärm nach, und bogen um die Ecke. Auf der anderen Seite dieser Allee, uns schräg gegenüber, grölte eine Horde junger und älterer Männer: "Judensau! Schlagt sie tot!" und ähnliches.

Die Schreier trugen, was damals ungewöhnlich war, statt NS-Uniformen alte Zivilkleidung. Im dritten Stock des Hauses waren die Fensterscheiben einer Wohnung zerschlagen, und Gläser und Porzellan flogen aus dem

Fenster. Dann folgten zertrümmerte Kleinmöbel. Die Wohnung, so erfuhr ich später, gehörten einer jungen Dame jüdischen Glaubens.

Plötzlich fühlte ich mich zum Erbrechen übel, ich fröstelte und ging heim. Meine Schwester war auch verschwunden, und ich nahm an, sie wäre schon zu Hause. Das war nicht der Fall, und so warteten meine Eltern, denen ich nur zögernd und stockend mein furchtbares Erlebnis erzählte hatte, bedrückt und still auf ihre Rückkehr. Endlich, ich weiss nicht, wieviel Zeit verronnen war, schellte es.

Weinend und schluchzend kam meine Schwester die Treppe herauf und trat in die Wohnküche. Völlig verstört berichtete sie über die furchtbaren Ereignisse, deren Zeuge sie wurde. Sie war in ihrer angeborenen Neugier einem anderen Haufen grölender Rabauken in entsprechend weitem Abstand in eine nahe kleine Seitenstraße gefolgt. Dort verwüstete diese Horde die Wohnung eines alten jüdischen Mannes, der den Spitznamen "Phöbchen" trug. Sie demolierte das Mobiliar, zerschmetterte alles Zerbrechliche auf der Straße und verprügelte den alten Mann, der mit seinem Kaftan und weissen Talmudlocken weinend und hilflos mit seiner etwa fünf Jahre alten schluchzenden Enkelin an der Hand gezwungen wurde zuzusehen, wie der Mob seine Ziege brutal auf der Straße abschlachtete.

Die ganze Straße sei voller Blut gewesen. "Was heute abend geschah, ist ein furchtbares Verbrechen" sagten meine Eltern darauf. Wenn wir aber anderen gegenüber ein kritisches Wort äussern, landen wir im KZ und ihr in einem NS-Erziehungsheim. Das war eine sachliche Feststellung, zugleich aber eine durchaus ernstzunehmende

Warnung. Es hatte solche Maßnahmen in uns bekannten Familien bereits gegeben.

Am anderen Tag hatte ich einen Termin bei unserem Zahnarzt. Dieser war im Ersten Weltkrieg ein mit hohen Orden ausgezeichneter Hauptmann gewesen. Er sagte mir, und ich habe es bis heute nicht vergessen, wörtlich: "Nach den Vorkommnissen der vergangenen Nacht schäme ich mich, jemals in der deutschen Armee gedient zu haben."

Das hat er sicherlich nicht jedem gesagt, doch er kannte die Geschichte meines Vaters und die Haltung unserer Familie. Von ihm erfuhr ich auch, wie man auf der Hauptstraße die Synagoge unseres Ortes in der Nacht geschändet, verwüstet und in Brand gesteckt hätte. Die Anwohner dieses Gotteshauses, deren Fachwerkhäuser gefährdet wurden, hätten ein sofortiges Löschen durchgesetzt.

"Ja, wenn es um eigene Interessen geht, weiss man als "Arier" diese durchzusetzen", meinte er bitter.

Dass dieses Erlebnis tief und unauslöschlich in meinem Leben nachwirkte, dürfte wohl für jeden nachvollziehbar sein.

Am Apostelgymnasium zeigten bis zu seiner Auflösung im Jahre 1939 einige Studienräte, mehr oder weniger offen, ihre, dem Zeitgeist weitgehend entgegenstehende Gesinnung. Der Studienrat Wilhelm Krähling lief ständig mit der katholischen Zeitschrift "Hochland" provozierend auf dem Schulhof herum. Er verstand es auch, in seinem Griechisch- und Kunstunterricht in der Oberstufe sehr geschickt eigenwillige, dem Zeitgeist entgegenstehende Deutungen von Texten oder Kunstobjekten einleuchtend anzubieten.

Unser Religionslehrer von 1935 bis 1938 war Dr. Albert Faure. Er besprach z. B. in seinem Unterricht eingehend mit uns die Enzyklika "Mit brennender Sorge..." und stellte die Würde des Menschen, ungeachtet seiner Herkunft, Nationalität oder Rasse, immer aufs neue in den Mittelpunkt seines Unterrichts. Zwar war es ihm nicht gegeben, Schüler durch seinen Unterricht mitzureissen. Er vermittelte aber eine solide, tragfähige Glaubensgrundlage und Wertordnung. Dadurch trug er viel zur Verhütung von ideologisch bedingten Charakterverbildungen und einseitigen Beurteilungskriterien bei.

Während meiner Militärzeit in Bielefeld verdankte ich besonders viel dem dort tätigen Pfarrer Lohmann. Er lud mich in sein Haus ein, wo sich einmal wöchentlich ein Kreis von 12 bis 15 Personen traf, davon zwei Drittel Soldaten. Dort erfuhr ich zum ersten Mal von der durch die Nazis planmäßig durchgeführten "Vernichtung lebensunwerten Lebens". Damit waren alle körperlich und geistig Schwerbehinderten gemeint, die meist in Pflegeanstalten untergebracht waren. Durch das scharfe "Veto" der Kirchen wurde die Aktion wenigstens zeitweise gestoppt, später aber so gut getarnt erneut durchgeführt, dass die Öffentlichkeit ihr kaum noch auf die Spur kommen konnte.

Wie stark ich durch diesen "Philosophenkreis" geprägt wurde, habe ich bereits in den ersten Kapiteln dieses Buches berichtet. Und wie stark ich in meiner Zeit im FHQ durch die infolge ihrer Gesinnung zu einem festen Kreis verbundenen Kameraden Willi Ülhof, Gotthard Fliegner, Julius Steinkaul, Paul Hanisch und Hans Reber sowie vom Kaplan in Rastenburg Ernst Notger Beckmann und dem Franziskanerpater Adalbert Nette beeinflusst, geformt und gefördert wurde, ist aus dem gesamten Hauptteil dieses Werkes ersichtlich.

Da ich die letzte Dekade im April 1945 schon in Berchtesgaden verbrachte, kenne ich die allerletzten Tage im Bunker der Berliner Reichskanzlei nur aus Schilderungen meines Kameraden Willi Bischoff, der zusammen mit Hans Mohr bis zum Ausbruch nach Hitlers Tod im Führerbunker arbeitete und wohnte. Um einen genaueren Eindruck von den ehrgeizigen Intrigen, der verbrecherischen Gewissenlosigkeit, dem skrupellosen Egoismus von Hitler und seiner Führungsclique zu vermitteln, möchte ich einige Seiten aus der im Rowohlt-Verlag 1947 erschienenen Broschüre "Die letzten Tage" von Rittmeister Boldt zitieren. Diesen jungen Offizier hatte der Zufall in das eingeschlossene Berlin verschlagen, wo er zur Unterstützung seines Freundes Major Baron Freytag von Loringhoven angefordert worden war. Dieser musste für General Krebs, den letzten Stabschef des OKH, die eintreffenden Lagemeldungen von allen Fronten aufnehmen, in Karten eintragen und zum Vortrag für die "Führerlage" vorbereiten. Als am 27. April 1945 Berlin von den Russen "eingekesselt" war, wohnten und arbeiteten die beiden bis zum 29. April im "Führerbunker". Nunmehr wurden *stündlich* die Meldungen von der Lage in Berlin aufgenommen.

Als abschließende Begründung zur Erstellung dieses Werkes möchte ich als einer der letzten "Insider-Zeitzeugen" die abschließende Zeile aus einem Gedicht von Erich Kästner zitieren, die seit 1945, als ich dieses Gedicht las, mir nie mehr aus dem Gedächtnis ging und die ein Leitspruch für mein Handeln nach dem Krieg wurde: *"...und nie mehr schweigen, wenn wir reden müssen!"*

Vom Untergang Hitlers und seiner Komplizen

Den Lesern der ersten Auflage, die meine Arbeit und meine Erlebnisse während drei Jahren im Führerhauptquartier mitverfolgen konnten, möchte ich nicht vorenthalten, wie es mit Hitler zu Ende gegangen ist. Gerade hier in dieser letzten entscheidenden Phase falle ich jedoch als Augenzeuge aus, da ich von Hitler nach Berchtesgaden abkommandiert worden war.

Den wohl spannendsten Bericht verfasste anno 1946 Rittmeister Gerhard Boldt unter dem Titel "Die letzten Tage der Reichskanzlei".

Da diese damals im Rowohlt-Verlag, Hamburg erschienene Broschüre längst vergriffen ist, bringe ich anschließend einige Auszüge daraus.

Boldt wurde auf Grund seiner Tapferkeit und Auszeichnungen im Januar 1945 als Rittmeister zum 1. Ordonnanzoffizier beim Chef des deutschen Generalstabes des Heeres Generaloberst Guderian befohlen. Dieser wurde Ende März als Chef OKH abgesetzt, weil er es gewagt hatte, dem "Führer" die ungeschminkte Kriegslage zu schildern und dabei feststellte, der Krieg sei verloren.

Sein Nachfolger wurde am 30. März General Krebs, ein überzeugter Nationalsozialist. Dieser übernahm und bestätigte Rittmeister Boldt in seinem Amt. Seine Aufgabe war es, seinen direkten Vorgesetzten und Freund, den Major Baron Bernd Freytag von Loringhoven, der schon unter Halder für das Aufnehmen und Eintragen der Lagemeldungen von allen Fronten in die Frontverlaufskarten verantwortlich war, zu unterstützen. Diese Karten wurden zum täglichen Vortrag für die "Führerlage" durch den Chef OKH benötigt. Da die Lageänderungen nunmehr zuweilen schon stündlich neu eintrafen, konnte er diese Arbeit allein nicht mehr bewältigen.

Als am 23. April ihre bisherigen Arbeitsstätten, zuerst in Zossen, dann in Potsdam-Eiche, von den Russen erobert wurden, mussten beide mit General Krebs im Führerbunker Wohnung beziehen. Alle anderen Mitarbeiter des OKH waren bereits vorher zu den Stäben von Kesselring oder Dönitz versetzt worden. Für beide bedeutete dieser Befehl praktisch ein Todesurteil. Lassen wir jetzt Gerhard Boldt sprechen:

21. April 1945

In der Reichskanzlei findet jetzt die letzte große "Führerlage" statt. Ich habe sie leider nicht miterlebt, mir aber nachher von Baron Bernd Freytag von Loringhoven darüber erzählen lassen.

Hitler hatte zum letzten Mal die Vertreter von Partei, Staat und Heer um sich versammelt. An diesem denkwürdigen Tag, am 21. April 1945, als die russischen Granaten bereits in den Straßen Berlins krepierten, gab er sich zum ersten Mal geschlagen. Er trat vor seine Mitarbeiter mit den Worten: "... Der Krieg ist verloren. ... Ich erschieße mich."

Bei dieser Zusammenkunft gab er auch bekannt, dass er in Berlin bleiben und nicht mit dem Hauptquartier nach Westen ausweichen werde. Generalfeldmarschall Kesselring erhielt den militärischen Oberbefehl und Vollmachten für die "Führung der Regierungsgeschäfte" im südlichen Teil des Reichs, Großadmiral Dönitz wurde mit ähnlichen

Vollmachten für den nördlichen Sektor ausgestattet. Goebbels, Bormann und Krebs sollten bei Hitler in der Reichskanzlei bleiben. (Seite 52)

24. April 1945

"Stell Dir vor, Hitler will angreifen, er will die Oder-Linie im Angriff zurückgewinnen", sagt Freytag zu mir. Ich sehe Bernd Freytag völlig erstarrt an.

Ja, so ist es. Obwohl Hitler schon zugegeben hat, dass der Krieg verloren ist, scheint er noch keine Ahnung von dem zu haben, was wirklich draussen vorgeht. Ebensowenig, wie er sich früher an der Front sehen ließ, hat er seit seinem Einzug in Berlin die Reichskanzlei je verlassen, um sich in der Stadt persönlich davon zu überzeugen, wie die Dinge stehen. Es wäre eine Kleinigkeit, die Angelegenheit einer halben Stunde. Aber er will nicht, dass seine imaginäre Vorstellungswelt durch die Wirklichkeit gestört wird. Findet einer aus seiner Umgebung einmal den Mut, die Wahrheit zu sagen, fängt er an zu toben.

Draussen löst sich das deutsche Heer unter dem Ansturm der Feinde von allen Seiten auf, aber Hitler will noch angreifen. Er, Himmler und Goebbels haben befohlen, Soldaten und Volkssturmmänner, die zurückgehen (statt anzugreifen), aufzuhängen. Hunderte von Soldaten und Offizieren, viele mit Tapferkeitsauszeichnungen, die das sinnlose Morden nicht mehr mitmachen wollen, werden an Bäumen und Laternenpfählen aufgeknüpft. Am furchtbarsten wütet der Terror in Danzig.

Ist sein Wahnsinn schon so weit fortgeschritten, dass er glaubt, das Rad der Geschichte zum Stehen bringen zu können, ist seine Unmenschlichkeit so grenzenlos, dass er noch möglichst viele Deutsche mit sich in den Abgrund reissen möchte, oder ist er feige und möchte sein Leben noch um ein paar Tage verlängern? Wir werden es nie wissen. Bernd erklärt mir nun, in welcher Gesellschaft wir uns hier im Bunker befinden. “Ausser Hitler und seiner Leibwache”, sagt er, “sind hier noch der Obergruppenführer Dr. Brandt und die Schäferhündin Hitlers mit ihren vier Jungen. Wenn Du Dir das Tier mal ansiehst, sei vorsichtig, denn sie ist sehr scharf.

Brandt ist, wie Du weisst, der Chirurg Hitlers. Der dicke Professor Morell, der für die inneren Krankheiten zuständig war, hat rechtzeitig das Weite gesucht. Am anderen Ende des Bunkers, nach der Hermann-Göring-Straße hin, wohnt Dr. Goebbels mit Frau und Kindern in mehreren sehr luxuriös eingerichteten Räumen.

Bormann mit seinem Vertreter, dem Standartenführer Zander, und seinen Sekretärinnen wohnt hier oben. Er teilt sein Zimmer mit Brigadeführer Albrecht, seinem Bruder und seinen Sekretärinnen. Es liegt neben der Toilette, gleich auf der linken Seite unseres Ganges.

Am Ende des Ganges sitzt Lorenz mit seinem Pressebüro. Auf der anderen Seite, Bormann gegenüber, wohnen Fegelein, Oberst von Below, Admiral Voss, der Gesandte Hewel und Major Johannes Meier. Burgdorf wohnt, wie Du schon weisst, hier nebenan mit seinem Adjutanten, Oberstleutnant Weiss.

Die kleine Nachrichtenzentrale für die Wehrmacht liegt gegenüber von uns auf der anderen Seite des Ganges. Ausserdem wohnen noch die Privatsekretärinnen Hitlers und einige Nachrichtenhelferinnen im Bunker. Im Ganzen befinden sich etwa 600 bis 700 Mann SS hier unten, einschließlich Wachen, Ordonnanzen, Schreibern, Bedienten und Küchenpersonal.” (Seiten 59, 60)

26. April 1945

In den Morgenstunden des 26. April traf ein Funkspruch von Reichsmarschall Göring aus dem Süden des Reiches ein. Der Inhalt war etwa folgender:

“Da Sie, mein Führer, mich im Jahre 1939 aufgrund eines Reichserlasses zu Ihrem Nachfolger bestimmten für den Fall, dass Sie, mein Führer, ausserstande sein würden, die Regierungsgeschäfte selbst zu führen, halte ich den Zeitpunkt jetzt für gekommen, die Regierungsgeschäfte zu übernehmen. Falls ich bis zum 26. April, 24.00 Uhr, keine gegenteilige Antwort erhalten haben sollte, sehe ich dieses als Ihr Einverständnis an.” Diese Nachricht traf Hitler wie ein Keulenschlag. Er weinte zuerst wie ein Kind, dann tobte er wie ein Besessener.

Das war in seinen Augen ein unerhörter Treuebruch. Ausserdem betrachtete er das Telegramm als ein Ultimatum, was Göring jedoch später bei den Gerichtsverhandlungen in Nürnberg entschieden bestritt. Die Empörung Hitlers teilte sich dem ganzen Bunker mit. Auch Goebbels kochte vor Wut und machte seinen Gefühlen in einem theatralischen Wortschwall Luft, hinter dessen geschwollenen Phrasen von Ehre, Treue, Tod, Blut, Ehre, Sie, mein Führer, Ihnen, mein Führer, und nochmals Ehre sich nur schlecht der Neid zu verbergen schien, dass Göring, wie er wohl annahm, im Begriff stand, den Kopf aus der Schlinge zu ziehen. Bormann ließ sich ebenfalls die Gelegenheit nicht entgehen, die aufflammende Leidenschaft Hitlers zu schüren. Hitler befahl die sofortige Festnahme Görings durch die Gestapo.

“Man werfe ihn in die Festung Kufstein”, schrie er. Ein Geheimbefehl folgte. Für den Fall, dass er, Hitler, den Krieg nicht überstehen würde, sollte Göring ermordet werden. Mindestens ebensosehr erregte ihn die Nachricht, dass Himmler versucht hatte, über den Grafen Bernadotte aus Schweden Verbindung mit den Engländern und Amerikanern aufzunehmen. Diese Nachricht wurde vom neutralen Rundfunk abgehört. (Seite 72)

Auf dem Rückweg in unseren Bunkerraum begegneten Bernd und ich Frau Goebbels. Hanna Reitsch, die Pilotin, hatte sich ihr während der Zeit ihres Aufenthaltes im Bunker enger angeschlossen; es gab ja sonst kaum Frauen in dieser traurigen Umgebung. Ebensowenig wie Hanna Reitsch verriet Frau Goebbels bis zum Schluss das geringste Zeichen von Todesfurcht. Elastisch und elegant eilte sie, zwei Stufen auf einmal nehmend, die Treppe herauf, die wir hinab stiegen. Immer freundlich, lächelte sie den Menschen zu, denen sie begegnete.

Als Mutter von sechs Kindern, davon fünf im Bunker, denen ein furchtbares Schicksal drohte, trug sie eine wirklich bewundernswerte Seelenstärke zur Schau, die zweifellos von ihrem fanatischen, ja, geradezu religiösen Glauben an Hitler getragen war. Wie viel davon jetzt noch echt war, mochte dahingestellt bleiben. Sicher ist, dass sie nicht nur von einem sehr großen politischen und gesellschaftlichen Ehrgeiz getrieben war, sondern dass sie sich einer berauschenden Vergötterung des "Führers" hingegeben hatte.

Hitlers tragische Macht über das deutsche Volk war ja auf jenem hypnotischen Einfluss begründet, den er ganz besonders auf viele Frauen gewonnen hatte.

Gegen 23.00 Uhr wurden wir nochmals zu einer Abendorientierung befohlen. Im Raum hinter der Aufwaschküche begegnete Bernd dem Oberstleutnant Weiss, der gerade vom Führerbunker kam. Ich blieb an der Tür der

Aufwaschküche stehen und war unfreiwilliger Zeuge eines Gesprächs zwischen Frauen aus der Küche und einigen SS-Männern. Die Frauen, echte, stämmige Berlinerinnen, schütteten Hohn und Spott über die Bunkersoldaten aus: "Mensch, wenn Ihr nicht bald Eure Knarren nehmt und kämpft, binden wir Euch die Schürzen um und gehen selbst raus. Ihr solltet Euch was schämen, seht Euch die Kinder da draussen an, die russische Panzer knacken..." (Seiten 73, 74)

27. April 1945

Als ich am anderen Morgen um 6.00 Uhr geweckt wurde, ... teilte mir Freytag von seinem Schreibtisch aus ganz beiläufig mit: "Du, unser Führer, hat heute Nacht Eva Braun geheiratet." Ich musste wohl ein sehr dummes Gesicht gemacht haben, denn wir lachten beide laut. Da ertönte die resolute Stimme meines Chefs hinter dem Vorhang (der Trennungseinrichtung unserer beiden Räume): "Sind Sie wahnsinnig geworden, über Ihren obersten Landesherrn so respektlos zu lachen!"

Nachdem Krebs das Zimmer verlassen hatte, gab mir Bernd einige Aufklärung: "Eva Braun heisst die Frau, mit der sich Hitler nach 13jähriger Freundschaft nun hat trauen lassen. Sie ist die Tochter eines Münchner Arztes, Mitte Dreissig und hat als Fotoassistentin des Leibfotografen Hitlers, des "Professors" Hoffmann, gearbeitet. Sie lernte Hitler kennen, als sie Hoffmann als erste Laborantin auf den Propagandafahrten Hitlers durch Deutschland begleiten musste."

Die Meldungen aus der Stadt werden immer erschütternder. Fast acht Tage hausen die Berliner Frauen, Kinder, Greise, Kranke, Verwundete, Soldaten nun schon ohne Unterbrechung in ihren Kellern im Innern der Stadt. Der Durst ist noch schlimmer als der Hunger. Seit Tagen gibt es kein Wasser. Dazu dauernde Brände und Rauch, der in die Keller dringt, und eine sengende Aprilsonne. Die Krankenhäuser, Lazarette und bombensicheren Bunker sind schon längst mit Verwundeten überfüllt. In den Schächten und Bahnhöfen der U-Bahn und S-Bahn liegen Hunderttausende verwundeter Soldaten und Zivilisten. (Seiten 74, 75, 76)

Hitler stand auf und wir folgten ihm in den Lagebunker. Ungeachtet des Ausbleibens weiterer Erfolgsmeldungen ... und ohne Rücksicht auf die Hungernden, Dürstenden und Sterbenden der Stadt (Berlin) will er den Kampf weiter hinauszögern. Und nun kommt der unmenschlichste aller seiner Befehle: Da die Russen unsere Front wiederholt dadurch aufgerollt hatten, dass sie durch die U-Bahn- und S-Bahnschächte vorstoßend in den Rücken unserer Soldaten gelangt waren, befiehlt Hitler, die Schleusen der Spree zu öffnen und die südlich der Reichskanzlei gelegenen Schächte der S-Bahn zu fluten. In diesen Schächten liegen noch Tausende von Verwundeten.

Aber ihr Leben spielte für ihn keine Rolle. Sie mussten alle elendiglich ertrinken. (Seiten 76, 77)

Kurz nach dem Essen stellte man Hitler einen kleinen übernächtigten Jungen vor, der einen feindlichen Panzer geknackt hatte. Hitler heftete dem Kleinen mit viel Pathos ein Eisernes Kreuz an den viel zu großen Soldatenrock. Dann schickte er ihn wieder hinaus in den aussichtslosen Kampf in den Straßen Berlins.

Freytag, Weiss und ich gingen zusammen zu unserem Bunker zurück und sprachen über das kleine Intermezzo, das uns allen sehr nahegegangen war. Wir waren alle drei

Offiziere, die lange mit der Feldtruppe in engster Fühlung gelebt hatten; wir waren nicht gewohnt, uns zu verstekken, während draussen gekämpft wurde. Es war ein unerträglicher Zustand.

Wir waren so in unser Gespräch vertieft, dass wir nicht bemerkten, dass Bormann gekommen war und uns zuhörte. Plötzlich legte er Freytag und mir mit Gönnermiene seine Hände auf die Schultern und trat zwischen uns. Er kam auf die Truppen Wenks zu sprechen und auf die baldige Entsetzung Berlins. Dann fügte er in seinem üblichen falschen Pathos hinzu: "Ihr, die Ihr hier in Treue zu unserem Führer gemeinsam mit ihm seine schwersten Stunden aushaltet, werdet, wenn dieser Kampf bald siegreich beendet sein wird, hohe Stellungen im Staat bekleiden und als Dank für Eure treuen Dienste Rittergüter bekommen." Dann lächelte er uns huldvoll zu und schritt selbstbewusst weiter. Zuerst war ich so verdutzt, dass ich kein Wort vorzubringen wusste. Dann stiegen Ekel und Wut in mir hoch. Also um Rittergüter zu bekommen, taten wir unsere Pflicht! Aber konnte das mit dem "siegreichen Ende" heute am 27. April wirklich sein Ernst sein? Wie schon so oft, wenn ich ihn oder Goebbels oder Göring oder die andern Männer um Hitler gehört hatte, stellte ich mir selbst die Frage, glauben sie denn wirklich, was sie sagen? Oder war es eine diabolische Mischung von Verstellung, Größenwahn und fanatischer Dummheit?

Abends bat der Kommandant von Berlin, Hitler vortragen zu dürfen. Bormann, Krebs und Burgdorf standen schweigend hinter Hitler, während Weidling ungefähr Folgendes sagte: "Die Armee Wenk ist, sowohl was die Menschen wie das Material betrifft, viel zu schwach, das neu erkämpfte Gebiet südlich von Potsdam zu halten, geschweige denn bis ins Zentrum Berlins durchzubrechen. ... Mein Führer", so fuhr Weidling fort, "ich verpflichte mich mit meiner Person dafür, dass Sie gesund und wohlbehalten aus Berlin herauskommen. Dadurch würde der Reichshauptstadt der vernichtende Endkampf erspart". Aber Hitler lehnte ab.

Auch als Axmann am folgenden Tag den selben Vorschlag machte und das Leben jedes einzelnen Hitlerjungen für ein sicheres Geleit ihres Führers verpflichtete, weigerte sich dieser wiederum. (Seiten 77, 78)

Nachdem sich im Bunker herumgesprochen hatte, dass von Wenk keine Hilfe mehr zu erwarten sei und dass Hitler den Ausbruch abgelehnt hatte, verbreitete sich eine richtige Weltuntergangsstimmung. Jeder versuchte, seinen Jammer mit Alkohol zu betäuben. Die besten Weine, Liköre und Delikatessen wurden aus den großen Vorräten entnommen. Während die Verwundeten in den Kellern und U-Bahn-Schächten der Stadt nicht einmal den brennendsten Hunger und Durst stillen konnten und viele von ihnen nur wenige Meter von uns entfernt in den Untergrundbahnhöfen des Potsdamer Platzes lagen, floss hier der Wein in Strömen. (Seiten 78, 79)

29. April 1945

Gegen 4.30 Uhr morgens weckte mich Bernd, der unter mir in seinem Bett lag, mit den Worten: "Du versäumst etwas, mein Lieber, hör' Dir das mal mit an. Das geht schon eine ganze Weile in dieser Lautstärke." Ich richtete mich auf und lauschte. Burgdorf schrie gerade auf Bormann ein: "Ich bin vor dreiviertel Jahr mit meiner ganzen Kraft und mit großem Idealismus an meine jetzige Aufgabe herangegangen. Ich habe mir immer wieder das Ziel gesetzt, Partei und Wehrmacht aufeinander abzustimmen. Ich bin dabei so weit gegangen, dass ich von meinen Kameraden aus der Wehrmacht geschnitten und verachtet worden bin. Ich habe mein Möglichstes getan, um das Misstrauen Hitlers und der Parteileitung gegen die Wehrmacht zu beseitigen. Man hat mich in der Wehrmacht einen Verräter am Offiziersstand gescholten. Heute muss ich einsehen, dass diese Vorwürfe berechtigt waren, dass meine Arbeit umsonst, mein Idealismus falsch, ja, nicht nur das, dass er naiv und dumm war."

Schwer atmend hielt er einen Augenblick inne. Krebs versuchte, ihn zu beschwichtigen und bat ihn, doch auf Bormann Rücksicht zu nehmen. Aber Burgdorf fuhr fort:

"Lass mich man, Hans, einmal muss das doch alles gesagt werden. Vielleicht ist es in 48 Stunden schon zu spät dazu. Unsere jungen Offiziere sind mit einem Glauben und Idealismus, wie er in der Weltgeschichte einmalig ist, hinausgezogen. Zu Hunderttausenden sind sie mit einem stolzen Lächeln in den Tod gegangen. Aber wofür denn? Für ihr geliebtes deutsches Vaterland, für unsere Größe und Zukunft? Für ein anständiges, sauberes Deutschland?

Nein, für Euch sind sie gestorben, für Euer Wohlleben, für Euren Machthunger. Im Glauben an die gute Sache ist die Jugend eines 80-Millionen-Volkes auf den Schlachtfeldern Europas verblutet, sind Millionen unschuldiger Menschen geopfert worden, während Ihr, die Führer der Partei, Euch am Volksvermögen bereichert habt. Geprasst habt Ihr, ungeheure Reichtümer zusamenengerafft, Rittergüter gestohlen, Schlösser gebaut, im Überfluss geschwelgt, das Volk betrogen und unterdrückt. Unsere Ideale, unsere Moral, unseren Glauben, unsere

Seele habt Ihr in den Schmutz getreten. Der Mensch war für Euch nur noch das Werkzeug Eurer unersättlichen Machtgier. Unsere Jahrhunderte alte Kultur, das deutsche Volk habt Ihr vernichtet. Das ist Eure furchtbare Schuld!" Die letzten Sätze hatte der General fast beschwörend geschrien. Es war ganz still im Bunker geworden. Man konnte sein keuchendes Atmen hören. Kühl, überlegt und ölig kam die Stimme Bormanns, und das war alles, was er zu erwidern wusste:

"Aber mein Lieber, Du musst doch nicht persönlich werden. Wenn sich die andern auch alle bereichert haben, ich bin doch frei von Schuld. Das schwöre ich Dir bei allem, was mir heilig ist. – Prost, mein Lieber!"

Bei allem, was mir heilig ist, klang es in meinen Ohren nach – bei allem, was ihm heilig ist. Wusste doch jeder, dass er einen großen Besitz in Mecklenburg und einen weiteren in Oberbayern erworben hatte, und dass er sich am Chiemsee eine feudale Villa bauen ließ. Hatte er uns nicht wenige Stunden vorher Rittergüter in Aussicht gestellt? Das war der heilige Schwur des höchsten Führers der Partei nach Adolf Hitler. (Seiten 79, 80)

30. April 1945

Am 30. April 1945 begingen Hitler und seine Frau im Bunker Selbstmord.

Am darauffolgenden Tag, dem 1. Mai, kurz bevor die Russen in den Bunker eindrangen, begingen Burgdorf, Krebs und Goebbels Selbstmord, nachdem dieser vorher seine Frau und fünf Kinder in den Tod geschickt hatte. Bormann hat man, ebenfalls nach Axmanns Aussagen, angeblich an der Weidendammer Brücke tot liegen sehen. Vier Tage später folgte die Kapitulation. (Seite 84)

HERMANN NOACK
ALLGEMEINE EINFÜHRUNG
IN DIE PHILOSOPHIE

DIE PHILOSOPHIE

Einführungen in Gegenstand, Methoden und Ergebnisse ihrer Disziplinen

WISSENSCHAFTLICHE BUCHGESELLSCHAFT
DARMSTADT